新釈 立川談志

没後10年 永久保存版

❖カラー口絵

無類の表現者

写真＝橘 蓮二

新釈　立川談志

没後10年　永久保存版

河出書房新社

新釈 立川談志 没後10年 永久保存版

目次

【カラー口絵】
無類の表現者　写真＝橘 蓮二

大増補

6 【インタヴュー】
立川志の輔
弟子それぞれに、「『俺が落語だ』と言えるような落語家になれ」というのが、師匠談志の置き土産だったんでしょうか

16 神田伯山
どんなにボロクソ言われても、やっぱり会いたかったですね

26 松岡慎太郎
生誕百年あたりで、千年に一度の逸材が現れて、立川談志を継ぐなんてことを夢想しています

36 【グラビア】
無類の表現者　写真・文＝橘 蓮二

エッセイ

46 山藤章二 立川談志の心を聴いた

49 和田尚久 立川談志、素の断片

54 岸田秀 談志師匠と精神分析

56 吉川潮 談志が愛した色物芸人

特別対談

78 立川志の輔×立川談春 全身全霊の落語家 兄弟弟子、師匠を語る。

咄・談話・エッセイ・インタヴュー 立川談志

61 【落語】咄 落語って何ですかネ

68 【生き方】咄 人生成り行き、風次第

73 【いいフレーズ】談話 落語には、人生のあらゆる場所で使える いい文句がいっぱいあります。

89 【日本語】エッセイ 小田原提灯エボ沢山

92 【時事】談話 敢えて、与太郎興国論

106 【職】談話 好きな仕事も簡単ではない

111 【歩く】エッセイ 散歩の達人

114 【師弟】エッセイ 師匠 柳家小さんの死

173 【笑い】エッセイ 笑いについて

124 【江戸東京】 俺の落語はイリュージョン。 聞き手＝高田文夫

128 【文学】 家元、文学を語る 聞き手＝澤田隆治

234 咄 人を殺したら、即死刑

236 追悼 文治さんの落語には 突き抜けた面白さがあった

238 エール！ 死にぞこないのたけし、落語家になれ

247 所信表明 落語家の政治

噺家エッセイ

140 三遊亭圓楽 キザッペ談志の友情

142 立川志らく やりやがったな、志らく 歌のこと、映画のことなど

144 立川志ら乃 素の落語

146 立川談吉 最後の弟子が語る師匠・立川談志

談志対談集 立川談志×

148 一龍斎貞鳳 笑いのメーカーは苦労します

154 春風亭柳朝×三笑亭夢楽 40歳以上の「関白宣言」

162 中村勘九郎 銀座の夜の芸界放談

166 岸田秀 文化とは本能が壊れた人間が捏造した不自然なルール

186 太田光 オレが「天下とっちゃえよ」と発破かけたんだよ

190 三谷幸喜 家元、教えてください！「笑い」っていったい何ですか？

196 美濃部美津子 古今亭にはかなわねぇ。

203 福田和也 危なすぎる時事放談

228 吉川潮 談志が選ぶ寄席「夢のラインアップ」。

242 桂米朝 東の笑い 西の笑い

252 田辺茂一 どっちかてえとイロゴトより落語

258 色川武大 一芸に賭ける芸人たち

214 【談志偏愛小説選】新選組の巻 船山馨 薄野心中 新選組最後の人

208 【資料】原健太郎 〈ブックガイド〉立川談志が書いた本

184 『えじゃないか』創刊のことば

280 立川談志略年譜

287 談志百八席

カバー・目次・奥付写真＝橘 蓮二

❖インタヴュー

立川志の輔

Tatekawa Shinosuke

弟子それぞれに、「『俺が落語だ』と言えるような落語家になれ」というのが、師匠談志の置き土産だったんでしょうか

聞き手＝佐藤友美
撮影＝橘 蓮二

入門した途端に、師匠が落語協会を脱退して落語立川流を設立――落語家人生の第一歩を波瀾万丈な幕開けで迎え、当時「立川流の実験台一号」と言われていた立川志の輔。令和の今、稀代の人気者になるまでの、談志の弟子たちへの言葉、思い出など、談志が亡くなって十年、あらためて今の心境を驚くほど率直に語ってくれた。

談志の六十代、志の輔の六十代

　師匠談志が亡くなって十年。月並みな言い方ですが、早いものですね。

　今は、コロナ禍でできなくなってしまいましたが、談志が亡くなった後も一昨年までは、一門の新年会を続けてきました。毎年、十五分ほどの師匠の「年頭の挨拶」がものすごく面白くて、「メディアはメッセージを凌駕する」とか「落語はイリュージョンだ」とか「業の肯定だ」とか名言？　格言？　が生まれたのも、そのときでした。それが聴けなくなったのも寂しいですね。弟子が椅子に座って聴ける師匠の漫談はあれだけだったので（笑）。

　私は今でも、何か新しい落語に取り掛かろうと思うとき、「まず師匠の高座を」と思い、本やDVDを観ます。DVDを観始めると、他の演目までもずーっと観てしまい、落語自体より「こんなにお客様にサービスする師匠はいないよな」とか、昔から定評があったけれど、お辞儀がきれいなことにあらためて感嘆したりしています。「客なんぞどうだっていいんだ。客より俺が大事なんだ」と言っておきながら、高座を終えて緞帳が下がり切る前に、緞帳のすそを持ち上げながら「ありがとな」とお客様に言う。あの二律背反を弟子に見せても平気でいられる人ってそうはいないですよ（笑）。

　そんなふうに、師匠の著書、DVD、CDなど、まだ読み終えてないもの、聴いてないものなど、楽しみが家の中にたくさんあるので、亡くなった気がしないというか……師匠がいない喪失感をあまり感じないほど、膨大な資料、映像を残してくれたことに、ただひたすら感謝する十年でした。まだこの先も、きっといろいろなものが世に出てくるでしょうから、私が死ぬまでずっと飽きずに師匠を見ていられるような気はしています。

　年齢を重ねるうちに、かつて談志が、気持ちに身体がついていかないとこぼしていたことが、よくわかるようになったのだけは確かですね。私は、いまだに「業の肯定」とか「イリュージョン」とかもよくわからないので（笑）、あっ、今「なんだお前、そっちがわからねえか馬鹿野郎！」って声、聞こえませんでした？（笑）

　晩年の師匠を思い出すと、「立川談志と落語との合致」のスピードがどんどん加速していったような気がします。山藤章二先生が、「六十代の談志は面白くなるぞ」と予言されていたのですが、本当にその通りで、ものすごい勢いで変身していました。同じネタでも会場、季節、お客さんによって大きく変化させながら、まるでドキュメンタリーを観ているような、ワクワク感満載の高座でしたね。

　それに比べて自分の六十代は、「もっとできただろう、この十年……」という感じは正直あります。今の私と同じ六十七歳のときの師匠は、本当にすごかったんだな、って。

立川流の実験台一号

談志や六代目三遊亭圓生は落語協会を脱退して独自の活動を始めた。談志が寄

席を出て蒔いた種から、全国に落語の花を咲かせるまでに至ったのは、間違いなく志の輔の功績だ。談志の非凡な弟子だったからこそ、談志の信念を実践できた。志の輔の入門、談志の落語協会の脱退があり、その「立川流の実験台一号」と言われた弟子が志の輔であったことは、談志の強運だった。凡才な弟子だったら、今のこれほどまでの立川流の隆盛もなく、その後の談春、志らくの人気へと続かなかったかもしれない。志の輔の功績は、落語界にも強力な一石を投じていることは誰が見ても明らかだ。

正直に吐露すると、落語家になって初めのうちは、自分が落語家になったのは、「二十八（歳）になるまでサラリーマンやって、でも落語家への思い捨て難くて、俺の頭の中にはいつも落語が片隅にあって、それを払いのけようとしてもだめで、また給料日になると寄席や劇場に行って落語を聴いてる。もうじゃあなっちゃえばいいじゃないか」と、悶々としながら過ごしたあげく、「やっぱり落語家に」と入門した、と思い込んでいたんです。ところが、入門半年後、突然、「俺は協会を脱退する」「喋るところは自分で探せ」「上納金制度だ、家元制度だ」と大急変。私より上の兄弟子は寄席育ち、私の下は立川流設立後の入門。今になって思えば、この立川流設立のために「きっと談志に呼ばれたんだな」と思えば辻褄があって楽になるようになりました（笑）。師匠が自分の思いを実現しようと思ったときに、都合のいい馬鹿が来たから、使っちゃえみたいな（笑）。ある日、「志の輔、お前は立川流実験台一号なんだ」って言うじゃないですか？（笑）。

そもそも入門して最初に、「修業というのはな、不条理に耐えることだ」と言われています。だから、師匠が昨日言ったことと今日言ってることが違っていてもかまわない、不条理に耐えることが修業なんだと思ってきましたが、ひょっとすると人生そのものが、不条理に耐えることなのかもしれませんね。「そんな馬鹿な」ということの連続なんだよ人生なんて、と談志が教えたかったようにも思い返します。

実際、「志の輔、アイツはいいです」と言ったそばから、「あんな者を弟子にした覚えはないんだ、テレビばっかりやりやがって」と言ったり（笑）。師匠のそんな言動に翻弄されて、どうすりゃいいんだと本気で思ったときもありました。でもそれから過ぎること……十年近く経って、師匠本人が、私の渋谷パルコ劇場での一か月公演の一日を、観客席に座って、二時間半聴いててくれたんですよ。本当に。

パルコ劇場の入口に一番近い席に座って、二時間半にわたる私の独演会を、終演まで聴いてくれた。会の最後に、高座で「もう帰ったと思いますけど、今日は師匠の談志が来てたんですよ」と言ったら「いるよここに！」「あっ！　どうぞお上がりください」。そうしたら、スニーカーのまんま高座に上がって来ちゃった。「（パルコ公演には）ひと月で一万人が来るって言うから『嘘つけ！』と思って観に来たんだけど、うん、これなら来るよな、大したもんですよ」と褒めてくれて、三本締めの手締めもしてくれた。この一日で今までの、どんな苦労も帳消しですよ（笑）。

その日の公演では『歓喜の歌』という新作落語をやっていたのですが、この落語ではエンディングに高座の後ろに合唱団が出たんです。その何日か後の師匠の独演会で、談志が「志の輔をパルコで観て来ました。いゃあ結構でした。ただねえ、落語が終わった後に合唱団を後ろに並べるなんてね、田舎者じゃなきゃできませんよ」って、本当に褒めてるんだかけなしてるんだか（笑）。

思えばそれ以来、よく野末陳平先生とお二人で、私の会に来てくれるようになりました。談志はだいたい一番後ろの席に座っていて。お客さんが自分に気がついてると思っているのかどうかわかりませんが、「俺もういいや」と途中で帰ったかと思ったら、「うーん、めんどくせえから、もうちょっといるよ」と戻って来たり。中央会館（銀座ブロッサム）での私の独演会のとき、落語の途中で上下《かみしも》をちょっと深く切ったら、パイプ椅子に座っている談志が見えて、「えっ！」とこっそり二度見したこともありました。

会の後に楽屋に来て、「打ち上げあるのか」「あ、ご参加いただけますか」「あぁ、なんかまあビール一杯ぐらい飲みてぇな」と付き合ってくれたり、いろんな話をしてくれたり、嬉しかったですね。

正直、「あれ、おかしいな」とも思ったんです。入門してから二十七、八年の間、ゲストで呼ばない限り、私の会には一度も来たことのなかった師匠が、晩年の五年くらい前から、何回も私の独演会に来てくれて、その上、打ち上げにも参加してくれた。今日の落語のあれこれと昔話をしてくれたのは、大きな財産ですね。

談志の言葉を紐解いていく

談志は常に自身が揺れながら、正反対のことを言っていたのだろうか。落語についても「伝統を現代に」から始まり、晩年は「イリュージョン」や「江戸の風」をとなえていたが、矛盾せず落語という大きな括りの中に共存しているのだろうか。

古典落語には江戸っ子が田舎者を馬鹿にする噺がたくさんあります。江戸っ子の、粋でいなせで含みのない素敵さが、田舎者にはわからないということになっている。また、江戸っ子が江戸っ子を笑っている噺も多くありますよね。「熱い風呂に入って我慢するだの、お金を拾ってくれたのに『ありがとう』と言わずに『俺のもんじゃねぇから持って帰れ』なんて突き返す、馬鹿じゃないの？」と、本当はそれが常識なんだけど、それを踏まえた上で江戸っ子の面白さを楽しむ江戸落語。非常識の面白さ、エネルギー、人生成り行き、「他の芸能や芸術じゃ言えねえだろう、こんな日本人論」と、談志自身それを楽しみながら生きてたんでしょうね。だから「今の時代にも江戸の風を吹かせろ」と弟子に言い続けていましたよ。でも「こんな江戸っ子が、隣に住んでたら、うるさくてたまらねえだろうけどね」とも言ってましたけど（笑）。

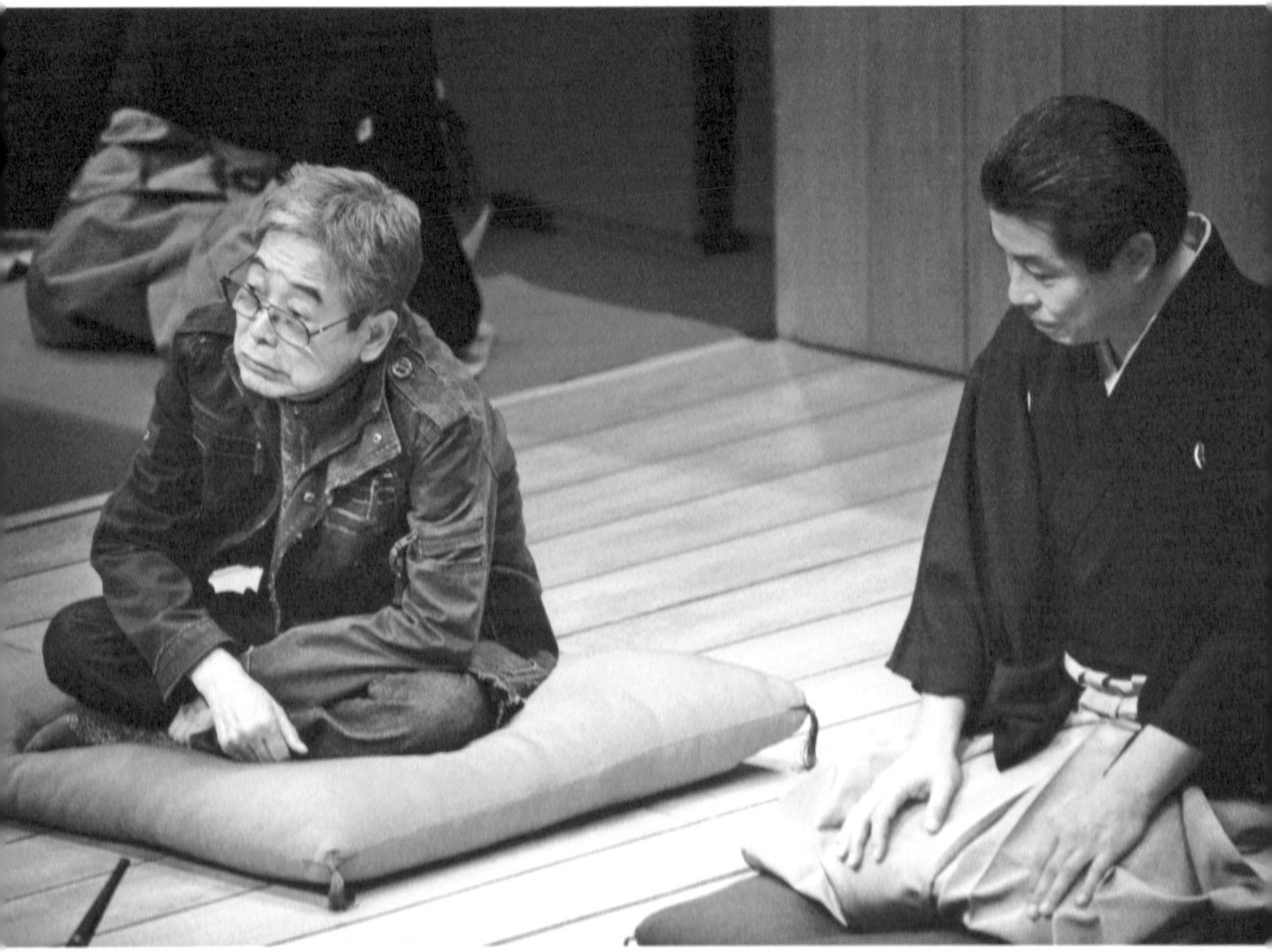

志の輔パルコ公演の高座に上がった談志（写真：橘蓮二）

師匠の言うことが少しずつ、わかったりわからなかったりわかったり、これが結構楽しかったですね。たとえば、師匠は、弟子には二言目には「人生成り行き」と言っていましたが、師匠談志本人の人生は、成り行きどころか、無理にでも人生の流れに逆らいながら、面白いことを見つけ、人間の、日本人の、一番正直なところを探し求めて、人生をデッサンすることに一生をかけた人だと思います。それをどうやったら笑いに変えられるかに挑戦した人生だったんじゃないですかね。でも色紙を頼まれると、さっと一言、「人生成り行き」と書く。色紙をもらったお客さんは、「わー談志さんらしい、カッコイイ。楽になった!」だったでしょうね。人生成り行きなんかじゃないことを一番よく知っている師匠の色紙。私が師匠から、二つ目のときにもらった色紙の一枚が、「笑わせるまでにピエロさんざ泣き」ですって。お前何やってんだ、ってことですね。

ときどき酔っ払って、突然自分の苦労話をしてくれることもありました。「狭い四畳半のアパートの天井に、謎掛けを考えるために、世の中にある商売がたくさん書いてあるんだよ。そこでな、夜、布団の中から天井を見て、『八百屋、八百屋……八百屋と掛けて何と解く』って、謎掛けを考えてるもんだから眠れねぇんだよ」とか、「もらったタクシー代を使わないで家までどうやって歩いて帰るか」とか、それが苦労というより、そういうことを考えるのが面白かった、という話をしてくれました。

私が弟子になった頃は、既に昔の名人上手のカセットテープや、ビデオテープも発売されていた時代ですが、談志はそういうものには頼らずに、頭の中に経験が全部記憶として入っているんですよね。晩年も「映画スターを『あ』のつく人から順番に言ってみるんだ。だから俺にはヒマなんてことはないんだ」とよく言っていました。

師匠は晩年、ひょっとすると入院先でも、声が出なくなっても、ずっと休む暇なく頭を動かしていたのではないでしょうか。そう言えば、とうとう師匠に最後まで、「ゴルフ始めたんです」と言えませんでした(笑)。もちろんゴルフが悪いことじゃないけれど、「よくそんなヒマがあるな」とか「何が面白ぇんだ、自分で打ったボールを追っかけて拾ってきて」と言われるに決まってる。それが証拠に「あいつゴルフなんてやってやがる、馬鹿だと思わねぇか、なあ志の輔」なんてよく聞かされてました。それなのに気がついたら夢中になってる自分がいました。共犯者をつくるために、談春にもゴルフをやらせました(笑)。

師匠の愉しみは懐メロでした。酔うと必ずテープをかけ、歌い、ときには踊って見せたりもしました。我々弟子は、懐メロを覚えることが修業のひとつでした。志らくは素晴らしかったですね。師匠が「唄え」といった曲はすべて歌いました、それもソラで。他のほとんどの弟子は、辛かっただけでしたね。もちろん私も。ある弟子がこんなことを言われたことがあります。「『懐かしの歌謡曲とか懐メロを覚えてこい』って俺に言われて心の中じゃ『何でそんなものを覚えなきゃいけないんですか、覚えて何の役に立つんですか』って、お前どこかで思ってんだろ。お前の好きなものはなんなんだ。ビートルズか、ああそうかい、いいよビートルズが好きでも。じゃあビートルズの曲を正確に歌詞ごと全部覚えて、歌えて、どういう意味だかお客に説明できて、それでお客を爆笑させられるならビートルズが好きって言えよ。ただ『ビートルズを聴いてます』なんてのは、素人の言うことだ！」。そう聞くと、「談志プロ論をまたひとつ聞いた」って瞬間じゃないですか（笑）。師匠の言うことはすべて強烈に弟子を射抜きましたね。「落語家だったら、お前の好きなものを語って爆笑させて、お客に『そういう世界があるんだ』と思わせろよ。ついでに俺も笑わせろよ」、そうです、その通りです、その通りだから困るんです（笑）。

「喋る場所は自分で探せ」

とうとう、難しい質問が来ましたね。

立川流を師匠がどうしたかったのか、師匠が今の立川流を見たらどう思うのか。一言で言えば、「わかりません」です（笑）。

師匠は、自分が寄席を愛しているにもかかわらず、いや愛しているからこそ、落語が寄席の中にだけ留まる時代ではないだろうというアンテナを感じ、落語協会を出て、弟子たちに言った最初の言葉が「喋る場所は自分で探せ」でした。現在、立川流日暮里寄席や、お江戸上野広小路亭などの立川流定席公演など、立川流の会としては続いています。ただ、基本は談志が言った「立川流の拠点はおのおの中にある」なんだと思います。だから今本人に聞いても、「立川流がどうなってほしかったのか？　そんなことは知ったこっちゃねえ、勝手にしろ」でしょう。「どこへでも行って客捕まえて喋ってこい」でしょうね。

談志が四十年前に落語協会を脱退した頃に比べて、令和の今現在、日本中の全国各地のホールや劇場、公民館に至るまで、津々浦々で大中小の落語会が、数多く当たり前のように開かれているなんてことは、おそらく当時では考えられなかったでしょう。伝統の寄席と、そこから飛び出した落語が、北海道から沖縄まで、全国の人たちが、それも毎年、地元に居ながらにして生の落語を楽しむことができる時代になったことは確かでしょう。

落語の認知度は、過去最高の状態にあると思います。実際に落語を聴きに来るかどうかは別として、「落語って何？」と言う人はほとんどいなくなった。談志が立川流を創設し、劇場型の落語会を広めたことは、落語の認知度を上げることに大きく寄与した。だから今、きっと上から「ほら見やがれ、俺の言う通りになったろ」と言っていると思います。もちろん忘れてはいけないのは、（六代目三遊亭）圓楽師匠や（春風亭）小朝師匠のプロデュースのおかげで、一気に落語の存在がマスコミにも広がっていったことは言うまでもないと思いますが。

コロナ禍で、落語会の開催が難しくなったときに、日本中から「いつになったらできますか」とか、「延期させてください」「残念ながら中止です」という連絡がきて、演芸が、日本中の多くの主催者の方々に大きな影響を及ぼすようになっていたのだとあらためて思いました。

　日本中はもちろん、世界中は大げさですが、でも私がいろいろな国や地域で落語会をやったときの打ち上げで、必ず主催者が、「談志さんからもらった色紙なんですよ」とか、師匠が来たときに一緒に撮った写真などを出してくる。どこの国でもですよ。既に師匠がひと通り回っていて、結局自分は談志の後を回っていただけなのかと思うほどです。やはり一人の人間が、これだけのものを世界中、日本中に残すのはすごいことだと思います。

ザッツ・ア・プレンティ

古今亭志ん朝は、老いを感じることなく二〇〇一年に六十三歳で亡くなった。談志の師匠・人間国宝の五代目柳家小さんは、晩年の高座で、「噺を間違えたので、今日はお詫びに百面相やります」ということもあった。談志にはその苛立ちもあり、「談志が死ぬときは他殺に違いない」ということがネタになっていた時代もある。談志が今存命なら八十五歳。晩年、思うような高座がつとめられず、弱気になった面もあるのだろうか。


　師匠自身も、老いるということの残酷さについては口にしていました。晩年、病気をして弱気な面も出すようになった師匠を見ているのは、辛いし、切なかった。高座を下りて楽屋で汗拭きながら、弟子たちに「こんなもんしかできねぇって、情けねえなってお前ら思ってるんだろう」と言ってみたり。自分が思い通りにならないイライラがあったのだと思います。「頭と身体が一致しない。このスピードでできるはずだと思って、頭はそのスピードで回ってるのに、口がそのスピードを出してくれない」という苛立ちを、仕方がないから弟子にぶつけていたのでしょう。

　がんと糖尿病というその病が、師匠から多くを奪っていったのは違いないとは思いますが、声が思うように出なくなってからの高座、「病に勝ちたい、まだまだ言い残すことがいっぱいあるんだ」という、ものすごい気迫は記憶に刻まれています。志ん朝師匠が亡くなられたときに、談志が「いいときに死んだな」と言ったのは、老醜を見せることもなく醜態を晒すこともなく、これだけ華麗に芸人人生を終えられるのは羨ましいぐらいだという意味を込めての言葉だと思います。一方、小さん師匠はご高齢になり、落語を間違えても、「えへへ、間違えちゃった」と見事に達観された。そういう意味で、師匠談志は志ん朝師匠、小さん師匠のどちらのパターンでもない。

　亡くなる前に、喋ることができなくなったのは、人間は生きている間に話せる量に限りがあって、言葉をすべて出し切ったから、残りがなくなってしまったのか、と思うほど。あれだけのスピードで、あれだけの量の言葉を、談志は入門以来喋り続けているのですから、身体の中の言葉がカラッポになったのかも、と。

　私が入門したとき、師匠はまだ四十七歳でしたが、その頃から、「俺が死んだときは薗田憲一とデキシーキングスの『ザッツ・ア・プレンティ』っていうデキシーをかけて送ってくれ」と言っていました。自分が「これで満足（ザッツ・ア・プレンティ）」という曲で送られるぐらいに、満足できる人生になるかどうかまだわからないときから、もういつどうなってもいいというぐらいに毎日毎日が面白くて、辛いことも含めて納得がいく生き方をしていた。そして納得のいかないことまでも笑いに変えて。

談志、最後の落語。「俺が落語だ」

我々弟子が師匠の死を知ったのは、談志が亡くなってから三日後でした。根津の師匠のご自宅を、弟子みんなで訪ねたときに、入院中にご家族がホームビデオで撮影した映像が流されました。人工呼吸器をつけた師匠が、カメラに向かって最後の落語を苦しい息の中で喋っていました。人工呼吸器から出るグワーッ、グワーッという音の中で、「へい駕籠！　へい駕籠！」と、「蜘蛛駕籠」をやっていました。師匠が大好きだった「蜘蛛駕籠」、人生の最後の口演、壮絶でしたね。こんなに辛い呼吸の中でも「喋りたい」という情熱、まさに「俺が落語だ」でした。

師匠の目標は〝落語と談志が一致する、ひとつになる〟こと。具体的に言えば、志ん生師匠みたいになることでした。ある談志ドキュメンタリー番組のタイトルは「落語とは、俺である」でした。「俺が落語だ」が最後の言葉。

でも勘違いしてはいけない。きっと談志は「俺が落語だ」のなかに、弟子にこう言ったのだと思っています。「あれも落語これも落語、全部が落語なんだ。だから己と落語を一致させてお前の落語を残せばいい、お前の落語をやればいい」と。「俺が落語だ」だなんて、普通の人が聞いたら、「談志さんって、自分だけが落語だなんて、随分傲慢ね」って思うかもしれないけどそうじゃない。談志は「俺を認めたくなかったら、お前が落語だという落語家になれ、落語をつくれ、落語をやれ」と、弟子だけにとどまらず、すべての落語家に向かって言っていたのだなと、思います。「そんなちっちゃいものじゃない、もっともっと大きいものなんだ落語は」という意味も含めてね。

さて、私は言えますかね、この先いつか「俺が落語だ」。無理ですな（笑）。

（たてかわ　しのすけ・落語家）

❖インタヴュー

神田伯山

Kanda Hakuzan

どんなにボロクソ言われても、やっぱり会いたかったですね

講談界の大名跡を継いだ神田伯山は、インタビューの折などには、演芸へはまるきっかけとなったのは六代目三遊亭圓生、そして立川談志だったと繰り返し述べている。伯山が浪人生のとき、談志の「らくだ」を聴いて圧倒されたエピソードは、こちらも高揚してくるような、談志の高座のすごさ、素晴らしさを表すエピソードだ。落語や講談に憧れる少年だった伯山が、講談に入門し、売れっ子講談師となり、講談界を盛り上げようと日々奔走している今、あらためて談志の存在を見つめ直す。そこには熱い視点、冷静な視点、両方が混ざり合い、刺激的な発言が続く示唆に富んだインタビューとなった。

聞き手＝佐藤友美
撮影＝橘 蓮二

「らくだ」の衝撃

　談志師匠は恩人ですね。客席でその芸を聴いていただけですが、人生で非常に重要な時間でした。同時にピン芸というものは、こんなにもすごいのかと、叩きのめされる瞬間を何度も味わえましたね。私も十代で多感な時期でしたし、その思い出補正もあるとは思うのですが、今そのときのＤＶＤを観ても、ＣＤで聴いても、あの空間は完全には再現できないんですよ。あってもほんの匂いだけ。演芸はやはり、その場にしか存在しないんだなとつくづく思います。この本で談志師匠のＣＤとかＤＶＤをいっぱい宣伝しているんでしょう。事前に言っておきます、申し訳ないです（笑）。

　だから私の中で亡くなった名人は、いろいろな意味で亡くなっているんですね。すごいなと思うことはいっぱいあるのですが、でも、やっぱり芸の一部しか機械では再現できない。しかしこれ、考えようによっては、現役の人間にとって、これほどありがたいこともないですよ。技術的に負けていても、生きていれば圧倒的に有利なんですから。ただ私は生きていて有利なんですが、どういうわけか過去の名人にボコボコにされますね（笑）。もっとも、登る山も違うのですが。

　そうそう、談志師匠の思い出は色褪せないもので。生で聴くことができたのは、全部で三十席ぐらいでしたか。少ないもんです。「金玉医者」は五、六回ですね。常に上機嫌でやられていました（笑）。演目数でいったら二十席以上は聴いたかもしれません。

　自分が談志師匠を生で聴けたのは、短い時間ではありましたが、談志師匠のいいときを聴けたのはよかったです。主に六十代前半から半ばの時期です。師匠も常にマクラで、「俺のいいときの聴いといてくれよ」とかおっしゃっていて、その意味はよくわかります。ライバルの志ん朝師匠が亡くなり、師匠の小さん師匠（五代目・柳家）も亡くなった。それを背景に生きていたときの談志師匠の落語は、真に迫っていたというかすごかったですね。体調も良さそうでした。そうじゃない日も、いっぱいありましたが（笑）。

　ただ、それから六十代後半から徐々に徐々に、高座の出来が変化していったのも覚えています。それでも熱心な談志ファンが、最後まで「談志がいつか昔みたいなホームランを打つんじゃないか」「いつかそのスペシャルな一席に出合えるんじゃないか」とずっと恋焦がれていたときに、あの「伝説の『芝浜』」といわれる高座が、二〇〇七年十二月十八日にありました。その、最後のフルスイングとも思えるような高座の雰囲気は、今、ＤＶＤで観ても映像に漂う空気感はわかります。でも私はその頃、ご病気だった談志師匠の高座は聴いていて辛かったので、行かなくなっていたんです。もっとも二〇〇七年十月三十日には、講談の世界に入っていたので、行けないのは当然なんです。ただこれは物理的ではなく精神的な問題で。私は客の中で、裏切り者だったなと勝手に思っています。あの一席を生で聴けたのは、最後まで信じていたお客様だけなんですね。

　それでも談志師匠のバリバリの「らくだ」を聴けました。それまで私は、エンターテインメントとして最高峰のジャンルは映画だと思っていたんです。ところが聴いた瞬間に、「うわっ、すごい」って。特に、中盤から後半に至るまでずっと肌が粟立っていたというか、まさに鳥肌でしたね、あれは。畏怖のような、「何だこれ」と言葉にできないゾッとする感覚でした。自分自身も噺の中に入って体験しているようで、終わった後、本当に座席から立てなかったんです。「立てなかった」なんて、よく使われる表現だし、嘘くさくて嫌なんですけど、言葉そのままでした。

　私は当時、嘘くさいものが嫌いだったんですよ。でもね、目の前でとんでもない芸をされたんです。その本物の芸に圧倒されて。本物すぎてその帰り道は、カルチャーショックで、うつむいて歩き続けるような感じで、「ああもう、この人のところに弟子入りしようかな」と考えましたね。あのときの談志師匠の「らくだ」は生涯私の心に残る芸でした。

　演芸界でも、「談志師匠は若い頃の方がいい」と言う方が結構多いのですが、それは、談志師匠が年を取ってから、客として生で聴いていないのではないかと思うんです。「六十歳からその中盤くらいまでの談志師匠はめちゃくちゃいい」ということを高らかに言ってるのは、自分と広瀬和生さんぐらいじゃないでしょうか。一門の方ではいらっしゃるかもしれませんけど。ただ、自分の人生における贔屓目もありますが、あらためて聴き直しても、六十歳以降の方がいい、と思っています。

　色川武大《たけひろ》さんか、田辺茂一《もいち》さん、どちらでしたか。談志師匠の若い頃に、「年をとったら、談志はとても良くなる」と言っていた気がします。予言通り、まさにそうなったと思います。

講談に進んだきっかけも談志師匠だった

　私が講談の道に入ったのは、いろいろな理由がありますが、もう談志師匠の声があまり出なくなった頃、スタジオ録音の「談志百席」を聴いたことが、きっかけのひとつです。CDの中で、昔の講談師について話しているものがあるのですが、そのときに「こんなの誰が聴いてるかもわからないし、何の影響もねえだろうな……」と、ボソッと寂しそうに言ったんですよ。当時私は学生でしたが、これを聴いて「絶対講談界に入ろう」って思いましたね。意味のある言葉にしようと思いました。私は談志師匠に心酔していましたから。あぁ、この人は何を言ってもいいという高座を体験していましたからね。

　だから、テレビの談志師匠の印象だけで「談志は生意気で嫌なやつ」とか言う人いますけど、「あぁ、この人は談志師匠の良いときの高座聴いてないんだなぁ。あれ聴いてたら、何を言ってもいいと思うもんなぁ。かわいそうな人だなぁ」と変な優越感がありますね（笑）。また、師匠の（神田）松鯉に出会えたことも、とてつもない幸運でしたが、これは長くなるので割愛します。兎にも角にも、談志師匠には、若者の背中を押してくれるようなところがあるんです。

生前、直接お目にかかる機会はありませんでしたが、これは良かったのかもしれません。談志師匠がまだお元気なときに、講談師としての僕の名前がちょっと出たとしたら、たぶんボロクソに言われたでしょう（笑）。まだ少しお元気な頃、売り出し中の落語協会の真打のこととかボロクソ言ってましたからね。だから私は結果的に好きなままで、ただのファンという最高の距離感だったな、と思っています。

ただ私は、基本的に談志師匠が好きですし、談志師匠は自分を慕う人を好きらしいので、生前、可愛がっていた（神田）紅《くれない》先生のセッティングなどで、一回どこかで会わせていただいていたら、いい方向にいったかもしれません。

でも、談志師匠を好きだった方々といっぱいお会いできているので、それで十分なんですよ。高田（文夫）先生は今が全盛期ですし。野末（陳平）先生もワクチン二本打って、ステーキとピザ食べてましたし。みんな、お元気で嬉しいです。尊敬する人とは、よい距離がベストですから。談志師匠が好きな曲で言えば、ザッツ・ア・プレンティーですね。

メディアと寄席

談志師匠の圧倒的なメディアへの出方は、私とはレベルが違いますが、最近だと、おそらくテレビよりもラジオの方が、寄席に来るお客さんの層と親和性が高いと感じます。ラジオパーソナリティの中で、すぐ会いに行ける人って、今まであんまりいなかったのではないでしょうか。寄席の、あのふらっと行く感じって、他の娯楽にはそんなにないんですよ。すでに満席で行けないとか。でも寄席は、思い立ったときに当日券でも行けます。寄席で、「自分のラジオリスナーがどれくらい来てるかな」と思い、ラジオネタとかを軽くマクラで喋るとワッと反応があるんです。独演会では当然ですけど、寄席なのにですよ。現場に足を運ぼうという親密度みたいなものが高まるのは、テレビよりも、たぶんラジオ文化の方なのかもしれません。その人を深く知ることができるといったような。

それに、寄席ほど楽しいもの、なかなかないですよ。やってる方も聴いている方も。売れると寄席に出なくなる人もいますが、自分は逆ですね。自分が客寄せパンダ的な役割をして、他の落語家さんとか講談師とか、面白い人を見つけていただいて、「寄席って楽しい」と思っていただいたら嬉しいです。寄席はチームプレーですから。私は外側からお客を引っ張って来る役目みたいな感じで。自分自身ももちろんがんばりますが、いつもよりお客様が増えると、出演者もやる気が出るんですよね。だから、皆さんがよりいい高座、いい流れを心がけるので、お客様の心に誰かが引っかかってくれればいいという意識はあります。自分自身も、若い頃……今でも若手ですが、二ツ目の頃に、他の誰かを目当てに寄席に来たお客様に、松之丞もいいねと思っていただけるようにがんばっていました。こういうのは、ずっと寄席で繰り返されてきたことなのだと思います。

そうそう、寄席での談志師匠を体験したかったですね。私が生まれた年に立川流を創設しているので、その頃には当然間に合っていないんです。やはり寄席に代わるものはなかなか難しいとは思うのですが、落語家のチームプレーを育む場所、代わりのものを談志師匠につくっていただきたかった。あれだけプロデューサーとしても能力があった方なので。もっとも寄席が嫌いで抜けたのではなく、人間関係が嫌だったのでしょうけど。それでも形として、弟子や後輩のために、立川流にしかできない、寄席に代わるものは何かできなかったのかなと。もちろん、志の輔師匠などを筆頭に、ホール落語の公演がこんなにもできているのは、ひとつの形ではあると思うんです。あれだけ多くのすごいお弟子さん達を育てたということで、それが形といえば形なんでしょうけど。ファンからすると、少し寂しいんですよね。

素の談志師匠の魅力

あと談志師匠の魅力は、全部さらけ出していることなんですよ。ドキュメンタリーで、志の輔師匠との親子会を新橋演舞場でなさった。その頃、談志師匠のお身体は万全ではなかったですから、あんまりウケなかったんです。しかも、高座でいきなり女性器を大声で言うんですよ。場所柄も、その親子会で求められていることとも違うので、当然反応も芳しくないわけなんです。でも、そこでウケなかったことに、談志師匠がすごくショックを受けているんです。ウケなかったことに狼狽している姿も、平気で見せるんですよね。いくらでも隠せるのに。しかも、お後にあがった弟子の志の輔師匠がワンワンわかせる。それを楽屋でモニターで聴きながら、チクショーという感じで仰向けになり、腹筋を鍛えるように足と手をバタバタさせている。いつもの談志師匠がよくやる運動ですね。あれ、最高にかっこ悪くて、最高にかっこ良いドキュメンタリーでした。そういうさらけ出すところ、痺れるんですよね。嘘くさくないんですよ。

談志師匠が高座に遅れて来た、出演しないで帰ってしまったというエピソードは、ファンは結構好きなんですね。理屈はわかるというか。談志師匠の照れって、ロック歌手と似たようなものがあるのではないかと思っていて、たとえば開演時間が十九時だったら、「立川談志はいろいろ言ってるのに、ちゃんと十九時にやるって嫌だな」と談志師匠が感じていたのかなと。なんだかんだで、時間を守るのはあまりにも嘘くさいので、そのためにときどき、非日常の行動をするという。そのループもお約束なんです。もっとも遅刻してくることも、体力の衰えとともに、ずいぶん減ったように感じられます。遅刻も体力を使うんでしょう。どう考えても、普通に来る方が楽です。あれも談志師匠のサービスなんだと思います。その流れで、遅刻してきたのになぜか怒っている談志師匠。でもお客様が良くて、急に機嫌が良くなる師匠。散々待たせたお客様を、笑顔ひとつで満足させる師匠という。そして、あの深々とした高座でのお辞儀。それこそ作為的だろうと思われるかもしれませんが、あの誰よりも深いお辞儀が、素の談志師匠に一番近いのではないかと、私は勝手に思っています。

昔の講談師への憧憬

談志師匠は、ご自身の著書などでも講談への溢れる愛情を示されています。また、落語の途中で急に脱線的な解説を始めるのは、講談の引き事からきたものでしょう。談志師匠は講談ネタを多くやられていました。「慶安太平記」や「人情八百屋」、ほかにも「小猿七之助《こざるしちのすけ》」「阿武松《おうのまつ》」「青龍刀権次《せいりゅうとうごんじ》」といった講談の読み物を、敬意をもってやられていて、講談に対する溢れんばかりの愛情を感じます。私は、談志師匠の講談ネタを生で聴くことは叶いませんでしたが、講談への取っ掛かりをつくられたというか、こういうネタを広めてくださっていたことは、本当に素晴らしいと思います。

自分としては、講談の良さは、やはり連続物にあると思っているので、談志師匠から連続物に対するこだわりをあまり感じなかったのは、残念ではありますが……。談志師匠は「慶安太平記」について、マクラかなにかで、「俺もな、これ全部やりゃいいんだけどな、速記とかで起こして。でも不精だからやらねぇんだよな、面倒くさくて」とお話しされています。ただ、談志師匠の時代は、連続物が流行らなくなっていた時代と重なってもいるんですよね。そういう意味でも、談志師匠は講談に関して、良いときに間に合わなかった世代というか。落語以上にノスタルジーで語っていたのではないかと思うんです。

談志師匠は「今、講釈師でろくなやつがいねぇな」とよくお話しされていました。自分も最初は、それが本当なのかなとも思っていましたが、いざこの世界を注意深く見ると、うちの師匠の松鯉もいますし、当時は（一龍斎）貞水《ていすい》先生も、貞山《ていざん》先生もいらっしゃって、すごく芳醇な世界がちゃんとあったんですね。「虎さんの芦州（六代目小金井芦州）。あれが最後の講釈師だ」と、香りとか時代の匂いとか抽象的な表現の中で、言わんとしていることもわかるのですが。これに関してだけは、大事な談志師匠の没後十年の本ですが、明確に私は否定したいです。

当時の講談について書かれた別の著者の本も、みんなノスタルジーばかりなんです。未来志向の人が一人もいないというか、「昔はよかった」というとらえ方をされていて、全盛期がすごいだけに、そういう風に語られる弱いジャンルに講談はなっていたと思います。もちろん、その言葉の裏にあるのは「講談へのエール」ではあると思うのですが。ただ影響力が強すぎるので、お客様がそれを咀嚼せずに鵜呑みにしてしまう恐れがあるんですね。たとえば、談志師匠の修羅場。「俺は今の講談師より上手いですよ」と、そうおっしゃるんですが、実は講談師からみると、上手い下手以前に少し読み口が違うんですね。昔の名人のモノマネされている時はあまり感じないのですが、オリジナルな感じでやろうとするとズレるときがあるんです。他の講談ネタで、談志師匠の素晴らしいものも多くあるのですが、細かく言うと餅は餅屋なところもあるわけで。そういう意味で講談への功績も絶大だと思うのですが、すべて鵜呑みにする人には悪い宣伝もされていたかなぁと生意気にも思います。

　談志師匠は、落語については常に揺らいでいたように思えます。「伝統を現代に」の若い頃、「イリュージョン」「江戸の風」。一貫性があるような、ないような。講談や浪曲に関しては、終始ノスタルジーでお話しされていた印象がありますが、落語に関しては遥かに複雑でした。

　伝統芸能者として、これほど誠実に自分を見つめて揺らぐという行為は、誠実だと思う反面、発言力がすごいだけに、周りも大変だったと察します。幅広い年代のお弟子さんも、談志師匠のどの年代を好きかが違うのも、こういう面があったからでしょう。それだけ談志師匠は多様でした。

現代の名人の定義

　やはり名人とは、時代によって変わってくるのだと思うんです。私は、今の時代は、志の輔師匠が名人だと思っています。落語ファンではない、外側の人間を取り込む、みんなが聴きたいものの大衆的なニーズは、志の輔師匠的なものだと思います。「伝統芸能って自分にわかるのかしら」っていう人が行ってみて、「あ、わかる。しかもすごい面白い！」という、その満足感が、もはや現代の名人の定義になっていて、昔の名人の定義とは変わってきているのでないかと思います。

　圓生師匠が安藤鶴夫さんのインタビューに答えている動画が残っているんですが、そこで「初めてのお客様に聴いていただきたいか。うるさ型のお客様に聴いていただきたいか」と、安藤鶴夫さんが聞いたら、圓生師匠が「そりゃ常連のうるさ型に聴いてもらうのが嬉しい。当たり前ですよ」と即答していて、昔の名人の定義は常連を唸らせる芸人だったんだと、よくわかります。でも今は、多くの落語家さんは、初めての人に喜んでいただくのを良しとする人も多いのではないかと思います。過去の名人上手との戦いというより、現在の他ジャンルといかに戦って勝てるかという、それが今の名人の基準なのかなと。そういう傾向を寂しいと思う落語ファンもいるかもしれません。私もその一人ですが。しかし今は、より多くのお客様を落語好きにすることが、これだけ娯楽の多い時代の、名人の基準になるような気がします。初めて落語を聴く友人を誘って喜んでもらうために、おそらく一番最初に頭に浮かぶのが、志の輔師匠だと思います。談志師匠が後年、「後継者に一人選ぶとしたら志の輔、立川流の最高傑作」とおっしゃっておられました。落語以外では、爆笑問題の太田光さんでしょう。

超一流の芸能評論家

　師匠の松鯉と談志師匠とは接点がある

のです。談志師匠が二代目の松鯉をすごく好きだったこともあり、三代目であるうちの師匠は、「阿武松」を談志師匠に稽古してもらっているんです。私は、その「阿武松」をうちの師匠から教わっているので、これが唯一の談志師匠からのネタなんです。この「阿武松」は、たしかに談志節で面白くて、何より談志師匠経由のネタをいただけることは、とても嬉しかったです。師匠の松鯉も談志師匠が大好きですし、（先輩の神田）愛山《あいざん》先生もそうです。やはり講談界の人は、談志師匠のことを好きな人が多いです。

　私が談志師匠の好きなところのひとつに、古老を喧伝するところがあるんです。馬場《ばば》光陽《こうよう》先生とか、廣澤瓢右衛門《ひろさわひょうえもん》先生などの熟練の方を、「いい芸なんですよ、この先生は」と、売れてる談志師匠がプレゼンして大先輩を引き立てていく。脚光を浴びている人の役割として、とても大事なことだと思います。

　談志師匠の言葉で印象深いもののひとつに、「ものを言うにも権利ってのがあるよな、そこに行くまでの資格がいるよな」というものがあります。そういう意味で談志師匠からは、芸能について話す、圧倒的な資格を感じました。芸能の評論家としても、超一流です。

　だから私にとって、『談志百選』などは、本当に通信教育みたいでしたよ。話の中で、演歌歌手のディック・ミネが出たとき、当時、私は高校生で、ディック・ミネは知らなかったのですが、「あ、そういう理由でディック・ミネってあだ名がついているんだ！」と。そういう下《しも》がかったことから、他にもいろいろな昔の歌手や芸人の名前を見たときに、「少なくとも僕は、この談志師匠が好きな百人を全員知っていこう」「この人たちが愛する芸能というものに触れていこう」と思いました。そこからまたどんどん調べて、その先がより枝分かれして、いろいろな芸能をまたさらに好きになっていった。談志師匠が好きなものを好きになろうという、そこについては、純粋に自分も好きな人をもっと知ろうという志らく師匠のようなイズムがありましたね。最終的に「私は講談が面白いな」となり、落語とは違う方へ枝分かれをしましたが。

講談が求められる時代

　談志師匠が先の小さん師匠に、「どうやったら落語界ってよくなるんですか」と聞いたら、小さん師匠が「待つんだよ」と答えたという話を、昔のインタビューで読んだことがあります。談志師匠としては、「待つって言ったって、こっちから仕掛けなきゃそんな空気にならねえじゃねぇか」と。それから数十年後、うちの師匠も「東京かわら版」さんのインタビューで、「今後の講談界はどのように」という質問に、先の小さん師匠みたいに「待つことですね」と言っていました。

　今は、加速度的にすごく潔癖な世の中になってきていて、それが良い悪いはともかく、真面目さを礼賛する世の中になってきたことは確かなように思えます。というか「正義」を盾に、ネットで攻撃したいだけの人も多くいるように感じますが。潔癖風、真面目風だとしても、今のような、ちょっと閉鎖的で保守的風な時代の空気と、講談の空気は合うんですね。バブルの時代に、「親孝行しなきゃいけない」なんて話は誰も聴かない。逆に真面目にやっている人を、ちょっと馬鹿にするような世の中でした。でも今は、「真面目にやってる人はいいよね、汗かいてて素敵だよね」って普通にみんなが言う状況になってきていますから、講談をやりやすい環境になっています。もっともそういう時代は、危うい社会だなぁとも思います。正論を望んでいるのは、崖っぷちの時代ですから。

「いつか講談の時代が来るよ」

こうして時代が変わったことを考えると、待ったことは正解だったと思います。でも、待っていても、今のように、みんなが YouTube で検索する時代になったときに、YouTube のチャンネルを持っていなければ、目に触れるチャンスを逃してしまう。たとえば、自分が一番やりたい講談は、「畔倉重四郎《あぜくらじゅうしろう》」などの連続物だったのですが、お客さんのニーズと合わないと思っていました。ところがYouTubeで「畔倉重四郎」といった連続物を出したら、一話だけで百五十万回再生以上になりました。

それは、本当に自分がやりたいことがお客さんにハマることがあるんだという意外な誤算でもありましたが、YouTubeだったということも大きいんです。テレビや寄席は高座時間が短い。自分の独演会でも全部で二時間くらいという制限はありますから、連続物を常にMAXでできないといったジレンマを抱えていました。そんなときに、自分の好きなようにできて、みんなが観やすく聴きやすいYouTubeというメディアが出てきたことで、初めて講談が、というか、うちの師匠が連続でずっとやってきたものが報われて、一気にバーンって跳ねたのかな、ということは思います。

時代やらなんやら、いくつもの歯車が重なったときに、講談に目が向いて、という感じなのかもしれないですね。つまり待つだけではないんですが、うちの師匠は、談志師匠から「いつか講談の時代が来るよ」と言われたことがあるそうなんです。もしかすると、まさに今、その時代が来たのかもしれないとは思います。

だから今こそ本当に、談志師匠の「慶安太平記」の連続物とか聴きたかったなと思っています。あと生きていらしたら、どんなYouTubeやってたんだろうなと。それに近いような動画に晩年よく出ておられましたが。ホームページの「・・日記」も面白かったですし。ツイッターやってたら毎日炎上していたでしょう。今の演芸界はどうみていらっしゃるのか。

あぁ、やっぱりどんなにボロクソ言われても、会いたかったですね。

かんだ　はくざん・講談師

❖インタヴュー

松岡慎太郎

Matsuoka Shintaro

生誕百年あたりで、千年に一度の逸材が現れて、立川談志を継ぐなんてことを夢想しています

立川談志には二人の子供がいる。長女の松岡ゆみこと長男の松岡慎太郎だ。タレントでもあるゆみこに比べると、あまり表に出ることのなかった慎太郎だが、談志の晩年、「談志役場」という個人事務所の代表となり、談志の芸を裏方で支え続けた。幼い頃のこと、共に仕事をするようになってからのこと、亡くなって十年経った今の心境など、余すところなく話を聞いた。

聞き手=佐藤友美
撮影=橘 蓮二

家族思いだった父・談志

一九六六年生まれの慎太郎がもつ、父親の最古の記憶はいつなのだろうか。有名人の父親をもって得したことや、逆に苦労したことはあったのだろうか。

父・立川談志の最も古い記憶は、二度目の出馬で当選した、参議院選（一九七一年）のときでしょうか。うちの母親と一緒に、選挙事務所に行ったことを覚えています。母がまだ、父のことを「小ゑんちゃん」（談志の前名）と呼んでいた、その音の記憶です。もちろんそのときはすでに立川談志になっているのですが、若い頃は、家では母親が「小ゑんちゃん」って呼んでたんですよね。

「自分の家が、よその家とは勝手が違うと思ったことがあるか」と、よく聞かれるのですが、ほかの家庭を知らないから、それはわかりません。普通の会社員の家庭と違うかと考えたら、それは確かだとは思います。でも、「違う」という意識はあったとしても、自分にとっては普通でした。

今思うと父はやさしかったし、家族のことをとても大切にしてくれていたのだと思います。ただ、談志流の接し方というか、親も若くて結構ハチャメチャなところもあったし、こっちは子供だし、いろいろわかってきたのはやっぱり大人になってからですね。子供の頃、読売ジャイアンツのベンチに一緒に連れて行ってくれたことは、嬉しかった思い出です。ほかにも、たくさん旅行に連れて行ってもらったことなどもありますが、自分はママっ子でしたから、どちらかといえば父親は苦手だったのかもしれません（笑）。

父から「落語をやれ」と言われたことは一度もありません。自分も当時は、そんなに落語に興味がありませんでした。高一のとき、私が談志の息子だということを知っている担任の先生に「お前、今度ホームルームのときに落語やれ」って言われたことがあったんです。それを父に言ったら、「じゃあ弁護士の倅が弁護できるのかよ、科学者の息子は科学についてわかるのか？　冗談じゃない！」って、学校に怒鳴り込みはしませんでしたが、すごく怒ったことがありました。

家で稽古する姿、いわゆる畳に座って、っていう姿は見たことがありませんが、当時のお弟子さんたちを三人くらい前に座らせて、稽古をつけていることはよくありました。新宿の大久保のマンションでも、練馬の家でも、「なんか静かだな」と思って、パッと見ると、稽古してました。

仕事のパートナーとして

談志の弟が社長を務めた事務所「立川企画」をやめた談志は、二〇〇〇年に「談志役場」という事務所を立ち上げた。社長には息子の慎太郎が就任した。

「談志役場」を立ち上げるとき、私は何も仕事をしていない、いわゆるニートでした。「人並みに仕事しなきゃな」と考えてはいたけれど、特に父の仕事を手伝いたいとも全然思わなかったし、マネージャー業の経験もなかった。

　ところが、いろいろ事情があって談志が立川企画をやめると言ったとき、「一人でやれるの、大丈夫？」と聞いたら、「一人でやる。電話一本引いて電話がかかってきたら手帳にスケジュール書いて、当日仕事に行って、後からお金を振り込んでもらえばいいんだろ」って（笑）。「いや、確かにその通りだけど、『（楽屋に）お弁当はいくつ必要ですか』とか『（地方で仕事があるときの）電車の切符はどうしますか』とかいろいろあるでしょ。じゃあ、俺が電話番だけでもやるよ」となりました。事務所に電話したら、いきなり「ハイ、談志です」って本人が出たら、かけた方だって嫌がるから、と（笑）。だから個人で談志役場の電話番を一年ぐらいやった後、税理士さんに言われたこともあって、「じゃあ会社作るか」と、法人化したのが二〇〇一年です。

　マネージャーになって、仕事の依頼があったときに、「こんな仕事きてるけどどうする、受ける？」と聞くと、談志はいつも即答でした。わりと何でも受けていましたよ。「誰が出るんだ」とか「ギャラはいくらだ」とか、根掘り葉掘り聞いてくるようなことはほとんどなかったです。

　一緒に仕事をするパートナーとしての苦労は、特にありませんでした。「ああいう師匠だから大変でしょ」と思われることもあるのですが、意外とそうでもないんですよ。親子だと、やりにくい部分もあると思うのですが、わりとその辺はうまくできていたと思います。たとえば何か仕事の依頼を預けられていて、どのタイミングで言おうかなというときに、「今伝えたら絶対イヤだって言うだろうな」とか「今はやめよう」といったタイミングがわかる部分がありました。だから、一番いいときを見計らい、「実はこういう仕事がきてて……」「ああ、いいよ」と返事をもらって、依頼者に「オッケーですっ！」と返事をする、といったことはありました。

　談志役場で仕事をし始めてから、当然、談志の高座を見る機会が増えましたが、個人的に僕が一番好きな談志の噺は、「松曳き」と「粗忽長屋」。なんと志らくさんとまったく一緒なんです。「そうだよね。『芝浜』とか『文七元結』とかじゃなくてこっちだよね」と気が合いました。談志役場を始めた後に、かなりアレンジした、ちょっとナンセンスというかイリュージョンを入れた「松曳き」をやったことがあるのですが、それが自分にとって、「うわっ、これすごいな」というインパクトがありました。

理屈ではない、勘の鋭さ

　母が「息子に仕事を与えるために談志役場を起こしたの？」と談志に聞いたことがあるのですが、「それはまったくない」と。照れがあったかもしれないし、真相はわからないけど、悪い意味ではなく、たぶん本当に何事もあんまり深く考えてない人だったんだと思います（笑）。

　談志は、「くよくよ考えて出る答えっていうのは良くない。スッと出てくるのがいい答えだ」とよく言っていました。

それこそ立川流をつくったのも、「伝統を現代に」というキャッチフレーズを生み出したのも、本人はそのときにわりとポンって、「あ、これやろう」とひらめいたんですよね。日頃から哲学者みたいに考えてはいたんだろうけれど、「将来落語界がこうなってこうなるから、今のうちに俺はこういうふうにするんだ」と、先のことを考え抜いた結論、というわけではなかったはずです。

「落語協会やめよう」とサッとやめたときも、考えに考え抜いてはいないのではないかと思います。その後の談志を見ると、考え抜いた上での行動としか思えないような時間の経ち方をしているから、みんな「談志師匠はすごい」とか「先のことを考えてた」とか言うけれど、結果としてそうなっただけで、意外と本人は違ったのではないでしょうか。理屈ではない、勘の鋭さを持っていたのかなという気はしますね。若手のお笑い芸人の方でも、談志が「お前いいよ」って言った方は、だいたい売れていますし。

談志の無茶振り

もちろん、親子間であっても怖いというか、ピリピリしているなと感じるときはありました。お弟子さんたちだって、談志に憧れて、尊敬して入門してきても、一緒にいると気を遣うし、「もう一緒にいたくない」「その場が耐えられない」ということはよくありますし、それは親子も同じです。でも話しかけてみると、機嫌よく答えてくれることもあったり、難しいですよね。懐に入るというか、近くに行けば喜ぶこともあるのですが、談志はああいう性格ですから、家族も弟子も、周囲が意識し過ぎて、「この場が早く終わらないかな」といったふうになっちゃうんですよね。

だから、楽屋でもみんなあまり寄ってこないんですよ。でも、この前「にっかん飛切落語会」の最終回（二〇〇七年十二月）に出演したときに撮影した、楽屋の映像が出てきたんです。最後だったから、（五代目三遊亭）円楽師匠も（三遊亭）好楽師匠も（三遊亭）小遊三師匠もきて、談志はやっぱり寄席が好きだったから、映像の中で、仲間に会えて嬉しそうな顔をしていました。

ただ、親友とも言えるような、「この人」という存在はあまりいなかったように思います。友達がいないというわけではないですが、本当に仲が良かったのは、亡くなりましたが「美弥」（談志が行きつけの銀座のバー）のマスター（田中春生）さんとか、晩年では野末陳平さんやマムシ（毒蝮三太夫）さん、本当にそれくらいですよね。弟子だってしょっちゅうは寄り付かないですから。誰だろう、落語家で一番の仲良しって……。（橘家）圓蔵師匠とは、たまに会うととても楽しそうでした。

談志はちょっと無茶振りみたいなことをして、「これをやったらどう返ってくるか」みたいに、相手の了見を見ているんですよね。そこで機転の利く人だと、「お前はいいよ」みたいな感じではまったり、変に断ったりとかすると、もうそこで終わりだったり。そういういたずらをして、相手がどういうリアクションをするのか、ちょっと楽しんでいるようなところがありました。

お弟子さんたちは、そんなことの連続ですよね。談志はよく「俺の言うことはみんな毒舌って言うけど」と言っていました。自分が何か毒のあることを言ったら、逆にポンって返してほしかったんです。毒舌も言いっぱなしじゃ、それこそパワハラになってしまう。それを向こうからうまく打ち返してくれるのを待っているような。マムシさんとかはそれが上手だから、談志は「面白い、あいつはすごい」と言っていたし、仲が良かったのでしょう。もっとも立川談志に対等にリターン打てる人なんて、関係上なかなかいませんが（笑）。

談志が遺してくれたもの

談志が亡くなってからの十年の歳月はあっという間でした。でもああいうキャラだし、遺してくれたものもたくさんあって、それに囲まれて仕事をしているわけだから、普通のご家庭とは喪失感はまた違うのかなと思います。でもおかげさまで、こうして今でも、ある意味まだ父と仕事をしているみたいなものですから、なんとなく一緒にいる感じはあります。

実は、談志のインタビューや、プライベートも含めていろいろなものを録画した六十分テープが八百本ぐらいあったんです。今年、それをすべてデータに移行する作業をおこないました。もちろんまだ全部は見られていませんが、整理しているときに、「なんだろう、これ」とちょっと見てみると、「あっ、あのときのね！」と思い出してくる。でも、うちの姉は、「昔のパパの映像を見ると緊張が蘇ってくるから見たくない、というか見られない」と言っていて。「まあそういうものかな」と思っていたのですが、夜中に一人で整理しながら、ちょこっとお酒でも飲みつつ、小さいモニターで見ていると、意外と面白いんですよ（笑）。もう亡くなって十年経っていますが、あらためて見て、「ああ、この人面白い」と思いました。

談志は何でも記録して取っておこうという気があったのか、メモ魔でしたね。アイディアが常に湧き出ていたのだと思います。もう次から次に頭の中に湧いてくるから、確かに記憶力はすごくいいけれども、書いておかないと忘れてしまう。ハードディスクがいっぱいになったときに、記録する隙間をつくるためのものが、メモだったのでしょう。そのアイディアは、基本的に本人の好奇心が旺盛だったからで、「勉強しよう」とか「落語をやるのにこういうことも知っておいた方がプラスになる」とは考えていなかったと思います。政治家になったのも、興味や好奇心が強いから、その世界を知りたいという感じだったのではないでしょうか。「覚えたことは忘れるけど、一度知ったことは忘れない」と昔言っていたので、とにかく経験をしたかったのでしょうね。

伝説の一夜「志ん生を継いじゃえよ」

二〇〇〇年に談志役場ができてから、二〇〇一年に志ん朝師匠が亡くなられて、その次の年に小さん師匠が亡くなるという、今振り返れば激動の三年間だったのだなと思いますが、談志自身は、当時は淡々としていました。

小さん師匠が亡くなられたときは、新聞社やテレビ局などから電話が山ほどかかってきましたが、多くを語らなかったですね。「葬儀は行かないよ」ということだけ。志ん朝師匠のときは、逆説的な言い方で、「いいときに死んだよ」とか「惜しい人を故人にした」というコメントは出しましたが、二人に関してはそれ以後もあまり語っていません。

一時は志ん朝師匠本人に「志ん生を継いじゃえよ」と言っていました。二〇〇〇年だったかな、「志ん朝を見に行こう」と言い出して、浅草演芸ホールで興行中だった、志ん朝師匠の「住吉踊り」の楽屋をいきなり訪ねたんです。楽日でした。打ち上げも行って、その後、浅草にある志ん朝師匠の行きつけのバー「ねも」へも一緒に行きました。そこで、「志ん生を継げよ」って談志が言ったら、志ん朝師匠が「兄さん、口上並んでくれる?」「喜んで口上やるよ、その代わりお前、もっと上手くなれよ」「うん、うまくなるよぉ!」って。もう二人とも酔っ払ってベロンベロン。まるでコントみたいに、「二人会やろう!」とも盛り上がった。

そこで談志が、「俺と志ん朝が出りゃあほかのことなんてね、どうだっていいんだから」って言ったら、志ん朝師匠が「えっ、どうでもいいの? じゃやめようよ」「えっ?」「ああもうやめた。どうでもいいんだったらそんなのやらない」「おいおい」なんて。それで談志が、「そうじゃないだろ。談志と志ん朝が出たらすごいことだろ。だから、『ほかのことなんてどうでもいい、そんなの』って意味だよ」って言ったら、「悪かったねえ兄さん!」(笑)。もう、単なる酔っ払いの会話でしたよ(笑)。

その後も「これでもう帰るのかな」と思ったら、またみんな一緒にタクシーで吉原の行きつけの飲み屋に移動。すると、そのお店のカウンターに(柳家)小三治師匠が一人でいらしてて、「おう、何だい」みたいな(笑)。それで奥のテーブル席で一緒に飲んで、最後はもう、飲まない小三治師匠を除くみんなが酔ってグズグズになって、「もう帰る!」と言ってお開き。なんだか夢のような一夜でした。

芸と芸人が大好きだった

談志は芸人さんのことがすごく好きでしたね。もう誰も知らないような昔の芸人さんのことでも詳しかったし、年がいってからも、「こうやって掃除機かなんかね、使う芸人がいるんだよ」なんて、変わった芸人さんを見つけると、すごく食いついてましたね。

松元ヒロさんのことも好きでした。ヒロさんは、今ではもう紀伊國屋ホールなどの大きな場所で会をやられていますが、最初の頃、新大久保のライブハウスのような小さい会場だった頃から、興味があると本当にふらっと出かけて行くんです。そうすると、ヒロさんも無視はできないから、会が終わってから「談志師匠が今日いらっしゃってます」と紹介してくださって、「じゃあちょっと」とお願いされて、「おおそうか」とステージに上がってヒロさんをほめるんですよ。志の輔さんのパルコ公演にも興味を持って、ふらっと行っていました。

　晩年は、年齢的なこともあり、ちょっと鬱っぽくなるときもあって、「もう興味ない」とか「死にたい」なんて言ってたこともありました。でもやっぱり、何か見つけると「ちょっとこれ観てみたい」と興味を持つんです。そういう部分は最後まで涸れなかったのだと思います。

息子が見た、談志の死

　談志は二〇一一年の十一月に亡くなりました。ちょうどその一年前に家族だけが病院に呼ばれていたんです。ほんとによくあるシチュエーションで、主治医から余命一年と言われました。だから、一年前から準備ができていたとも思えるし、一年かけてお別れができたとも言えます。その一年間、自宅介護など大変なこともいろいろありましたが、当然一緒にいる時間も増えましたし、自分としてはやり切ったというか、見送るという意味では、納得はできてます。

　自分が介護されている状態で、お弟子さんたちと会うのは立川談志としてはどうなのか、というのは、最も悩んだところです。弟子も家族みたいなものだから、どのタイミングで言うか、それとも言わないべきなのか、とすごく悩んでいたところに、東日本大震災が重なりました。時間軸を追うと、最後の高座が二〇一一年の三月六日、震災の五日前なんです。そして三月十一日に震災が起きて、三月末には喉に穴を開けることになり、喋れなくなりました。その喋れないという事実を、どのタイミングでお弟子さんに伝えるべきか、でも情報はあまり漏らしたくないし……と悩みましたね。

　結局、その年の夏になって、お弟子さんたちにバー「美弥」に集まっていただきました。確か「（二〇〇九年に亡くなった弟子の）文都さんの追悼落語会をやりましょう」と別の理由で一門を集めたときに、「実は……」と切り出しました。そのときはもう談志は両肩を抱かれながらやっと歩いて、お弟子さんたちに会うことができるという状態でした。会話も筆談ですから、弟子たちの目の前で、震える字で「お○んこ」って書いて（笑）。久しぶりに談志を見たお弟子さんたちは、驚いたというか、ショックだったと思います。談四楼さんや、お弟子さんの中で、このときのことを本などに書いている方もいらっしゃいますね。それがお弟子さんにとっては、談志との最後の集まりになりました。

　亡くなったときは家族だけでお弔いを済ませてしまいました。そのことについては、本当にいまだに、お弟子さんに先に言うべきだったのではないかと、考えることがあります。お弟子さんたちだって、最後のお別れができなかったわけですから、「なんで言ってくれなかったんだ」と思っていると思います。それでも、亡くなってから十年経ちますが、毎年お弟子さんが集まってくれるのは嬉しいですし、皆さんに感謝しています。

生誕百年を目指して

二〇二一年は没後十年にあたりますが、つい最近、ある人に「生誕八十五年なんですね」と言われたんです。それまであまり意識していませんでした。確かに「没後十年」の方が感慨深いですが、「生誕八十五年」の方がポジティブな気がしています。そうすると、今から十五年後の二〇三六年は、立川談志生誕百年なんです。だから最近よく、生誕百年の話もしています。その前に二〇二三年には十三回忌と立川流四十周年がありますし、きっとそれまでもあっという間でしょうから、何かするのならもう準備しないと、と思っています。

談志は、落語立川流の今後に関して、晩年にお弟子さんを何人か集めたときに、「俺が死んだ後は、もう潰してもいいし続けてもいいし、お前らの勝手にしろ」と言っていました。あくまでも「立川流」についてては、もうお弟子さんのものです。ですから、何かあればうちはお手伝いはしますが、決定権はいっさいないので、今後がどうなるのか、私にはわかりません。でも少なくとも、談志が亡くなってからの十年間、立川流は残っています。（立川）談幸さんが落語芸術協会へ行ったり、（桂）文字助さんがやめたりという変化はありましたが、基本は皆さん立川流にいてくれているから、このまま続いていってほしいですね。

私は、これからが大事だと思ってます。直のお弟子さんたちはいますが、だんだん月日が経っていくうちに、「談志って名前は聞いたことあるけど、落語は聴いたことがない。どんな人だったの？」となって、やっぱり忘れられていく部分も出てくる。もう孫弟子の時代に入ってもいますし、次世代につなげていくにはどうすればいいか、ずっと考えています。

終わらない新発見

亡くなってからこれだけ経っても、いまだに新しい、世に出たことがない文章や音源や映像がまだまだ出てくることには、自分の親ながら驚かされます。たとえば、亡くなって何年かしてから、オープンリールの、これまで世に出ているものよりも古い、最古の「芝浜」の音源が出てきました。それはＣＤにしましたが、そうやって、亡くなった後の新発見をＣＤやＤＶＤなどにして、世に出していただける状況があることは、変な言い方ですが、もう生きているとか死んでいるとか、あまり関係なくなってきた感じもします。

今も今年の没後十年の命日に向けて、談志の日記を編集しています。十七歳のときの日記が残っていたのです。当時は貧乏でしたから、「お金がない」とか「ねむい」とか、「女友達がほしい」といったことが結構書かれていて、ちょっと切ない気持ちにもなります。生意気だったから、いじめられたこともあったろうし、普通に青春を謳歌することなどを、羨ましく思ったこともあったと思う。でも一方で、どのネタを演ったなどの記録や、自分の高座を採点していたりして、立川談志の原点に迫るような「談志十七歳」がそこにいる。こういう発見があると、立川談志の歴史にはまだまだ掘り起こせるところがいっぱいあるんだなと、あらためて思えます。私自身、あと何年生きるかわかりませんし、八百本のビデオだって見きれないのではとも思います。

でも、今でも新しい発見があって、本当に終わりがないですね。

談志の名前については、留め名にしたいとか、誰かが継いで、これからもずっと代々語り継いでいってほしいとか、正直今は特に考えていません。でも、生誕百年ぐらいのときに、もしかしたら千年に一度の逸材が現れて、談志を継ぐなんてことを夢想したりはします。その方がワクワクしてきますよね。

（まつおか　しんたろう・談志役場取締役）

❖グラビア

無類の表現者

写真＝橘　蓮二

無類の表現者

橘蓮二

Tachibana Renji

立川談志師匠が没して十年が経つ。自分が撮影していた晩年の七年間、高座や楽屋、様々な場面でシャッターを重ねた中、今も鮮烈に印象に残っているのは超一流の〝人ったらし〟ぶりと生涯をかけ表現の高みに近づこうと自問自答を続けながら、日々落語に向き合い格闘する姿だった。

とある地方の落語会でこんな出来事があった。その日は体調も良く手応え充分の高座にもかかわらず、お客様の反応はいまひとつだった。終演後、楽屋に戻った談志師匠は軽く意気消沈、そしてご機嫌斜め。そこへホールの女性館長が満面の笑みで挨拶に訪れた。

「お客様みなさん、もう大喜びで」

横を向いたままの談志師匠は、

「喜んでないだろ、こんなとこ誰でも適当な奴出しときゃいいんだ」

微妙な空気を感じた館長は急に真顔になって、

「私、以前テレビ局にいた時に師匠と御一緒したことがあるんです。覚えていませんか?」

すると一転、談志師匠は優しげな眼差しで、

「覚えてるよ、あんたはいいんだ」

一部始終を見ていた自分は心の中では、(絶対に覚えていませんよね)と思いつつも相手の気持ちを瞬時に察知するセンスに、数多のファンを魅了してきた談志落語の根源的な優しさを垣間見た気がした。

その後も落語家としての生き様を表明するが如く、声が嗄れ思わしくない体調であっても気迫と執念で描写する高座は凄まじい迫力があった。そんな談志師匠の覚悟に落語の神様が応えた瞬間があった。

二〇〇七年十二月十八日有楽町よみうりホール。後に伝説の『芝浜』と言われたこの日の高座は、それまで出ていなかった声が嘘のようにクリアになり、感情の襞に染み込んでいくような台詞廻しと流れる所作で、現実と物語の境界がほどけ、具象的風景と抽象的風景がひとつになった。

奇跡の高座を終え万雷の喝采の中、お客様と落語の神様へ感謝を込めて深々と頭を下げ続ける姿には容易い〝感動〟という言葉では言い表せない、生きることの生々しいまでの力強さと切なさが宿っていた。

ファインダー越しに見た落語家 立川談志その人は、繊細で無頼、そして無類の表現者だった。

場所

●エッセイ

立川談志の心を聴いた

山藤章二　Yamafuji Shôji

私の人生の中で大いなる幸運のひとつは、立川談志と出会ったことである。それも、落語家といちファンという関係ではなく、素《す》の松岡克由（談志の本名）と普通の会話をすることが出来たことだ。同世代人共通の話を。

国と日本人の劣化を嘆き、軽佻浮薄な文化に絶望し、物質文明のもたらした弊害を論じるなど、まぁ普通の古い日本人なら誰もが交す話題ではあるが、そこはそれ、語り手があの談志だからインパクトが強い。

「で、俺は日本一の落語家になるよ。手前《てめえ》で言うんだから確かだ。あんたもなるって？　ふーん、そうは見えねぇけど、まぁそう思ってりゃソコソコにはなるよ」

これは昭和38年、談志襲名披露独演会で、双方を知っているプロデューサーがふたりを紹介してくれたときの話。「こちら立川談志、こちら山藤章二、私の睨んだところ、やがて日本一の落語家と日本一のイラストレーターになる才能をもった男です」。談志はすでに落語界に天才現わるとの評判が立っていたが、私の方は全くの無名。頭を掻いて小さくなっていたらいきなり談志はヨロシクでもなく、こう言い放った。

なんて無礼で生意気な男だなと思ったが不思議なことに不快感はなかった。腰を低くして挨拶するのが常識の落語界にトンデモナイ男が出て来たな、というのが初対面の印象だった。だいぶ時間が経って日本の総理大臣がコロコロ変わっている時、談志は誰も気がつかない卓見を吐いた。

「ゴルバチョフってのはいま暇なんだろ? あれを連れて来て総理にしたらいい。それと北朝鮮のあの名調子のおばさんアナウンサー。うんとギャラをはずんでＮＨＫの紅白歌合戦の司会をやらせたらいい。数字とるぞぉ‼ 俺、彼女のファンなんだ」

北朝鮮がいまみたいに緊迫体勢になる前の話だから笑って聞いていたが、いまなら大変だ。とにかくこの男、目のつけ所が違う。

「〝日本の話芸〟って番組があるだろ。出てるやつはみんな下手くそでつまらなくて呆れけぇってる。あんなのが世界中に流れてたら日本の恥だ。ＮＨＫはこの俺様になんで声をかけねぇんだ」

そりゃ声をかけないよ。どんなに噺がうまくても、マクラでゴルバチョフや北朝鮮のアナウンサーを呼べなんてやられたヒにゃ、会長のクビがいくつあっても間に合わない。晩年になると死生観をよく語っていた。

「俺はふつうの病気で死にたかぁないんだ。珍しい病気がいいな。〝発疹チフス〟なんてのは最近ないだろ？　談志が死んだってね、それも死因は発疹チフスだってさ。へぇー、あいつらしいねぇ。で、遺言に何か言ってたかい？　うん、なんでもＤＤＴが欲しい！って言ってたらしい」

こういう話なら他にいくつもある。でも活字には出来ないものばかり。活字にならない話、放送できない話ばかりを考えて、それで〝テレビやラジオはなんで俺を使わないんだ〟としきりに怒っていた。マスコミの偉いさんたちの〝事なかれ主義〟には絶望をしていた。

「芸人なんて商売は基本的に非常識なことを考え、語らなきゃいけねぇんだ。常識や道徳でがんじがらめになった人間の、心の中のガス抜きをすることで世間が存在を許してくれている。そういう本質的なことを理解してねぇやつらがテレビを仕切り、出まくっている」

彼の芸人論は正しい。しかし正しいことに必ずしも光が当たらない、これも事実である。私は彼の本音を十分に聴いた。幸運だった。だからいま、彼を失って退屈な余生を送っている。

（イラストレーター・立川流名誉顧問）

【エッセイ】

立川談志、素の断片

和田尚久　Wada Naohisa

昨年の五月十五日、平成中村座に勘三郎の『め組の喧嘩』を観に行くと、幕間、下足脱ぎ場のあたりで批評家の坪内祐三さんと顔を合わせた。坪内さんは言う。「このあと何か用事がありますか？　じつは、芝居のあとで勘三郎さんたちと相撲見物に行くんだけど、一緒にどうですか？」。この日は芝居が昼だけなので、楽屋連中一同で夏場所を総見するのだという。こんなチャンスが滅多にあるものではない。昼の部を打ち出したあと、対岸の両国国技館に移動して相撲見物（取組の記憶はおぼろだが、芝居と相撲で拍子木〔柝頭〕の響きがまるで違うところが印象的だった。相撲の柝のほうが柔らかくねばる）、さらに、隅田川近くのちゃんこ屋で開かれた宴会にまで図々しくも座らせてもらった。勘三郎さんは見も知らぬ輩の話を熱心に聴いてくれる人で――それがじかに会話した最初で最後になってしまったが――、ぼくが「井上ひさし脚本の新版天下茶屋が実現しなかったのは残念です」というと、目を見開いて「あなた、どうしてそれを知ってるの？」と驚いていた。なにかのインタビューで読んだ記憶があったのだが、勘三郎によれば〈極秘の計画〉であったのだそうな。そのうちに落語のはなしになり、談志や志ん朝の名前が出た。

二〇〇一年から翌年にかけて、ぼくは文化放送で『立川談志　最後のラジオ』の構成作家をしていたのだが、その年の八月に初演された勘三郎（当時、勘九郎）の新作『野田版研辰の討たれ』を観に行き、とても面白かったので収録スタジオで立川談志に薦めた。彼がそのころ熱心に言っていた反写実による表現方法（当人の言葉を借りれば幻影＝illusion）にも合致するところがあると思ったからでもある。一週間後だったか二週間後だったか、次の収録のと

＊初出は『文藝別冊　立川談志――落語の革命家』（二〇一一年七月刊）。当時の筆名「松本尚久」名義で発表したものを、今回、改稿しています。（筆者）

き、再び顔を合わせると、開口一番「ひとつも面白くなかった」。じつは、何日か前に、松岡愼太郎氏（ご息子）から電話で「薦めてくれた研辰の討たれ、父が観に行ったのですがブツブツいっていますよ」と聞いてはいた。「テーマも見せ方もダメぇ。かりにね、幕が下りたあとにおれが出て行って、歴史上、仇討なり忠義なり何なりで死んでいった人たちがあまたいたのです、と語りかけるエピローグを付けたとしようか。その場合ね」……どうやら三好十郎作『炎の人』の幕切れを下敷きにした演出プラン（？）らしいのだが、正直に言って、論旨がよくわからなかった。

——こんな話をしたところ、坪内さんが「談志さんは松本さんがあまりにも褒めたんで内心、面白くなかったんじゃないの？」。勘三郎さんが続けて「そうだよ。そういうもんだよ。わかった、研辰を褒めてくれなかったのは松本さんと先に話したからだったんだ！」。

立川談志の没後、いくつか追悼文の依頼があったが引き受けることが出来なかった。存命中の『en-Taxi』（二〇〇九年秋号。『芸と噺と　落語を考えるヒント』扶桑社に所収）にぼくなりのまとまった談志論を書き、改めて追加したい意見がなかったからである。

その思いはいまも変わらない。くわしくは原文にあたってほしいが、結論から言えば、立川談志は〈同時代の陰画〉としての落語を——従ってそれはグロテスクな、ノイズにまみれた形を取ることになる——演じた人だったということに尽きる。晩年の高座はまことに無惨なものであったが、この人の場合、厄介なのは、わざわざ〈ダメ落語〉のほうに舵を切ったとも言えるからである。現代の絵画が、たとえば古典的宗教画のような〈美しさ〉や〈調和〉を持ち得ないのと同様（そのような作品があっても良いが、それは社会から遮断されたサロンにおあつらえ向きだろう）、立川談志は〈不安定〉や〈荒廃〉をもって現代に拮抗しようとした。「おれは不完全で下手なんです。だから凄いと言ってるんです」。

話を戻すと『野田版研辰の討たれ』をむきになって否定したのが、ある種の嫉妬だったのではないかという指摘は、思いもよらなかった。このあいだ、談春がマクラで、談志のお客が談春著『赤めだか』を読み、よかったと感想を述べたら、はじめのほうこそ嬉しげだったが、だんだんと不機嫌になり、しまいに怒り出したというから、そういう側面があったのか。思い出したが、おなじく勘九郎（勘三郎）がコクーン歌舞伎で『夏祭浪花鑑』を新演出で上演、これを話題にしたときも「あの泥んこになるヤッカ」。確かに〈泥んこ〉にはなるけれどさ。

放送作家としては仕事をしやすい人だった。

こちらが提案したトークのテーマや、段取りに関して、気まぐれにノーと言うことはなかった。ま、双方にある程度の共通した感覚があったということか。『最後のラジオ』には「イリュージョン俳句」というコーナーがあって、リスナーから雑俳の〈船底をがりがり囓る春の鮫〉式のナンセンスな句をつのるという内容。ところが、いい作品があつまらない時期があり、「聴いてるヤツはこんな程度か」と不機嫌に（彼は「客」を見下さなかった。「おれのことがわかる客」なのだから、それなりの水準であるはずだと考え、その推量が外れるとひどく落胆した）。しかたがないので、投稿句のふりをしてぼくの作もまぜたりした。褒められたのが〈港町一番風呂のドイツ人〉というのと〈薄笑いプリンスホテルの熱帯魚〉。ほかにもあったが忘れてしまった。本人に言ったことは無いので、投稿句だと思っていただろう。

ＴＢＳラジオで『談志の遺言』（05年～07年）をやっていたときは、番組内で何度かリスナーとの電話繋ぎをした。一度は知床半島（北方領土近く）の漁師で、もう一度は女子中学生だった。二度ともに「はじめまして。立川談志と言います」と驚くほどの丁寧な自己紹介で会話をはじめ、とくに中学生にたいしては「あなたは私を知らないでしょう。それで良いのです。学校というものは……」と会話を切り出した。立川談志は、左甚五郎や一休禅師の出てくる噺が嫌いだと言っていた。「相手が自分のことを知っているという前提のもとに振る舞うってのは、ロクなもんじゃないだろう？」。確かに、登場人物の誰かが、甚五郎や一休禅師は名高い人だと知っていないと、この種の噺は成立しない。それは不遜であろうと、そういう考え方をする人だった。

彼は、落語家は実生活も落語家的でなくてはならないと考えていたと思う。志ん朝が六十年代にアルファ・ロメオに乗っていた（日本に数台しか入っていなかったという）のとは対照的だ。長く説明するのはやめるが、それはつましい暮らしをするという意味ではない。落語の価値観の延長線上に我が身を置こうとする意志があり、そういうところはマジメだった。

新宿西口の歩道橋で大江健三郎と行き当たったことがあったという。大江氏がわざわざ立ち止まり、帽子をとって「大江健三郎と申します。よろしくお願いいたします」と深々と挨拶（ジェスチャー付きでそれを再現した）したことを聞かされた。そのときに「知ってるよ」という返事をしたというのだが、このひと言に、いかにも談志という人の含羞がある。このときの彼は本当に嬉しそうだった。なにもノーベル賞作家に挨拶をされたことを自慢したいのではなく、相手をリスペクトした態度に感じるものがあったのだと思う。

まわりの人を怖がらせるような〈空気〉もあった。ホールの楽屋で、袴を付けるとき、ほかに弟子もいたはずだが、なんとなく、後ろへ廻って紐を結んだことがある。この時は、言葉には出さないが「よくキッカケをつかんだな」と言いたげだった。

晩年の高座ではよくジョークを聞かせていたが、おそらくは海外仕込みのこんなのがあった。新宿都庁の巨大な庁舎を見上げている男が言う「この中でどれくらいの人が働いているのだろう?」横にいたツレが「少なくも半分以下だろう」。――というのだが、これを繰り返されるたびに、文法の奇妙なネジレが気になった。膨大な都庁職員のうち、働いているのは半分もいないだろう、という意味の小咄なのだから、たとえば「この中でどれくらいの人が働いているのだろう?」という問いに「どんなに多くても半分以下だろうね」とか、あるいは「少なくとも半分くらいは働いているはずだ」としないと文意が通らない。けれども、談志は「少なくも……」という言い方をずっとしていたし、観客もそれに付き合っていた。では、お前が直言をしたかと言えば、していない。(『家元を笑わせろ』という談志が収集したジョーク集はよきものなのでどこかで復刊するといい。九九年、DHCから刊行)。

「和田誠の目玉焼きという絵があってね。丸い線のなかに、もうひとつ、丸が描いてあるんだけど、これが目玉焼きなんだなあ」。

立川談志がくりかえし賞揚していたのが和田誠の仕事で、この感覚と、落語全演目の最高傑作が『あくび指南』であるという談志落語論はつながっている。つまり、最小限のエッセンスによって再構成された現実把握が「落語」であり、それは現実の重苦しさから自由であるということだ。説明はいらないと思うが、『あくび指南』はナンセンスの結晶ともいうべき滑稽噺である。

では、立川談志が〈あくび指南の談志〉になったかと言えば、ならなかった。晩年の談志が、キャリアの集大成と公言したのは人情噺である『芝浜』(〇七年・よみうりホール)であり、ぼくはハリがあったころの『らくだ』や『黄金餅』、『小猿七之助』が好きだった。いずれも手法は極度に写実的なものだ。

ラジオ番組で、木場勝己(現代劇の俳優。竹内銃一郎作品、井上ひさし作品などに数多く出演)をゲストに迎えたことがある。談志のリクエストだ。そのときの対談で、はじめて木場勝己に注目したのはＮＨＫテレビで正岡子規を題材にしたドラマがあり、縁側に腰掛け、西瓜をただ食べては種を飛ばしている演技がよかったと評価した。演出は新藤兼人。私はそのドラマを見ていないが、近代写生文を成立させた正岡子規、新藤兼人、木場勝己という組み合わせに反応したのが象徴的ではないだろうか。

　漫画映画の『ベティ・ブープ』や『ロードランナーとコヨーテ』が十分以内で終わるように（逆に二時間映画の『トムとジェリー』は考えにくいし、その本質に反する）、ポップな内容表現はシンプルさに集約されなくてはならない。しかし、談志は手法としてシリアスなリアリズムを採用していたので、落語がどんどん長くなった。それは達成とも、落語からの逸脱とも読めよう。

　一九七一年生まれのぼくは、寄席に出ていたころの立川談志を聴いていない。流儀をおこし、立川流家元を名乗り始めたころの印象も多少はあるが、もともと、「家元」という肩書きには冗談半分のニュアンスがあったと思う。放送作家のことを「大先生」などといったりするのとおなじく、あれは本来、「家元（笑）」という構図を持っていたはずなのだが、いつのまにか、マジになってしまった。

ＴＢＳの番組を担当したときに、昔の録音を保管庫から出して、流儀創立時のインタビュー（聞き手・鈴木治彦）を聞いたことがあるが、しどろもどろでおかしかった。もともと成り行き（という言葉が好きな人だった）で立ち上げたものなので、明確な目的意識があったというわけでもないのだろう。

　ぼくに大きな影響を与えたのは、名取制度というか、素人落語を大々的に展開したことで、立川八王子（景山民夫）、立川藤志楼（高田文夫）らの落語を聴いて、放送作家などというものになってしまった。近年になって、タレントの山崎邦正が正式に月亭方正になるなど、談志のヴィジョンをもっと推し進めたようなことが現実になったが、こうした変化について彼はどう思っているだろう。

　放送局の廊下で。ビデオで見たミュージカルのはなしになり、登場人物達が腕を組んで街を歩く場面を仕方ばなしで説明しはじめた。立川談志は突然、ぼくの右腕をムズとつかむと、引っ張るように腕を組んで、「ここでカメラに向かって彼女がね……」とかなんとか言いながら妙な足取りで歩き出す。ほんの短時間だったが、感触を記憶している。

（わだ　なおひさ・放送作家）

●エッセイ

談志師匠と精神分析

岸田　秀　Kishida Shû

立川談志が従来の伝統に逆らった反逆児だとか天才だとか、古典落語を語りながらも独創的だとか型破りだとかはよく言われていることなので、落語好きではあるが落語のことはよく知らないわたしが繰り返すことはないから、別に面白くもないであろうが、彼とわたしのごく浅く短い付き合いの話をしよう。

もう二〇年以上前のことだが、ある日の夕方、内田春菊さんから電話がかかってきて、今、銀座のバーで談志師匠と飲んでいるから、出てこないかと言う。春菊さんとは友達だったが、談志さんとは会ったことも話したこともなかったので、どうしてかと思ったが、何しろ暇だったので、二つ返事でのこのこ出掛けて行った。

行ってみると、そのバーには小室直樹さんもいて、何をしゃべったかは忘れてしまったが、大いに飲んだ。なぜ、わたしが呼ばれたかというと、談志さんがわたしの本を読んで、こんなことを書く奴はどんな奴か顔を見てみたいということになったそうである。

その後、彼はわたしを下町の飲み屋などに呼び出して二人だけでおしゃべりをしたり、ときにはお弟子さんが一緒だったり、何かのパーティに招待してくれたり、寄席に招いて落語を聞かせてくれたりした。わたしが勤めていた和光大学に内田春菊さんと一緒に遊びにきたことが二度ほどあった。わたしのゼミに参加し、そのあとのコンパで学生たちと飲んで騒いで、落語を一席、演じてくれたことがあった。コンパは大いに盛り上がり、学生たちが喜んだのは言うまでもない。わたしも有名な落語家と知り合いであるということで、学生たちのあいだで株が上がった。

なぜ、彼がわたしにそのように親しくしてくれたかというと、わたしの説に興味を覚えたかららしい。落語と精神分析は同じ社会的役割を果たしていると言う。同じ社会的役割が西欧では精神分析、日本では落語という形に現れたのは、文化の違いのせいである、と。

西欧人は権威ある思想家として高みから無知な一般民衆に高邁な理論を説くというか、難しげな理屈をこねるのが好きで、それとは対照的に、日本人は諧謔の精神に富んでおり、かつ、謙虚だから、一般民衆より下の芸人として、ちょっと知恵が足りないような八っつぁんや熊さんの姿を借りて面白おかしい話をするが、一般民衆に伝えようとしていることは同じであると言う。

伝えようとしていることとは、常識とか日常生活というものは、人々が、世間体とか自尊心とかを保つためにというか、カッコよく生きるためにというか、無理して見せかけている表面的なタテマエであって、その表面の裏には、弱くて愚かで惨めで醜い人間のホンネが潜んでいるという東西古今共通の真実である、と。

このタテマエとホンネとの対立は、精神分析では意識と無意識との、自我（および超自我）とエスとの葛藤として表現されるが、精神分析で描かれるこの葛藤は、暗くて深刻で陰惨で、当人をえらく苦しめ追い詰めて、神経症や精神病の原因となる悲劇的な現象であるが、落語では、誰もが身に覚えがあるようなちょっぴり恥ずかしい欠点や癖、聞く者の笑いを誘うほほえましい失敗談、何ともアホらしいホラ話、涙ぐましいがどこかおかしい人情話として語られ、みんなを解放的な気分にして楽しませる喜劇的な現象である、と。

談志さんは、わたしと会うと、この言葉通りではなかったと思うが、このような趣旨の話をとぎれとぎれにするのであった。わたしは、彼の話を聞きながら、ラカンが、日本にきたとき、どういう理由からかは知らないけれど、日本人には精神分析は要らないのではないかと言ったが、それは日本には落語があるからではないかと、ふと考えた。

（精神分析）

（「ユリイカ」'12・2月号）

【エッセイ】

談志が愛した色物芸人

吉川 潮
Yoshikawa Ushio

立川談志が色物の芸人をこよなく愛したことは芸界で広く知られている。

色物とは落語以外の演芸、即ち漫才、奇術、音曲、声帯模写、ボーイズなどを言う。その昔、寄席の出演者を記す看板に落語家の名前を墨で書き、その他の芸人の名前を朱色の筆で書いたことから「色物」と称された。

談志が贔屓にした芸人をジャンル別に紹介する。まず漫才師から。「談志百選」（講談社）では東西の九組が選ばれている。真っ先に取り上げたのが上方漫才の中田ダイマル・ラケットだ。関西弁のリズムとメロディを生かした話芸に加え狂気があったという。さんざん激賞した上にこう結んでいる。

ダイマル・ラケットの死は痛恨であるし、漫才の終焉でもある。

その他、故人では海原お浜・小浜、リーガル千太・万吉、十返舎亀造・菊次、夢路いとし・喜味こいしなどが百選に入り、現役では爆笑問題だけだった。談志はこのコンビが現在のような売れっ子になる前から買っていて、行きつけの銀座のバー〈美弥〉へ誘い、「いいから売れてこい。天下ァ取ってこい。俺が付いてる」とけしかけたという。実際に天下を取ったような活躍を見せ、コンビが別々に仕事をするようになると、太田光に「何があっても田中と別れるな」とアドバイスした。従ってこのコンビに限っては解散の心配はない。

他に現役としては、M1グランプリの審査員を務めた際、おぎ・やはぎの漫才を「千太・万吉を思わせる」とほめたことがある。千太・万吉を知らない二人がポカンとしていたのが面白かった。

家元が最も敬愛した色物芸人は手品師のアダチ龍光であろう。芸界では色物芸人を「先生」と呼ぶ習慣がある。林家ぺーとか漫才のニャン子・金魚まで「先生」を付けるのはどうかと思うが、龍光は「先生」と呼ぶのにふさわしい貫禄があった。

高座はいつも黒のタキシードに蝶ネクタイ。仏頂面でボソボソしゃべる間合いが手品と同じ名人芸ときている。そんな龍光が寄席の高座に上がらなくなった晩年、談志がトリの池袋演芸場にひと晩限りで引っ張り出した。私は客席に居たが、龍光を紹介する時のこぼれるような笑顔を思い出す。

現役のマジシャンではナポレオンズ（ボナ植木・パルト小石）が好きだった。「談志百選」にこんな記述がある。

> きっと〝何かある〟〝何か持ってるはずだ〟と思ってるけどまだ一度も見たことがない。
> それが奴等の芸なのかネ、そう思わせるところがサ……。

かくたる理由はないのに、なぜか気になるマジシャンだったようだ。

続いて浪曲、浪花節だ。当然玄人好みで、一に東武蔵《あずまむさし》、二に木村松太郎、三、四がなくて五に広沢瓢右衛門といったところか。現役では女流の春野百合子と沢孝子を高く評価していた。

東武蔵は浪曲師が寄席に出ていた時代の人で、マイナーだがその節が談志の琴線に触れたようだ。「一度聴いてみろ」とテープを渡されたが、私は武蔵の良さがわからなかった。広沢虎造、玉川勝太郎みたいなメジャーな浪曲師のほうがいいと思った。

松太郎とは個人的にも付き合いがあり、「おじいちゃん」と呼んでいた。十八番の「慶安太平記」を教わり、晩年まで談志が得意とする釈ネタ（講談、浪曲から取った噺）のひとつになった。現在は談春が受け継いでよく演じている。

瓢右衛門は大阪の浪花節語りで、「英国密航」みたいな〝ケレン〟と言われるギャグが入った出し物を談志は好んだ。自ら「瓢右衛門・松太郎二人会」をプロデュースして、ＮＨＫに収録させたほど。老芸人好きの談志らしい孝行と言える。

楽器を使うグループをボーイズと称する。談志はこれが大好きだった。故人では、ボーイズの元祖と言われる川田晴久とあきれたボーイズの流れをくむ小島宏之とダイナブラザーズを愛した。現役では東京ボーイズ（菅六郎・仲八郎）を贔屓にして自らネタを書き提供したほど。談志が声帯を失う一ヵ月前の平成十一年二月、最後にゲスト出演したのが彼らの会であった。自分が作ったネタを演じる二人を優しい視線で見ていたものだ。

現在ボーイズは絶滅危惧種で、若手ではワハハ本舗の劇団員であるポカスカジャンくらいしかいない。ポカスカジャンの三人が談慶の真打披露宴興行にゲスト出演した際、打ち上げの席で談志が激励の言葉をかけていたのを目撃した。ボーイズの行末を案じ、彼らに託したのかも知れない。

同じく楽器を使う色物でも、一人で都々逸や俗曲を三味線の弾き語りで唄う者を音曲師という。家元が好きだったのは柳家三亀松と柳家小半治。ただ、好きの意味合いがちと異なる。

三亀松は談志の前座時代からすでに芸界のスターで、上野池之端に住まいすることから「池之端の御大」と呼ばれていた。その大御所から談志は「生意気だ」と怒りを買ったことがある。それでも三亀松の傲慢の裏にある同輩、後輩に対する気の配り方は手本にすべきと認めていた。談志自身が大御所になってからは、三亀松を手本にしていたと思う。

それに、本当は三亀松に好かれていたのも知っていた。「談志百選」にこう書いている。

ハッキリいうと一番好かれていたのではなかったか。三亀松の胸ン中に飛び込んでいきゃよかったのだ。甘えりゃよかったのだ。三亀松にとって己れの若き頃をそっくり談志に見ていたように後から聞いた。

勿論あの大物、で、シャイ。己れからいうものか。けど他人にはいったという。

談志《あやつ》を大事にしてやんな……と。

その三亀松の一代記を私が長編小説として書いた。それを読んだ談志はことのほか喜び、珍しく手放しで絶賛した書状を頂いた。それは今も家宝にしている。

三亀松とは対照的に小半治はマイナーな寄席芸人であった。寄席のヒザ替わり（トリの前に出る色物）は音曲を最良とした時代、江戸前の音曲師、小半治を好んでヒザに使う落語家が多かった。「三代の小さんのヒザ替わりを務めた」というのが小半治の自慢だ。つまり、漱石が絶賛した三代目小さん、四代目小さん、そして人間国宝になった五代目小さんと三代にわたって務めたということ。

記憶力が並はずれていた談志は、小半治が唄った都々逸や俗曲の文句が好きでよく覚えていた。私の愚妻は音曲師の柳家小菊だが、以前「小菊に教えておきたいネタがあるから連れて来てくれ」と言われ、練馬のご自宅へ夫婦で伺ったことがある。そしてテープレコーダーを前に次から次へと都々逸の文句を流れるような口調で語る談志に感服したものだ。「品川甚句」のような珍しい俗曲も教えてもらった愚妻は今も高座でよく唄っているらしい。彼女もまた贔屓の音曲師の一人だったとしたら光栄なことである。

三亀松の一番弟子が歌謡声帯模写の白山雅一。私は三亀松の一代記を書く前から親しくお付き合いがあった。談志は有名な懐メロマニアだから、藤山一郎、灰田勝彦、東海林太郎、ディック・ミネ、田端義夫など懐メロ歌手の歌真似を得意とする白山を心から敬愛していた。白山も談志のことが大好きで、よく談志宅に電話をかけた。いきなり円生の声色で、「お前さんはなんぞてえと騒動を起こして、実にどうもけしからんもんで、テヘッ」などと言い談志を受けさせた。

声色の持ちネタとしては、歌舞伎役者、映画俳優、落語家、喜劇人はエノケンにアチャコなどレパートリーが広い。中でも新国劇の島田正吾と辰巳柳太郎は絶品で、名作「王将」の大詰めの場を再現する声色は観客をうならせたものだ。談志は、「こういう人の芸は映像に残しておかなきゃ」と、自分を追いかけていたドキュメンタリーのスタッフに白山の声色を収録させた。その現場に私も立ち合ったが、談志の注文に応えて次々と声色を演じる老芸人の姿にいたく感動した。それから半年後に白山は亡くなり、一年後に談志が亡くなった。

もう一人、談志が愛した声色名人は松井錦声だ。得意にしたのは政治家で、「政界模写」と銘打ち売り物にしていた。吉田茂に始まり池田、佐藤、田中、三木、福田、大平、鈴木、中曾根の歴代総理、さらには美濃部都知事、佐々木更三、春日一幸ら野党の大物もよく似ていた。元参議院議員の談志は、実際に話したことのある政治家を真似る松井の芸を高く評価したのは当然と言える。

一人芸《ピン》のオリジナリティあふれる芸人を〝ボードビル〟というジャンルでひとくくりする。談志が好きなボードビリアンは、「レッドスネーク・カモン」の東京コミックショウ、「ホンジャマァの帽子」の早野凡平、形態模写と漫談のマルセ太郎が上げられる。コミックショウのショパン猪狩、早野、マルセは共に拙著「完本・突飛な芸人伝」（河出文庫）に入っているので、興味のある方はご参照願いたい。

三人に共通するのは頑固で芸論好きという点。独自の芸論を持っていて実に理屈っぽい。そういうところを含めて談志は好きだったのだと思う。

三人が亡くなってから談志が贔屓にしたボードビリアンは松元ヒロだけである。マルセと同じく元パントマイマーということもあって、談志はたいへん可愛がった。他人の会へはめったに行かないのに、ヒロのライブは毎回必ず客席で観た。声帯を失う十日前、紀伊國屋ホールでのライブも観に行った。それが最後の鑑賞になったから、ヒロは「談志が最後に愛した芸人」と言われており、当人もそのことを誇りにしている。

紙切りは寄席に欠かせない色物だ。談志は林家正楽を三代にわたって愛した。

紙切りの元祖、初代正楽は談志に言わせると、「外国人が見たら神業と思うに違いない」とのこと。私は子供の頃、亡父に連れられ人形町末廣へ行った際、馬の切り絵を見たが、たてがみをなびかせて疾走する形が見事なもので、子供心に感服した覚えがある。

二代目正楽は談志と齢が近い修業仲間なので「紙ちゃん」と呼んでいた。春日部出身で訛りがあるため落語家から転向した正楽を、いじめながらも親切にした。ドイツ旅行をした折はゾリンゲン（ドイツの一流メーカー）の最高級の鋏を土産に買って来て二代目を感激させたという。

当代正楽は一楽といった若手の頃から目をかけていた。自分がトリの興行でヒザ替わりに抜擢したほど。ただし試練を与えた。ある夜、わざと遅れて楽屋入りして一楽につながせたのだ。トリの落語家が遅れると、時間をつなぐのがヒザの役目なので、一楽は通常の倍以上の注文を客から受けて切った。ようやく談志が楽屋入りし高座着を着たので、汗びっしょりで高座を降りた。談志が笑顔で迎え、「ありがとう」と言った。その時の笑顔が忘れられないと正楽は言う。

談志の没後、私がプロデュースした新宿末広亭での追悼公演で正楽が切った「談志百態」の切り絵は素晴しかった。高座姿、歩く姿、お辞儀の形、洋服で語る様子など三十枚以上も切り、プロジェクターを使って影絵にして見せた。観客は在りし日の談志を偲んだ。正楽の談志に対する敬愛の念があふれた紙切り芸であった。

以上、談志が愛した色物芸人を列記したが、寄席が落語家だけでは成り立たないとわかっていた談志だからこそ、優れた芸の色物の存在価値を認め大事にしたのだと思う。

落語協会を脱会して寄席と縁が切れてからも、これと目を付けた芸人の面倒を見ていたから、色物に対する思い入れの深さはかなりのものだったと言える。

（作家）

落語って何ですかネ

立川談志
Tatekawa Danshi

「今日は、ご隠居さん、在《い》ますネ」

「居ますよ、八《はっ》つぁんか、ま、お上《あが》り……、何か用か」

「九日十日……と」

「相変らずくだらないな。で何だい」

「いえネ、実ぁですネ、あのネ、ホラね」

「何だい、そりゃあ、〝あの〟も〝ホラ〟もないよ。用件は何なンだい」

「聞きたいですか」

「〝聞きたい〟も何も、お前さんから言い出したことだろうに」

「そう〳〵」

「何が〝そう〳〵〟だ。何を聞きたいンだ、お前は……」

「あのネ、〝落語〟について伺いたいンでさあ」

「ほう、〝落語〟ねえ……」

「知ってますかい、〝落語〟を」

「お前ネ、馬鹿な事をいうもんじゃあないよ。世の中に、日本人で落語を知らない人はいないよ。〝好き〟〝嫌い〟は別にして、落語を知らない人は居まいに……」

「そりゃあ、私《あつし》や、ご隠居さんが在た頃はその通りでさァネ。落語や、講釈を知らねぇ庶民《ひと》はいませんや。うちの親父も言ってましたよ。落語は世の中の人情を教えてくれて、講釈は日本の、日本人の歴史を教えてくれるから……ってネ」

「なら、それでいいだろう」

「でも、現代《いま》でさァ、この時代に落語を知ってる人なんて居るんですかネ。まあ、いないこともないだろうが、落語ってなァ、〝TVで座布団取りっこしてるもの〟だっていってましたし、こないだTVで若い奴が、落語のことを〝おちがたり〟っていってましたよ。驚いたネ、呆れたネ。でもそんなもんですかネ。何しろ、あっしの仲間の娘は〝英霊〟のことを〝イギリスの幽霊〟だと思っていた、てんですからネ」

「はぁ……言やがったネ。〝イギリスの幽霊〟はいいネ」

「受けてちゃあ、駄目ですよ。で、その落語なんですがネ」

「いいよ、現代《いま》の連中なんぞに解らなくっても。別に死にゃしないし」

「いいえ、いっそ死んでくれりゃあいいンだがなまじ生きてるだけに始末が悪い。と、いって殺す訳にゃあいかないから、せめて落語でも教えて日本人の人情なんぞを知らせてやりたい、と思うんでさァね」

「なら、勝手にお前さんが教えてやりゃ、それでいい。それで済むだろうに……」

「どうやって教えるのか……」

「噺家を見せりゃあいい。落語を聞かせりゃあいいだろう。それで……」

「駄目ですよ。今の噺家なんぞ聞かせたら誰ぁれも落語なんざァ聞こうとしなくなる。まして酷いのはＮＨＫの衛星放送で時折演《や》るＴＶの落語、あれは酷い。なに落語ばかりか、講談なんざァもっと酷い。浪曲も同ンなじ。漫才も漫談も色物《いろもの》という落語講談以外の寄席の芸人、全てダメ。酷いヨォ、酷すぎる」

「全く居ない訳でもないだろうが……。キチンとしてる噺家も……談志なんざァどうだ」

「何だかよく判ンねえけど理屈っぽくって嫌《や》だネ。落語だけ喋《や》ってりゃいいのに、何のかんのといち〱能書きをこきゃがるし、一つ〱言い訳をしてるようで男らしくねえよ」

「落語家に〝男らしさ〟なんぞ望んだって仕様がなかろう……。それに八つぁん、人間なんて、人生なんて全て言い訳だよ。言い訳の為に生きてるもんだ。言い訳してないと生きられないもんだ」

「それこそ馬鹿だ、私《あつし》なんざァ、言い訳なんざァ、一度もした事ぁねえネ」

「……と、言い訳をしてるだろうに……」

「そうかなァ……。ま、いいや。で談志の奴ァ手前えで〝家元〟なんぞと平気で書きやがるし、言やあがる。何が家元だ。何ンにも型の無えくせに。おまけになにか小むつかしいことを書くそうだしネ……。生意気に本なんぞ出しやがるし」

「そうでもないよ、此処に談志の書いた〝遺言大全集〟てのがあるが読んでみたらいい……」

「嫌だい。うっかり読んだら、あ奴《いつ》に丸め込まれそうで……」

「丸め込まれりゃいい。それに納得したら結果丸め込まれたっていいだろう。同ンなしこった」

「嫌だネ。ご隠居さんはどうなんですか。その遺言だかお経だか、あ奴の能書きは当たってるんですか。第一、別に談志《あいつ》本人が書いたンぢゃあねえでしょう。ほかのタレントと同ンなじでゴースト……ナントカって称《い》う、他の奴に書いて貰ったンでしょうに……」

「そうかなァ、談志の奴ァ〝自分で書いた〟といってるがネ」

「ま、ようがすが、で、談志の奴ぁ〝落語って何だ〟って言ってケツカルンですかい」

「〝人間の業の肯定だ〟とサ」

「それ、みねえ、解らねえ。何だい、その〝ゴーノコーテイ〟ってなァ」

「奴の言うにゃあ、世の常識に対するその逆の非常識を認めてやること、もっというとイリュージョンとかいって、人間が生きていく為に必要な常識という、親や周囲《まわり》からいろ〳〵云われ、教えられてきたもの、それらに入らないモノ、他人と共有出来ない心の奥に納ってあるもの、それを言ったり、出したりしたら恥ずかしい、馬鹿馬鹿しくて、誰も常識では認めて呉れないようなものまで認めちまえ、といってるネ、あ奴はネ……」

「ヘェー、よく解らねえが、それでいいンですかネ。当たってるンですかネ」

「ウーン、まァ、そのォ、判らなくもないがネ……。八つぁん、お前さんはどうだい」

「判りたくねぇよ。それよりいい落語を演ってくれりゃあ、それでいい。面白けりゃあそれでOKだ。あ奴は出来るはづなのに……」

「まァ〳〵……で、その、いま、お前さんが言った〝いい落語〟ってなァ、〝どんなもンなんだい〟って今時代《どき》の連中に聞かれたら何と答える」

「さァ、それなんでさァ。いえね、私《あっし》が〝いい落語だ〟って決めても、はたして現代《いま》の奴らに判るのか。解らねえと思うし〝面白さ〟も伝わらねえと思いますがねぇ」

「それも時代だし、それを時代と称うんだよ。まして現実は事実だしネ」

「面白くねぇな。ご隠居さんの前だけど落語っていいしネ、良かったよ。文楽とか、志ん生、金馬、柳好、三木助、柳枝、権太楼、百生、若い頃は談志も志ん朝も円楽も円鏡も……。まだ、他にもいたしネ。あの頃は〝落語界には後継者がいますネ〟なんて偉い作家の先生も確か言ってましたっけ……」

「ぢゃあ、現代《いま》はいないのか」

「ウーン、いるような、いねぇような……」

「小朝とか、志の輔、志らく、花緑、昇太……」

「昇太ねぇ……」

「なまじ談志の奴が居るから出られない、という事も考えられるよ。奴が死にゃあ、ことによると〝パッ〟と華が咲くかも……」

「でも、それは又違ったもんで、私達《あつし》が聞いてはたして受けるか判らないよ」

「お前さんが受けなくても、次の世代には解るし、受けるンぢゃあないかなァ」

「それでいいンですかい」

「〝いい〟にも〝よくない〟にも、それが時代だよ」

「嫌だネ」

「でもネ、お前さんが好きだった噺家達だって昔の人に言わせりゃ、〝何だい、こんなモノは……〟と言われてきたンだろうし……」

「……ウーン、ねぇ」

「お前さんだって生きていりゃ、いろいろと物事を識《し》るようにもなる。で、そんじょそこらの芸ぢゃ面白くなくなる。満足しなくなるのは当たり前だ」

「それほどぢゃねえけど、この俺様を喜ばして呉れる咄家が居ない、としたらどうしよう」

「育てるか」

「私がかい」

「ウン、さもなきゃ、あきらめな。落語なんざァ縁を切りな。たいした事でも無いだろうに」

「でもねぇ、私にとって落語はたいした事なんでさァ。判るぅ、解りますぅ……？」

「分かるよ。でも仕方ない。くどい様だが、そこで生きられた喜び、というか、それを幸福《しあわせ》、と思って大切な想い出にしとくより、この現代という速さの中に生きていけないンぢゃないだろか」

「妙に物判りがよくて、ご隠居さん、それでいいンですかネ。弱気かネ。年のせいかネ」

「ま、何とでも言いなよ」

「判りました。帰って柳好の〝野晒し〟でも聴こう……。一杯やりまさァ……。

〽鐘がボーンと鳴りゃさァ　上げ潮ォ南さァ
烏《カラス》が〝パッ〟と出りゃ　コラサノサ
骨《こつ》があーるサイサイサイ
……とネ。

どうも有難うござンした。

落語なんて、どうでもようがす。

若ぇ奴らの事なんて、知りゃせん」


（「本」'03・4月号）

立川談志名言集

落語とは人間の業の肯定である。

咄◉生き方

人生成り行き、風次第

立川談志
Tatekawa Danshi

「ねえ御隠居さん」

「何だい」

「〝挫折〟ってなんです」

「左に曲るンだろ」

「そりゃ左折だ、御隠居さんも案外くだらねえネ……」

「ま、洒落だ」

「〝駄洒落〟といって洒落のセコいヤツだ、いえその、挫折ってのは……？」

「それ聞いてどうするんだ」

「いえネ、〝お前さんは自分の人生の内《なか》で挫折したことがあるだろう〟で、〝その時に励ましてくれた言葉は何だったの〟、って聞かれたンだけど、そのォ〝挫折〟ってのが判ンなくてネ……」

「そうか、つまり何だな挫折ってえのは、字の如くに〝挫《くじ》けて折れる〟そんな状態《さま》になった時のことをいうな……」

「はァ……ねえ、〝挫けて折れる〟あんまり、あっしゃ、年寄りの乞食《こじき》みたいに挫けて二つ折《おれ》ンなったこともないし……」

「なにも別に〝挫けて二つ折〟ンなった型ばかりを言うのではないよ、そういうような気持になった時の状態《こと》をいうのだよ」

「ぢゃあ聞きますが、どんな時に、そういう気持になるんです……？」

「〝がっかりした〟とか、な、お前もがっかりした事はあるだろう？」

「そりゃ、ありますよ、こないだも財布落としてがっかりして……」

「いやく、あのな、そのォ、つまり、何だ」

「何です」

「ウーン、そのな、〝財布のがっかり〟でなく、もっと凄いがっかりだ、そういうときに感じる気持だ……」

「〝財布より〟ねえ……熊公に将棋で敗けたときは口惜しくて……」

「先刻《さつき》、いったろうに、つまり人生の中で、最大《もつとも》がっかりしたこと、〝もう駄目だ〟と思った時、これが挫折だよ」

「〝最も、がっかり〟ねえ、何だろ、想い出せねえよ」

「何かあったろ」

「そうねえ、花札《コイく》でネ……」

「いやく、そうぢゃなし、〝生《い》き死《し》に〟に関係《かかわ》るようなこと、でだ」

「誰の」

「〃誰の？〃って、自分のだ」

「だって生きてるし、死んでねえし……」

「判ンない人だネ、つまり、もう、これぢゃあとても生きてられない、〃こうなったのだからいっそ死んじまおうか〃、と思うようなこと、だよ」

「死んだって仕様がねえだろうに、〃死んで花実が咲くものか〃ってネ」

「他人にはそう云えても、その当人にゃ、とても、そうは思ってられない、ということが世の中にはあるだろう、いくらも……だから河に飛び込んだり、首ィ吊ったりする人もいるだろうに、……」

「バカだよ」

「そういっちゃえば、身も蓋もない」

「身も蓋もねえよ、死んぢまえばそれで終り、ハイ、それまで……で、サ、そのォ挫折ってなァ何です……」

「こりゃ驚ろいた、ぢゃあお前さんは挫折がないんだ」

「あるか無いか知らねえけど、その挫折ってのが判らない」

「話がどう〳〵巡《めぐ》りだ、あのな、つまり、そのォ……」

「そればっかりだネ御隠居さんは、ぢゃあ御隠居さんが挫折したってのはどういうときでしたい」

「ウーン、挫折なァ」

「左ィ行きますか……」

「まぜっ返しちゃいけない、別にないな、ないよ」

「そりゃ、〝ない〟でしょう、死んでねえンだから……」

「困ったネ、つまり挫折とはな」

「へい」

「〝もう駄目だ、死んじまおう〟と思ったときのことをいう……判ったろ……」

「フーン、あんまり私《あっ》しは〝死んじまおう〟なんて気持ンなったことはないし、まァでも、時々〝たまにゃあ死んでみるか〟なんて思う時もあらあ……」

「困ったネ、それとはちょいと違うんだよ、でも〝挫折〟てえのは判ったろ、その意味は……」

「まァね、つまり〝もう駄目だ、死んじまおう〟って心持ちになった時のことだ」

「そう〳〵、そういう事……」

「フーン、すると、世の中の奴ン中にゃ、〝もう駄目だ〟となると〝死のう〟なんて思うの、ダラシのねえ奴だ」

「ま、そうだけど、〝死のう〟としたときに、〝こう〳〵、こうしなさい〟〝こう考えなさい〟〝そうすると、死なずに済むことになりますよ……〟ということが人間の中に、人生の中に、それ〴〵あるはづだ……」

「それだ、それを聞かれたンだよ、〝あんたは人生に挫折したことがあったでしょ、そんなときに救われた一言の励し……それは何でした〟って聞かれたンだ、それで此処《ここ》にきたンだ」

「何だい、最初《はな》っからそう聞《い》っとくれよ。判ったかい」

「判ンねえ、挫折しねえから……」
「でも、挫折の意味は……判ったろ」
「判ンねえ、したことねえから」
「でも、意味が判った、ということは〝判った〟ということだよ」
「違うよォ、判ンねえものは〝ワカンねえ〟っていうこったい」
「……?……よくワカンナイよ、お前のいうことは……」

あのネ家元、挫折なんて無いの、全て順調、というか、頭がいいから当り前、ま、いささか〝いい世の中に生れた〟ということはあるけれど……。

落語の中にも、〝死ンぢまおう〟とする奴はたまにはいる、「死神」の主人公、「品川心中」のお染《そめ》、「文七元結《もっとい》」の手代《てだい》文七《ぶんしち》、「唐茄子屋政談《とうなすやせいだん》」の若旦那……あと……いただろうが家元思い出さない、居ないのかも知れない。

落語国の住人《やっ》は「人生成り行き、風次第」と生きている。亭主に文句はいうけれど、あまり世間様に対して苦情は言わない。〝世の中が悪るいンだ〟、など、みっともなくて云えなかったのだ、そんなことをいやあ、自分がキチンと生きていない、というショーコになってしまうだけだ、と知っていた。

世の中なんて、そんな甘いモンぢゃない、挫折なんて贅沢な世の中に甘ったれて生きている奴のするものである……。

(『新潮45』'01・8月号)

落語には、人生のあらゆる場所で使えるいい文句がいっぱいあります。

立川談志
Tatekawa Danshi

寄席に通ううちに「毎日ここで暮らしたい」と思いました。

はじめて落語に触れたのは（柳家）金語楼師匠の『兵隊』とか、先代の（三遊亭）金馬師匠の『居酒屋』とか。ラジオとかレコードでしたね。戦争中だったから、「笑いなんぞふざけてる」って、ずいぶん弾圧された時代だったとあとでわかりましたけれど、そういったものを聴いて、〝面白いなぁ〟って思いました。寄席に行った最初は小学校五年生のときで、もう戦後になっていました。浅草にあった松竹演芸場に、（古今亭）今輔、（鈴々舎）馬風、金馬の三人が出てました。いまだにそれぞれ何を演《や》ったか覚えてます。中学生になってからは寄席に通いだして、雰囲気が好きになった。落語家でラジオに出る人なんて、すごいんだ、偉い人だと思ってたのが、高座でお客にお辞儀するんでね、〝いいなぁ〟と思って（笑）。そうこうしているうちに、寄席ファンになっちゃった。見るものすべてがよく見えて、〝毎日ここで暮らしたいなぁ〟と思ったんです。暮らすにはどうすればいいかって考えて、じゃあ、落語家になればいいなと、ごく単純だった。

誰に弟子入りしようかといっても、一番を決めるほど落語を聴いたわけじゃなかったんですが、（柳家）小さん師匠のところに入ったのは、無意識のうちに、

◉**居残り**

「人生成り行きでござんす」

まったく賛同するしかない文句です。また、このフレーズが出てくる「居残り」という落語は、自分の分身が活躍できるようで、好きな噺なんです。

〝一番いい〟と思ってたんでしょう。師匠は若かったし、威勢がよかったし、清潔そうだった。もちろん落語もおもしろかったし。そう、いきがってましたね。当時のことを振り返ると、いきがってましたね。紹介してやろう、といってくれた故眞山恵介氏に「それで、どこ行くんだい」って聞かれたときに、「小三治のとこに行きたいです」って、わざと元の名前を言うのね。そのときには「小三治」からもう「小さん」になってたのにね。親は当然反対しましたけれど、好きなもんはしょうがないと、まぁ、親は最後には諦めたんでしょう。「お前が好きなんだからしょうがない」って、世の親はみんなどこかで諦める。で、師匠のところにはおふくろと一緒に行ったんですが、小さん師匠はまじめな人ですから親も安心して、〝まぁいいんじゃないか〟ということで弟子入りしたわけです。

「矛盾に耐えることが修行」理不尽な落語家生活に反発を感じました。

◉権兵衛狸

「ははぁ、おぼろ月夜だ。山の狸め浮かれて、悪さしにきやがったな」

三代目三遊亭円馬師匠ゆずりでしょう。いかにも狸の出そうな、山奥の感じが出ています。

いざ入門してみると、理不尽というか、なんだこれはと思うようなことがありましたね。「明日朝一〇時に来い」って言われたから一〇時に行くと、「何でこの野郎、九時に来ねぇんだ」って怒られるとか。ずいぶん悩みました。〝俺は落語家の生活に向かないな〟と思いましたね。学生からいきなり入っちゃって、世の中をあんまり経験してませんからね。一応そのころの学校は、いいものはいい、悪いものは悪いってきちっとしていました。それに比べて当時の落語の世界には、世の中を喰いつめたみたいな芸人もいましたから、ずいぶん反発を感じました。それで私をよく寄席に連れてってくれた叔父に相談したら「それが修行なんだ」って言われましたね。〝矛盾に耐えることが修行なんだ〟って。まさに本質ですね。社会っていうのは矛盾したことをやるもんでしょう。でも世慣れてないから、その矛盾、ギャップを人一倍感じたんですね。〝こりゃ、やってけねぇ〟と。そりゃ、羽織もたためりゃ、太鼓も叩ける、前座の落語くらいは楽にできる。でも、そんな矛盾に対する疑問を楽屋で口にしたんでしょうね、「生意気な子だね、この子は。アプレだねぇ」って言われたの覚えてますよ。いままでの楽屋の常識じゃ考えられない奴が出てきたってことでしょうね。前座時分はけっこういじめもありましたね。私は前座名を「小よし」っていいましたけど、(林家)三平さんが、「小よっちゃんをあんなにいじめちゃかわいそうだよ」って言ってました。それでも落語を続けてこられたっていうのは、「落語家生活」のつらさ以上に落語が楽しかったんでしょうね。いい職業があったと思ってね。落語家になってなかったら、いったい何になってたのかな。泥棒かな。いやホームレス。料理が好きだから精々板前か。

だんだん売れてきて、真打になってからは、周りになにか言われることもなくなりました。三十年ちょっと前、参議院議員に立候補するんで落語協会の理事会に行ったときでも、（三遊亭）円生師匠なんか「へぇ。まぁ、この人はこういう人なんですから、何でもやらせなきゃ。どうぞおやんなさい」って。（桂）文楽師匠も「仕方がないんです、こういう奴ですからね。しょうがないです」なんて言ってました。ただ、小さん師匠は「馬鹿野郎！　なら落語家辞めろ！」ってカンカンに怒ってましたけどね。諦めたみたいなんです。不良のガキができちゃって、さんざん注意したけどどうにもなんねぇ、てなもんでしょうね。不肖の弟子ですよ（笑）。まぁ、周囲にも驚きがあったんでしょう。えらいもんが出てきたなって。

私は、自分のことを二流だと思ってるんです。二流の定義っていうのは、ものごとを論理的に考えて、自己を外せない人間。三流の人間はそんなもの関係なくやってるうちに、一流になることもあるんです。でも、乱暴さという意味においては、私も三流なのかもしれない。だから、約束をすっぽかしたり、めちゃくちゃなことをやっちゃう。きっと自分の中にそういう部分があって、それをやってないと自分の歴史が壊れちゃうような気がするんですね。

◉三軒長屋

「上の者に言って逆らったって敵わねぇんだから、てめえが上ンなったら、下の奴ういじめりゃいいじゃないか」

落語の世界に入って、理不尽な上下関係への反発を感じましたが、社会の本音を見事に表しているなと思いますね。もっとも、いまこんなことを言ったら大変でしょうが。

昔の言葉がなくなることに反発を感じます。できるだけ抵抗したい。

私は子母澤寛先生の本に出てくる会話のような、「埒《らち》もねえわさ」とか「滅法《めっぽう》界《かい》だねぇ」なんて言葉が好きなんです。それから、いまとなっては落語でしか聞かない文句とか、言葉ってありますね「船頭」だとか「お小姓」だとか。落語の言葉と言うべきか、その時代の言葉と言うべきか、その両方だと思いますが、ああいう言葉は残したいと思います。

町の名前でもね、「真砂町《まさごちょう》の先生」の真砂町がなくなる、春木町《はるきちょう》がなくなる、尾張町《おわりちょう》がなくなる……。それが文明、人間を楽にするということではあるんでしょうが、不快な部分がありますね。それから文字にしても、たとえば昔の「戀」という字は、「いとしいとしと言う心」と書いたんだよ、というようなあんないい字が、いまや略字になっちゃったのを見ると、便利が言葉じゃないだろうと思います。文字から来るいろんな想いを、便利さでもって止めていっちゃうというのは、やっぱり反発を感じます。文化に反しますよ。

言葉づかいが気になるっていうのは、それこそ大昔からあるわけで、きりがないんです。確かに変えなきゃいけないことばもあります。『子ほめ』って落語で、「おいくつですか」って聞かれて「生まれたばっかりだから、ひとつだ」って言ってましたが、いまは生まれたばかりはひとつじゃない、ゼロ歳ですから。これはもう無理ですね。

でも、言葉を稼業としている人間として、どこかで食いとめなきゃいけないと思いますね。誰だって、年をとってくると「嫌だよ、こんな言葉なんか」っていうのはあるでしょう。反発を感じたところで、時代には流されちゃうんだからしょうがない。しょうがないけれども、できるかぎり抵抗していきたいと思うんです。

◉宿屋の富

「あぁ、当たりが出たな。突き止めの千両は四三八一番だ。俺のが四三八一番。当たんねぇもんだな」「行こう……四三八一番ならいいんだがな。俺のが四三八一番。……わずかな違えなんだがな」

いかにも人間の心理が出ているような、見事なフレーズだと思います。

伝統を背景とした落語に自分のつくった言葉を入れこみたい。

落語を好きな人は、〝何度同じ噺を聴いてもおもしろい〟って言いますけれど、本当に毎日毎日聴いていれば飽きるでしょうね（笑）。でも、噺の中身を知って笑うのは、一つには「フラ」っていう個人の魅力、おかしみ、みたいなものがあるからでしょう。呵々《かか》大笑《たいしょう》するわけじゃないけど、「ふふっ」と笑うようなね。それからもう一つは、言葉のタイミング、言葉の妙味があるんでしょうね。

落語のほうが芝居や映画よりも風景が目に浮かぶ、というのは、具体的に見せられると、自由に空想する部分がなくなってしまうせいでしょうね。でも、着物を着て口一つで森羅万象を描くっていうけれど、それはある程度そういう伝統ができてるから、ということがありますよね。伝統のないところにいきなりやっても駄目でしょう。たとえば、「今日は寝

◉赤飯《こわめし》の女郎買い

「お前の下駄は減ったね。俺は地べたに鼻緒が座ってんのかと思った」

これ以上薄いはき物はねぇだろう、見事であります。これらは序の口、初心者向きのほんの例え。まだ〳〵ある〳〵山の如くにある。紹介だけで一冊の本になります。

ながらやるんだ」って言っても、それじゃ成り立たない。落語は、昔はちょっとした小咄ができ、そこからでき上がってきたのが多いと思うんですけど、だんだんいろんな人がいろんなもの、つまり場面、ギャグ等を入れていくうちに、こんなすごい、人間を描くような芸ができちゃった。〝人間ってなんだろう〟というのを、落語が語ってるんです。だから私は善人も悪人も同様に認めるんです。

　中でも私は作品を利用して、自分なりのフレーズを入れてやろう、と思いますね。それは文楽師匠の「そうはいかない。天が許しませんよ」という言葉のように……。またそれは作品と関係なく入れこむのもいいし、常識というどこかに無理のある生活に対する非常識の肯定。もっと言うとその奥にあるとても〳〵他人と共有できないモノ、これをイリュージョンと呼んでいるのですが……、それと現在闘っています。いや、楽しんでいます。そんな突飛なフレーズを創る。また江戸らしい、その咄らしいフレーズを作る。柴田錬三郎さんの『眠狂四郎』の中によく出てきますよね。それで、「先生、あの小唄の文句は昔からあったんですか」って聞いたら、「君、僕は作家だよ」って怒られちゃいましたけどね。

　落語のフレーズというのは、人生のあらゆる場所で使えるような、いい文句がいっぱいあるんです。そうした落語的なユーモアが普通の会話の中にある生活ってのは、いいと思いますね。だから、もっと落語を聴かなきゃいけません。でも下手な噺家のを聞くと嫌ンなるけどネ……。

（「いきいき」'02・7月号）

とりあえずは「乱暴」と「怠惰」で生きてみようと思っているんです。そんなこともあって、サインには「狂気と冒険」と書く。これが信条だからだ。

【特別対談】兄弟弟子、師匠を語る。

Tatekawa Shinosuke 立川志の輔
Tatekawa Dansyun 立川談春

立川志の輔氏

談志にはなれない

談春　もうすぐ一年半ですね。
志の輔　そんなになるか……でも、あっという間だったなあ。
談春　ほんと、あっという間だね。
志の輔　その間、いろんな思いが去来したけど、変な話、うちの師匠が亡くなったあと追悼番組やDVDがたくさん発売されたおかげで、あらためて「わ——寄席に出てた頃の芸風だあ」「こんなにも小さん師匠に似ていたのか」なんて、今までと違う感動がどんどん押し寄せてきてる。俺は入門したらいきなりの寄席脱退。あのときの過激な談志のそばにいた俺は、早々と「談志にはなれない」って悟ってしまい、過去を知らずに今日に至ってたってわけか（笑）。
談春　いや、志の輔兄さんの性格をおもんぱかるに、要は「談志にはなれない」って〝決断した〟ってことでしょ。
　僕なんか「もう無理だよ、よくがんばったよ。もうそろそろ自分のこと考えようよ」って周囲の人が言ってくれるよう

全身全霊の落語家

撮影・橘蓮二　構成・浜美雪

立川談春氏

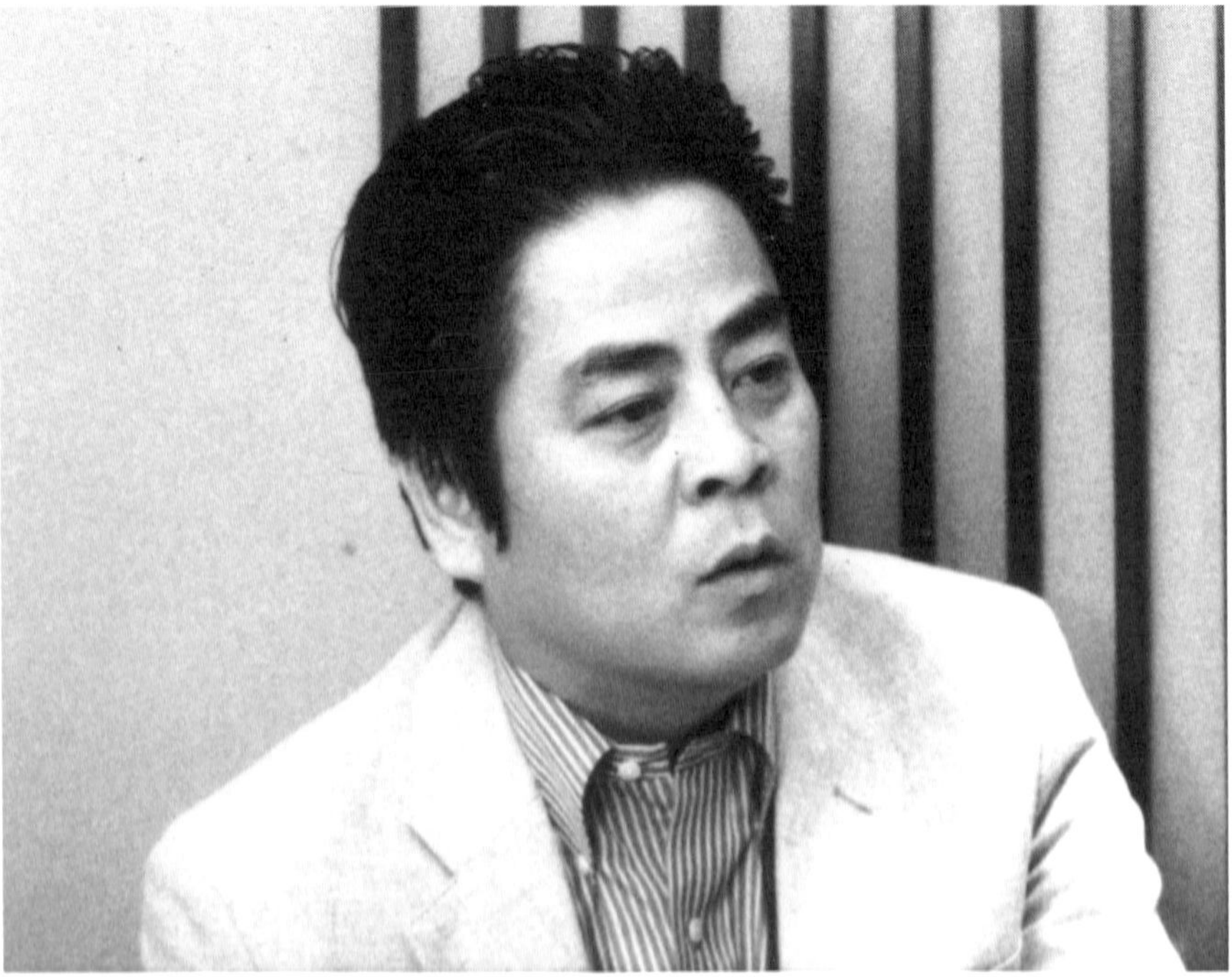

になるまで十年かかったあげく、師匠に「お前、無理だからね」ってとどめを刺されましたからね（笑）。

兄さんの「談志になれない」って言葉には憧憬や自己分析だけじゃなくて自負や覚悟がないまぜになってる……って、「なんでお前が兄弟子を語ってるんだ」って言われそうなんで、湯葉でもつっこうかな。

志の輔　元気だな、春（談春）は（笑）。

談春　はいはい。兄さん、対談は元気にやらなくちゃ（笑）。ただでさえ、落語界のなかで立川流は異質だって思われてるんですから。

志の輔　ほんとうだ（笑）。

談春　その異質な立川流のなかでも、二十九歳目前で入門した兄《あに》さんはことに異色の存在なわけですよ。

三十過ぎの前座がいてもいまなら別に驚きゃしませんけど、兄さんが入門した三十年前はとんでもないことだったと思う。

しかも二つ目の頃にはもうレギュラーでテレビの仕事もしてたし、その後もずっとバリバリやってる。

僕は兄さんとは対照的に十七という若さで入門したわけですけど、前座の頃から「自分のレールは自分で敷かなきゃならない」っていう意志をもって過ごしてた兄弟子の生き方を間近で見られたのはラッキーだったと思う。

志の輔　俺は逆に、結果はどうあれタイミング的には周りからはアンラッキーに見えたんだろうな。何しろ入門した途端、落語協会を脱会して立川流創設ってことになったから、基準もなにも、寄席という、落語家にとっては修業の場でありホームグラウンドでもあると考えられていた空間すらないところから手探りで始めなくちゃならなかったからね。

談春　兄さんは何と言っても「立川流の実験第一号」ですから。

志の輔　すごい言葉だよなあ（笑）。そんな言葉すら忘れてたよ（笑）。

だけど実験とは言い得て妙だよね。

だって師匠の当座の目標は「寄席を経験しなくてもここぐらいまでにはなれる」ってことを、早々と実践させたかったわけだから。

ただ、「ここまでぐらい」っていうのがどのくらいなのか当時の俺にはわかるはずもないし、ひょっとすると師匠自身も確信してなかったのかもしれない。「誰にも教わるな。すべては俺が教える。」こんなこと言われて修業を始めた落語家なんていたのかな。何をどうやればいいのかすらわからなかったし……。

談春　どこまでやればいいかもわからなかった。

師匠は何かを急いでた

志の輔　おまけに、二つ目になったとたん、師匠の知り合いの紹介で、朝のニュース番組のオーディションを受けてるんだから、落語家なんだか分からない。

運良くか運悪くかオーディションには受かったので、気がついたときにはもう落語家とレポーターという二足の草鞋を履いていたのでございます（笑）。

談春　ようよう（笑）。

志の輔　でもね、俺はこの状態が決して不快ではなかった。そのことは師匠も知っていて、「どんどん行け。なんかあっても責任は俺がとってやる」が口癖だったね。

俺と談春が最も違うなあって思うのは、俺には「落語家・談志を見てるゆとりがなかった」っていうこと。あえて言えば「エンターテイナー談志」の部分を見ていたのかもしれないね。

談春　確かに、兄さんに比べると僕はゆとり教育かも（笑）。

志の輔　いやいや、ゆとりどころか、朝の四時から河岸に行かされてたのに（笑）。

談春　あれは訳がわかんなかった（笑）。

それにしても、兄さんは昇進が早かったですね。

志の輔　そこなんだよな。入門して二年目で師匠から「二つ目になれ」って言われたからね。二年で二つ目っていうのはかなり早いことはわかってたけど、師匠が決めたことだから。

そしたら、それから五年経った、入門七年目のある日、師匠とタクシーに乗ってるときに何の前触れもなくいきなり、「真打になれ！」だって。何があったんんだろう、と思いつつも、ありがたくお受けいたしました（笑）。

談春　それだけ、うちの師匠は兄さんに期待してたし、認めてたってことなんでしょう。

志の輔　いや、師匠はきっと何かを急いでたんだよ、それもものすごく（笑）。

　俺という実験第一号を一日も早く半人前でもいいから、形にさせたかったんじゃないかな。

談春　兄さんも何席かは師匠から直かに稽古をつけてもらったんでしょう？

志の輔　もちろん。最初が『道灌』で、それから『たぬき』に『たらちね』かな。

　ことに『道灌』は師匠が録音してくれた通りやろうと思って、リズムも間も調子もそっくりそのまま覚えることだけに専念したんだけど、困ったのはうちの師匠が時々切っては注釈を入れること（笑）。「あ、ここはこうやるといい」とか「ここは目線をちょっと上にあげてやるんだけど、ンなこた、まぁいいや……でな」なんてやるもんだから、そこまでコピーしそうになっちゃう（笑）。

　とにかく師匠そっくりに覚えた『道灌』を聞いてくれた師匠が、意外や意外「あ、お前、それでいいんだ」って言われたのは、拍子抜けするぐらいだった。

　うちの師匠って弟子には厳しさ一点張りっていうイメージがあるから……。

談春　でも、褒めるときは褒めますからね。

　で、直の稽古のあとはテープ？

志の輔　「あの棚のテープで片っ端から覚えちまえ」「五十席覚えたら二つ目だ」って。

　だから毎日、師匠の運転手をつとめたり、兄弟子が辞めるの辞めないのってもめてるのを止めたりしてるうち弟弟子も増えてくる中、とにかく必死で落語を覚えたら「ほうらみろ、覚える気になりゃ、二年で五十席ぐらい覚えられるだろう」って（笑）。

談春　おかげで、二つ目になるまでに五十席覚えるっていうのが立川流の暗黙のルールになっちゃった。

志の輔　俺のせいみたいに言わないでくれよ（笑）。だって、その頃には、上納金制度や二つ目は五十席と太鼓、真打は百席に歌と踊りという基準はできてたんだから。それよりも、とにかく急いでたんだよ、立川流の確立に。

　でもね、実験第一号として、早くに真打にしてもらったことは、両刃の剣であるってことは、当時からわかってはいたんだよ。

　国立演芸場で真打披露をやったとき、師匠が米朝師匠を招んでくれたんだけど、米朝師匠の口上が今も心に残ってる。

「この方はテレビでいっぺんか二遍見たことがあるような気がしますが、落語はいっぺんも聞いたことおまへん」（笑）。そりゃそうだよな（笑）。

談春　あのとき、口上にはうちの師匠の他に米朝師匠をはじめ圓楽師匠や文治師匠や圓蔵師匠が並んでましたけど、圓楽師匠なんかベタ褒めでしたもんね。「落語家もマスコミに出なきゃしょうがないんだ」って。

　ところが、米朝師匠は「さっきからみなさん褒めてはりますけど、落語がうまいって誰もいわない。落語は一応本業やさかい、しっかりやってください」って（笑）。

志の輔　いっそのこと「真打になるには早すぎる。やめなはれ」って言ってくれたほうが（笑）。

談春　気が楽だった？　そう思えるくらい早かった上に、うちの師匠からすごい課題を出されてたじゃないですか。

志の輔　「真打披露をありきたりの披露にしやがったらただじゃおかねえから。いいか、横面を倒すとステージになるっていう大きなトラック借りてきて、駅前にバーッと乗りつけて、紋付き袴姿で口上やれ。俺が誰かゲスト招んできてやるから、都内じゅう回れ」（笑）。

談春　「何時から池袋駅前、その次新宿駅前ってやったら、こりゃ受けるぞ」って。

気の毒なのは兄さんがそれを真に受けて警察に許可を取りに行ったってこと（笑）。

志の輔　「駅前でそのような活動は出来ません」って一蹴されたもんな（笑）。

談春　それを師匠に報告したら、「政治家を動かしても駄目か」って（笑）。

志の輔　つまり、それくらいのことをやらないと駄目なんだ。普通のことやってて人が楽しむと思うな、驚くぐらいのことをやれ、って言いたかったんだろうな。

談春　いまにして思えば。

志の輔　とにかく、急いでた、いや思い切っていえば焦ってたのかもな、師匠は。

それまで三十年、寄席で落語家として素晴らしい人生を送ってきたのに、そこから飛び出して、それまでの人生をあたかも否定するかのように落語の家元制度なんて、誰もやったことのないことを始めちゃった。始めちゃったからには、誰だって早く結果を出したいと思うものね。

談春　僕は活字になったうちの師匠の対談を読むのが好きで、いろいろ探しては読んでるんですけど、「焦ってた」って表現は初めてです。でも、すごく腑に落ちる感じがするな。

志の輔　亡くなった後だから言えるんだけどね。

談春　いや、「焦ってた」なんて生きてるうちに言ったら絶対大げんかになってた（笑）。

志の輔　でも、師匠と対談させてもらったとき、立川流設立の時は怖くありませんでしたか、と聞いたら「いや、まったく怖くなかった」と言われたんだけど、あれだけは本音だったのかな？　もう少し話したかったなあ。

談春　そういうことを話し合えてたら、もっと打ち解けた師弟関係になってたと思いますけどね（笑）。

安定期。俺の落語を継承しろ

志の輔　そんな無我夢中ともいえる創世期の十年が過ぎて十五年目ぐらいに入ると、一転、安定期に入る。

談春　入るのがまた早いんだ（笑）。

志の輔　その頃、俺は「別にテレビやラジオに出るために弟子を育てたんじゃないんだ。落語をやれ落語を」って師匠に言われるようになるんだよ（笑）。

というのも立川流からの弟弟子が増え

てきて、昇進の基準もクリアすべきものが増えて、質量ともに厳しいものになってきた。

　そういうこともあって、「俺の落語を継承しろ」というモードが立川流全体を支配してきたわけだ（笑）。


談春　安定期なんて言葉、普通は出てこないよ、兄さんはやさしいな。

　だけど、僕らが前座のときは五十席覚えるったって、「こんな大きなネタ覚えやがって」とか言われたり、質みたいなこともちょっと言われたりするようになったし、現代におけるプレゼンについては志の輔のレベルを求められた……というか、「志の輔が出来たんだからやれ。でもって古典落語も出来る限りやれ」って（笑）。

　おかげで「ンなもん出来るわけねえだろ」って僕はグレるし、志らくはズレるという（笑）。

　兄さんのときは師弟ともに振り返ってる暇もなく夢中で走ってたけど、僕らのときはちょっと自信がついてきたから「俺の背中を見ろ」ぐらいのことを言い出した（笑）。

　私と志らくが前座になったあたりから立川流の成熟というか、鎖国が始まったわけですよ（笑）。で、兄さんはそのなかで出島外交って言われてた（笑）。


志の輔　出島（笑）。創生期こそ嫌だ嫌だって言ってたのが、師匠は次第に寄席のいい所を僕らに求めるようになったわけだけど、そうなったとき、一番ズレてたのが俺なのよ。

　口ではいろいろ言ってたけど、師匠は実は心底寄席が好きで、時が経つにつれて言動からもそれがにじみ出てくるようになった……寄席でつちかわれる何とも言えない落語家の雰囲気というか落語家らしさというか、芸人らしさみたいなものは非常に大事なんだと。

　だけど、その頃には俺は、古典にしても新作にしても、観客から求められる、目には見えないけれど、大きな波のようなものが確実に覆いかぶさってきていたのよ。

談春　志の輔らくごって、古典にしてもテーマ性があって演劇的ですからね。『中村仲蔵』で、あたかもそこに花道があるかのように客席をライトで照らしたときなんか、見ててぞくぞくってしましたけど、美術や照明一つとっても、寄席に合うタイプの落語じゃない。

志の輔　俺が日本各地の寄席以外の空間で、どんな落語をどんな演出でやればお客さんが喜んでくれるだろうかっていうことを自分なりにあれこれ試行錯誤している間、うちの師匠は「あの『芝浜』の最後のあの台詞な、あれ、違うと思うんだ」って落語と格闘しながら、松岡克由と立川談志の一致を目指してた。しかも、最期の最期までブレずに生き抜いた。究極だよね。
　俺なんか本名の竹内でいるときは素に戻ってるけど、うちの師匠は常に談志だったし、頭のなかには落語しかなかった。

談春　それでふと思ったんだけど、松岡克由の落語ファンの部分が、それまでの古典落語とは匂いとして違うものを創ったっていう実感が当時の師匠にはあったと思うんですよ。
　ところが、「これでいいんだ」と思っ

たものの、御存じの通り、うちの師匠の得意技は「ゆらぎ」ですからね。
志の輔　少なくとも、立川流を創設して以降を大まかに創生期、安定期、成熟期と分けると、時代時代で育てたい弟子のタイプが違ってたのは間違いないよね。
談春　そのなかで一番大変だったのは、すでに教育プログラムが出来てた僕の下の世代。
志の輔　だろうな。
談春　僕らが師匠から言われてることをそばで聞いたり、志の輔兄さんと師匠が表現者として会話してるのを耳にしたりするわけですから、もうわけがわからない。
志の輔　うちの師匠はアドバイスの表現がまた独特だったしね。「談春はうまくやれるけど、俺みたいにもっと下手にやればいいのに」とか（笑）。
談春　おまけにある日突然、価値観が変わったりする。「俺の落語を継承しないやつは駄目だ」って言ったかと思うと、「お前ら、志の輔みたいになれ」って言い出したりするから、弟子はみんな迷いの森をさまよっちゃう（笑）。

売りものはない、売りは俺

志の輔　そんな師匠も最後の最期に寄席のほうに戻った。協会の師匠方の名前を挙げて、よく褒めてたよな。
談春　僕らが真打になるかならない頃には志の輔兄さんはパルコを始めてましたけど、師匠はその頃、寄席の改革案を考えてましたからね、こんな番組だったら客が来るって。
志の輔　そうそう寄席の改革。
談春　いち落語ファンとしてみると、すべてがクリアになって、ゆらいでるところがなくなったのは志ん朝師匠が亡くなったときですね。「あいつに任せておけばいいんだ」っていうものが、志ん朝師匠が亡くなって、自分がやらなきゃならないと思った五年ぐらいが一番、お客さんも来てたように思う。
それが、段々しんどそうになっていったのは、体力としての老いを感じたからでしょうね。
志の輔　病いとの闘いもあったしね。
師匠が亡くなってみてわかったのは、弟子全員が、あの偉大な天才を全部引き受けようなんていう了見は持てなかったものの、それぞれが五パーセントずつぐらい受け継いでるだけじゃなくて、受け継いでるところが全部違ってるってこと。それも受け継ごうと思って受け継いでるというより、結果的に受け継いでるって感じなんだけど、おかげで、みんなどこかで「ああ、やっぱり談志のお弟子さんだね」って雰囲気を漂わせてる。
つくづく不思議な一門だなあって。
談春　そんな弟子全員がよってたかっても師匠一人になるかならないかという（笑）。
志の輔　他の一門って師匠から兄弟子、兄弟子から弟弟子って順に芸を伝えたりしてく縦のイメージがあるけど、うちは全員師匠と直に繋がっている、まるで鵜飼い状態（笑）。
師匠が鵜匠で、弟子は横一列に並んで、常に師匠から直接何かをいただいたり、折に触れて助言されたりしてた。
談春　いただく代わりに鮎を差し出して

ましたけどね（笑）。

志の輔　俺も談春も立川流を創設して以降の師匠しか知らないわけだけど、俺が思うに、芸についてはずーっと苛立ってたような気がする。

　昔のあらゆる名人の芸をいかに次世代に伝えていくかということと、落語をいかにいまの観客にフィットする芸に変えていくかという、いわば継承と創造の狭間で、両方を思う通りにクリア出来ないことにずーっと苛立ってた。落語と実人生が一致しないことにも苛立ってた。まさに苛立ちの人生。

　だから兄弟子たちは大変だったと思う。

談春　「俺には売りものはない。俺の売りは俺だから」って、師匠はつらそうに言ってましたっけ。

「俺の『芝浜』を見に来るんじゃない、俺を見に来るんだ。こんな落語家はいないぞ」って結構つらそうに言ってました。

志の輔　それでも、見事に苛立たず、自分でも見事にやれたという奇跡のような高座が何回もあった。

　そんな芸人、他にいないよね。あれだけ苛立つんなら普通は辞めますよ。

　だって好きで芸人になったんだから、高座でウケたあと、おいしいものでも食べてハッピーな毎日を過ごしたいじゃない。何で、そこまで自分を追い詰めるのかって。

　でもしょうがないんだよね、うちの師匠は落語の神様に選ばれた人だから。落語の神様が、落語の寿命を何十年か延ばすために選んだ人なんだよ、きっと。

闘争心と人たらし

談春　神様に選ばれたのかどうかはわからないまでも、あそこまで落語が好きで、あそこまで落語と添い寝してるのを見せられるとしょうがないよねって思う。

　どう考えても僕より才能があって、落語が好きで、努力してるってわかりますもん。

　兄さんだって、師匠があそこまでやってるんだから、ここでへこたれられないっていうこと、あったんじゃないですか？

志の輔　一度たりとも天狗にさせてもらえなかった。俺だって、たまには「どうよ！」って言いたい時もあったけどね……。

談春　いい台詞だなあ（笑）。

志の輔　こっちがどんなに一生懸命やってるつもりでも、銀座の美弥なんかで師匠と飲むと、「え！　今日もそこを考えてますか」って驚かされた。

『大工調べ』の落ちはこう思うって言われてすげえって思って、いい意味で落ち込んで家に帰る。その繰り返し（笑）。

　ただ、忘れもしない二〇〇八年の一月十五日にパルコ劇場に師匠が突然やって来たばかりか始めから終わりまでいてくれて、「はじめから終わりまで他人《ひと》の落語会を客席で聞いたのは、人生これが初めてだ」って言ってくれた。

「マスなんぞ何だいそんなもん。客の数が増えてそんなにうれしいか」なんてことをずーっと言われ続けてきたのに、晩年近くなっていきなりやって来て「パルコに一万人来てるっていうから来てみたけど、来るわな、これは」って、言われたらお前、いままで辛かったこともすべて水に流しましょうってなるわな。

談春　邂逅したんだね、恩讐の彼方にいた父子が（笑）。

志の輔　それぐらい一切天狗にさせないでいて、最期にひと言だけ残して逝っちゃった。ありがとうございます、のひと言しかないよ。

談春　天才です。

志の輔　また、会わないときは年に三、四回ぐらいしか会わなかったものね。

お正月の次がお盆で秋か冬にどっかの落語会で会うぐらいっていう年が結構あったもの。

談春　つくづく縁の薄い師弟ですよねえ（笑）。それに久々に会っても師匠は五分ぐらいで飽きちゃう。「何にもねえや、こいつら。まだいるのか」って（笑）。

そりゃ帰れって言わなきゃ帰りませんよ、弟子なんだから（笑）。

超一流の人ってご多分に漏れず闘争心がすごいですけど、うちの師匠も弟子に対してもおそろしいほど闘争心をもってましたよね。

志の輔　何だったんだろうね、あれは（笑）。

『情熱大陸』が俺を取りあげてくれたとき、師匠がコメントしてくれたのはいいんだけど、「こやつはテレビでガッテンなんてやってるが、ああいう番組をやってるうちは駄目ですよ」のひと言。うひゃーーー（笑）。師匠のあのひと言で他が全部消えちゃった（笑）。

談春　師匠にとっちゃ志の輔兄さんの今後より自分の方が大事だから（笑）。

志の輔　うまい（笑）。でもね、そのあと師匠と会ったとき、「志の輔、テレビでああは言ったがな、司会なんて仕事は誰でも出来るけど、お前のところに、その番組が来るっていうのがすごいんだ」なんて言うんだよ。

談春　人たらしーーーー（笑）。でも、そんな師匠もついに軍門に下ったわけですよね、パルコを観て（笑）。

志の輔　軍門に下るどころか、そうやってまた俺の心をわしづかみにしたわけじゃない（笑）。でも考えりゃ　芸人たるもの、人たらしじゃなきゃね。

「時代」に合った間とテンポ

談春　兄さん自身は師匠のどこを受け継いでるって思います？

志の輔　俺は、結果的に師匠の真逆を行こうとした男だからね。

うーーんあえて言えば、サービス精神かな。入門して最初に師匠から言われた「これからの芸人はプレイング・マネージャーでいなきゃ駄目なんだ。自分を理解して客観視もして、どう世間に自分をアピールして客を楽しませていくか。要は芸術と商売とのバランスだ」って言葉は衝撃だったな。

「事務所頼みにして、仕事が来ない、仕事がねえって愚痴ってるようじゃ駄目なんだ。早く自分の世界を確立しろ」って。

そこで俺は勉強会みたいな落語会を「ライブだ」と考えるようになるんだね。今でこそ珍しくないけれど、落語以外の部分でも、お客さんに喜んでもらえる要素を取り入れた……ゲストもいろんなジャンルの人を招んだり、自分もギターを弾いたり、ビデオを使ったひとり漫才をやったり、それこそ思いつく、ありとあらゆることをやったなあ。
　談春は自分では、どこを受け継いでいきたいと思ってる？
談春　受け継いでいくというより、僕は談志の残り香のようなものだから（笑）。
志の輔　いやいや師匠にとっては、ストレートに自分を目指して精進してくれている弟子ほどうれしいものはないでしょう。春の存在は一番心強かったと思うよ。
談春　ある人が、三十年前に紀伊國屋でやったうちの師匠の『蜘蛛駕籠』の音源を聴いたとき、最後までスピードが落ちないのに驚くと同時に、ヤッシャ・ハイフェッツの演奏を思い出したって。
　ハイフェッツって、ものすごい速さで弾くので一見乱暴に聞こえるんだけど、プロは全員彼の演奏に憧れて、真似しようとするものの、八割方はなれなくてあきらめる、そういうバイオリニストなんですけど、うちの師匠の若い時って、ハイフェッツを思わせるところがあるって。
　それは僕に向けた「もっと下手にやればいいのに」って師匠の言葉につながってくるような気がするんですよ。
志の輔　なるほど。
談春　落語って、常にその時代が求めてる正解の間とかテンポっていうのがあると思うんですけど、うちの師匠は見事にその時代その時代の観客の生理に合った間とかテンポでしゃべってたって気がする。
志の輔　同感！
談春　だからこそ、色川（武大）先生の『寄席放浪記』の「下手な談志が楽しみ」っていう文章はすごい恐いと思うし、真理を突いてると思うんですよ。
　兄さんも僕も同じ『芝浜』を聴いて、（談志の芸能生活三十周年の国立演芸場の『芝浜』）落語家になろうと思ったわけですけど、それ以前のブイブイ言わせてた『芝浜』にしても、伝説となった晩年の『芝浜』にしても、師匠の技術と経験と感性で時代と添い寝が出来てた。
志の輔　確かに時代に合ってたよね。
　師匠は三代目の三木助師匠の『芝浜』に憧れたわけだけど、三木助師匠のとはまったく違うものね。
　三木助師匠の頃のお客さんならテンポと調子と台詞で芝の浜の日の出が見えたんだろうけど、いまのお客さんはもっとドラマチックじゃないと満足しなくなってる。
　少なくとも『源平盛衰記』や『鮫講釈』のような噺は別にして、感情が入ってくる落語はもっともっと演劇的にやったほうがいいって気づいて実践してた。
談春　うちの師匠はそこに気づくのが早かったし、ゆらがなかった。
　落語はいまものすごく演劇に近づいてるけど、うちの師匠はいちはやく独立独歩、孤高の道を歩いてた。人一倍先見の明があったと思う。

へい駕籠、へい駕籠……

志の輔　その一方で、マクラでよく「俺は分裂症気味なんだよ」って言ってたように、二律背反したことを追い求めてたのも確かだよね。
　客が増えてくようにセルフ・プロデュースしてかなきゃ駄目だって言ったかと思えば、「千人の客に嫌われてもいいから、この一人の客に認められればいいんだ」って言ってみたり。

談春　つくづく修羅の道を歩んだ人だなって思う。

泣かせるなあって思ったのは、師匠が晩年好んでやってた落語って、『首提灯』だとか『蜘蛛駕籠』だとか、どれも若い頃に得意にしてて、それで世間に認められるようになった落語だったってこと。

そこにはイリュージョンもなければ業の肯定もドラマもない。うちの師匠の精神の運動って何だったんだろうって思う。

志の輔　病室で酸素吸入器をつけながら師匠が最期にやった落語も『蜘蛛駕籠』だったって。苦しい息のなか「へい駕籠、へい駕籠、駕籠、いかがですか?」って。

でも、どうして『蜘蛛駕籠』だったんだろう……落語家人生の最後に小さん師匠から教わった軽やかで楽しい落語で締めくくることで、落語とは、とどのつまりは調子とリズムの話芸だって言いたかったのか……。

談春　神様に残していけって言われたものを全部残したあげく、最期にもとに戻ったってことですかね?

志の輔　あっ、いま気がついたんだけど、俺、師匠の享年まであと十五年しかない。

談春　ほんとだ!　長いようであっという間だ、人生って。それを思うと兄さんと真剣に師匠のことを語れてよかったです。ま、師匠は「ふたりとも何言ってやがんだい」って苦虫かみつぶしてるでしょうけど(笑)。

志の輔　俺も春と話せてよかった。そういう機会って意外にないものね。

談春　それにしても、立川志の輔って人は育ってきた環境からして、ほんとに談志と違う。こんなに違うのも珍しいって思う。

伝えていきたいものも違えば、伝え方も違ってた。だいたいこんなに談志の十八番をやらない弟子も珍しい(笑)。

志の輔　確かに『小猿七之助』はやらないけど(笑)。

談春　なのに血は一番濃いんじゃないかと思う。そこが師匠としては面白くもあり頼もしくもある反面、癪に障りもし気になりもしたんでしょうね。

僕にとっては頼りになる兄弟子ですけどね。

とはいえ、もし兄さんが最期に『道灌』をやり出したら、俺、酸素吸入器止めるからね(笑)。

志の輔　心配するな。絶対やらないから。

談春　嘘ぉ!(笑)

だってもう覚えてないもん(笑)。

(2013. 4. 17)

立川談志
名言集

立川流を作ったとき、もちろん形式的には、かたちはない。だけど、内容的にはあるだろうと。本質を見極めようよ、落語に、または世の中に対して、とね。

小田原提灯ヱボ沢山

立川談志 Tatekawa Danshi

一口にいやぁ現代に氾濫している外来語を日本語として消化出来ているのか、ということ、それに加えてそれらの外来語のどこまでが日本語というのか。それは別段分離《わけ》る必要はなく片仮名で書いた次元から日本語というべきものなのか。このあたりを考えてみたい。いや考えたってたいして効果はないだろうからキメてみる。

昔、外来語が入ってきたときにゃ出来るかぎり日本語に近づけた、とも聞いた。いわくドクトルが〝毒取る〟であり、〝ステイション〟は〝ステン所〟、〝チケット〟は〝テケツ〟となって、いまや「てけつ」となり、そこは〝切符売場〟のことをいう。

テレフォンは電話と書かせ、ムービーピクチャーは活動写真と訳し、後に映画となった。

やれ巴里《パリ》だ倫敦《ロンドン》だ、桑港《サンフランシスコ》とやっているうちにとてもとても保《も》たなくなった。

チョコレートをどうしよう。褐色甘味……どうにもならない。戦時中の野球用語がその最たるもので、バッターボックスが打者箱、ストッキングが巻脚絆ときた。そのころの落語のギャグに〝アコーディオン〟を、小田原提灯エボ沢山、という傑作があったっけ。

結局は衆寡《しゅうか》敵せず、お手上げとなり、やれイリュージョンの、アイデンティティと、そのまんま、ときにはＦＡ宣言とか、ＮＴＴ、ＪＲとアルファベットだけになっちゃった。

それには日本人のアメリカ志向がもとになってはいるのだろうが、訳せない部分、〝日本語化出来ないからそのまま〟というよりも、日本語を英語に、または英語風に無理にでも仮名で書くのが現代で、観音カメラがキヤノン、立川ミシンがリッカーミシン、他人のこたぁいえない。落語とて〝ラクゴ〟というネーミングのほうが若い人たちに受けがいいと、これを書いたり、なかにゃあ〝ＲＡＫＵＧＯ〟というのさえでてきた。

もちろん、言葉は時とともに動いているから当り前のこと。新語、流行語、従来の発音のイントネーションが変り、その分だけ古い言葉は消えていく。それを国が推し進めているし、敬語はほとんど理解《わか》らなくなり、男女の言葉も入れ替ったごときでもある。

談志《あたし》にゃあロックの歌い手の歌詞（?）なんざぁ、ほとんど判らない。判らないから聞こうとも、見ようともしない。

ま、それはいい。

しかし私の稼業は落語家だから、現実としてはこの流れと逆に古い日本語を守り追いかける。

順風満帆《まんぱん》を満帆《まんぽ》といい、江戸情緒《じょうちょ》を情緒《じょうしょ》と東京弁でいう。

熟語さえ嫌う。関係は〝かかわりあい〟であり、結果は〝とどのつまり〟と喋る。

それは、落語の背景である江戸を、明治を、表わすための手段ではあるが、同時に、これらの言葉を消してしまうことに対する愛惜でもあり、私の歴史、東京の、江戸の、日本の歴史の部分的消滅と繋がると思っているからでもある。

しかし一方ぢゃあTVの時代物なんぞでもほとんどが現代語で、下手ぁすりゃあ〝なんでぇー、どうしてぇー、嘘《ウ》ソォー〟と演《や》りかねない。いや、やってたな。

島国であった日本、まして鎖国だった日本の言葉、それとてその時代〳〵には新しい言葉が出現《でて》きたのだろうに、今更なんだ、とも思えるが、そのバランスが崩れていることに〝新しさ〟を感じる人間と、なにか居心地の悪さを思う人がいる、ということだろう。

私だけでいやぁ、私のまわりには、現代語は相手が気を遣って喋らないし、外来語もたいして知らないでもすんでいる。

ましてこの歳ともなりゃあ、その昔の東京弁を使うことが己れの稼業を含めた人格の信用にすらなっているから、ことさらに使わない。第一美しい日本語などというけど、その基準はどこにあるのかネ。

正しい日本語てなぁ、誰が喋ってるのをいうのかネ。

知るもんか、外来語も流行語も、あんなもなぁ、滅法界《めっぽうけい》だ。らちも無《ね》えわさ……である。


（「Voice」'94・2月号）

【放談◉時事】

敢えて、与太郎興国論

立川談志

Tatekawa Danshi

　私、ふと気がつくと、やれ、現代《いま》のこういう状態はいけないとか、あれもよくない、これも駄目と言っているんですが、それ、きっととっても大事なことなんじゃないかという気がするんですね。自分の言っていることの良し悪しは生理で判断しましてね、その生理は間違ってないと思ってる。だから本でも、生理に合わないのは読まないんです。たとえば岸田秀先生や小室直樹先生、故山本七平先生とかね。合う人の合う部分だけ、自分のものに勝手にこしらえましてね。「じゃあ、なぜおまえ、自分が間違ってないといい切れるんだ?」と言われると、「だっておれ、落語家だもん」と言っているんですよ。落語がバックにあるから、落語は絶対に間違ってないと、そう思っているんです。

　それに比べれば、ビートたけしの言ってるのなんか、所詮現象を述べているだけだよ。「なんだ、あんな解説者がいていいのか」なんてな具合の、現象を叱ることは誰でもできる。だけど、「何故そうなるのか」という分析がないんで、たけしもまだ一歩出ないな。まあ、まだ五十になってないのか、しょうがねえなと思っているんですけどねェ。私にもそういう時分がありましたから。なぜ五十かって? それは、昔は「四十で惑わず」と言ったけど、今は寿命が伸びて、「五十で惑わず」のほうがピンとくるんだよ。

そもそも落語というものは

　落語というのは、最初は作家の趣味の会のようなものから始まったと思うんですよ。つまり、少人数で集まって小咄をつくったり、ギャグをこしらえたりしているうちに、それが職業化して舞台でやるようになった。わかりやすくいえば、たとえば地口落ちですよね。「囲いができた」「へえー（塀）」とか、「なぜ逃げるんだ」「離せば（話せば）わかる」みたいなギャグをつくったりしているうちに、演者が出てきたと思うんです。

一方では、朝は朝星《あさぼし》、夜は夜星《よぼし》で働いていた連中が、やっと余裕がもてたときに娯楽を求め始める。彼らは、常識の世界で働かないと食えない連中なんです。世の中、常識がないと、人間、暮らしていけないから、皆それを守って暮らしている。ところが、常識には非常に不愉快な部分がある。その不愉快な部分を解決するために、落語が必要になってきたわけです。

「おじさん、親孝行しなきゃいけないのかね」

「あたりまえじゃないか」

「だって、うちの親父はひどいよ」

「ひどいけど、親孝行するもんだよ。おめえだって、親になるんだ」

「おばさん、そう思う?」

「思うわよ。親孝行しなきゃね。親だもんね」

これ常識の会話ね。でも、聞いててどうもおもしろくない。ところが寄席へ来ると、

「どうだい、隠居さん」

「おめえ、親を殴るってえじゃないか」

「殴るかよ、おれは。蹴飛ばすんだよ」

「よせよ、おい」

「顎へ決まると、飛ぶよ」

なんて、笑いのうちに、親孝行を否定。兄弟仲良くせないかんとか、隣人を愛せよみたいなこと言わないんだ。落語は常識のほころびを直す役割も果たしていたんでしょうが、根本的にはこのように、常識を否定しているんだよ。

もともと芸人やヤクザなんてのは、常識の世界からドロップアウトした非常識な連中だったんだ。

ところが、そんなちゃんとやれないはずの芸人なんかが今は市民権を持っちまった。これは、いけません。だから、ポケットにコカインを入れたら怒られるんですよ。あれ、その辺の浮浪者がポケットにコカインを入れようが、公園でセンズリかいてようが、それは人前でかきゃ嫌がられるけど、陰でかいている分には「君、よしたまえ」というやつはいないし、構わんわけですよね。芸人というのは、もともとそんな非常識なものをやっていく稼業なんですよ。まァ、社会ルールに反したら、一応ペナルティは払いますが、それだけで、あとはまたそのことを喋り、同じことをやって捕まればいいだけなんです。

そのはぐれ者の文化みたいなものを、桂三枝とか春風亭小朝みたいな常識人がとり入れようとしている。ビートたけし、上岡龍太郎、山城新伍しかりね。それが、今のテレビを中心とするお笑いの世界なんですよ。テレビは基本的

には非常識に憧れているんだけど、それができにくい。テレビはあくまで常識サイドにあるんです。

　落語がそういった世界と違うのは、その成り立ちが違うんだよ。

　まず「落《さ》げ」（落《お》ち）ができる。「落げ」だけじゃ持ちませんから、寄席ができる。一人二、三十分の高座ができてくる。そこで、いろいろな話をして「落げ」にまでもっていくんだけれど、どうも噺のテーマとうまくつながらないんだね。じゃあ、どうして「落げ」までつないだかって言うと、その落語にそれぞれが自分の人生のフレーズをぶっ込んだんだね。はぐれ者の人生をね。

　一例を挙げると、『子別れ』という落語ね。これは、女房を叩きだして吉原の女を連れ込むという噺なんだけど、その女結局出て行って、男が独りになった時に前の女房と再会するというものでね。家主《おおや》さんが歩きながら、

「おい、この前の女房、ひどかったな」

「ええ」

「前のが良かったなあ。あれは、おまえさんには過ぎもんだな」

「旦那、亭主に過ぎもんの女房なんていませんよ」

　とまァ、こんなフレーズが入っているんだね。これ、ものすごく深いところを突いているかもしれない。そうだよ、男は女房から逃げ出そうとしているんだもの、どうやったって不満だよ。その不満は常識で言ゃぁひどいけど、こういった非常識の視点から常識サイドを見て、何か語っているんだね。

　もうひとつ例を言うと、『気の長短』で、

「おれは、人にものを教わるのが嫌いだ」

「私が教えてもか」

「おめえは別だい。何かあったら言ってくれよ」

「でも、怒りそう……」

「怒らねえッつってるじゃねえかッ」

「じゃ、言うけど、おまえが二服目の煙草をはたいた時、火の玉が煙草盆に入《へ》えらねえでおまえの袂へ入えった。見ているうちに、煙《けむ》が出たよ。大丈夫かと思って。今、燃え出したけど、ことによると消したほうがいい……」

「この野郎ッ、早く教えろッ、バカヤロウ！」

「ほらみろ、だから怒るから教えねえほうがよかった」

と、こういう落語なんですね。

　これも、落語としてすばらしい「落げ」にもなっているけど、おれ、「教えねえほうがよかった」というのは、ものすげえフレーズなんじゃないかと思うんですよ。一般に教えることはいいことだと思われているようだが、ものを教える、つまり教育というものくらい不遜なものはないんじゃないか。せいぜい百歩譲ってもそれは、必要悪じゃないのか。もし教える必要があるとしたら、自分のアイデン

ティティがぶっ壊れちゃうから教えているだけであって、教わるやつはいい迷惑だ。だから、「教えねえほうがよかった」と言っているんじゃないかと思うんですよ。

だから、話のテーマと「落げ」のフレーズは一致しないんだけど、今おれは、ありとあらゆるフレーズを、何とか時代のテーマと一緒にしてやろうというのが楽しみで、毎日暮らしているんですけどね。その基本には、「文明というのはそんなにいいものではないだろう」というのがあるんですよ。

知性なんかより体力だ

おれは「文化」と「文明」を自分なりにこう解釈している。つまり、不快感を自分の納得できる方法で解消するのが「文化」で、納得はしてないんだけど便利だというのでいっちゃうのを「文明」といった具合。

それでこの前、おれの家がボロになっちゃった時にね、「建て直しませんか」と業者が言ってくるからさ、「いいよ」と言ったんだよ。「予算は?」「予算はあるよ」「どんな家をつくるんですか?」「適当に文化の発揮できる家をつくれ」とまァこう言ってやった。

「文化って何だ?」と言うから、「不快感の解消を自分で納得できる範疇でできるのを、おれの文化という」「具体的に言ってくれ」「適当に雨漏りする家をつくってみろ。トレモロを聞きながら、おれはシューベルトになったような気持ちになるんだから。いや、吉田矢健治で結構だ」と言ったら、「長屋じゃ、どうですか」と言ってきたね。

つまりおれは、「文明」に委ねてきた自分を今、こんな形で謝罪しているんだよ。もっと言うと、ボケ問題だろうが、覚醒剤の問題だろうが、もともとあれが本質なんでね。たしか岸田秀先生が、「人間というのは本能が壊れている」とおっしゃったけど、たしかに本能がずれてると考えたほうがいい。だから、放っとくと人間は死んじゃうから「知性」をつくってきた。その力がだめになったときにボケるのであって、やっぱりあっちが本物なんじゃないのか。してみりゃ、幻覚剤、覚醒剤、と、あっちが本当で、それを正常ってやつがストップさせてるだけで、いつかはあっちへ帰りたい。幻想とか非日常とか……。

落語は、どこかでそれを知ってて、今までつくった「文明」というやつを笑っている。「文明」というのは、コンクリートを曲げようが、鉄を伸ばそうが、一口に言っちゃうと、全部便利さの優先なんですよ。便利だからってのが先に立って、いろいろな知識を持ったやつがビール瓶をこしらえたり、ライトをこしらえたりするのを「いい」としてきたわけだけれども、どうもそうじゃないような気がするな。

ところで今の芸能は、いくらか反社会的な行為が入りますが、基本的にはマスに認められる範囲内でやっていますね。

　スポーツもほとんど芸能だね。おれは、野球も相撲も芸能だと思う。走り幅跳びとか徒競走のようなのがスポーツであって、だから、「跳ぶ」「走る」「投げる」「持ち上げる」「当てる」なんてなうちはいいけど、そこに「舞う」なんていうのが入ってくると、判定はあいまいになる。これは芸能と言うべきなんだ。バスケットもバレーも身体を使った芸能だと思うよ。スポーツと芸能との大きな違いは何だというと、団体になったときに人間の計算みたいなもの、つまり知性が出てくるものが芸能の範疇に入るもので、その知性をぶっぱらったときに、はじめてスポーツたりうるんじゃないのかなあ。

　たとえば、野球は青少年の心身鍛練のための健全なスポーツだと言うけど、ピッチャーがストライクを抛っても、アンパイヤがミステークで「ボール」と言った場合、バッターは「一球もうかった」という顔をするでしょう。「今のはおれがミスっただけで、ストライクですよ」という行為はないですね。それなのに正義だといっているところに、無理があるわけですよ。その無理の限界が江川事件になったり、桑田の問題になってくるんであって、「ジャイアンツの選手は紳士たれ」なんて、紳士であれば言う必要ねえもの。

　相撲も、芸能じゃないのかなあ。玉の海さんも言ってたけど、親の仇に二〇年振りに出会って、「さあ来い」って、生きるか死ぬかでやるなら別だけど、一緒に飲んでて人間の思惑と常識が入りこむ余地が十分にある間柄なのに、命がけでやるように見せかけてるでしょう。そこに無理があるわけですよ。嘘ですよ、あれは。だから、嘘を何とかしようとして「仕切りをトチッたやつには、罰金を」なんて、あれは「ジャイアンツの選手は紳士たれ」と言うのと同じで、失礼だなァ。相撲も、見ているほうはどこか生理的なところで、所詮芸能だと思っているんですよ。

　落語もね、体力がすべてなんですよ。知性なんて嘘です。まあ、これはすべてに言えるけど。湾岸戦争だって、フセインという偉え喧嘩の好きなやつがいたんだよ。ヤクザにたとえると、

「おじき（フセイン）の時分のヤクザは、何かというとヤッパを振り回してようがしたね。あっしは、おじきに惚れてヤクザになったんです」

「おい、今はビジネスの政《マサ》やパソコンの哲《テツ》が売れる時代だぞ」

「いや、いざというときは、ヤッパの虎《トラ》に任せてくださいよッてんだ」

　どういうわけだか、風の吹き回しで、おじきが親分になっちゃったんだね。

「出番ですね、おじき。まさかパソコンの哲とか、ロジックの市《イチ》には頼みませんでしょうね」

「わかってらァ。体力でおめえに任せる」

また、受けた相手がフロンティア精神のジョン・ウエインの親分みたいな体力屋のブッシュで、「上等でござんしょう」と言っているわけだ。そういったところに一応、止めにおじきのところへやってくるのがたくさんいる。

「いま来たのは、誰だい」

「ドイツのコールとかいう貸元でござんす」

「ほっときゃいい」

「日本からも貸元が来ました。海部の俊《トシ》と言っています」

「どんなやつだ?」

「金で動く、ヤクザの風上にもおけねえ野郎でござんす」

「ほっとけ」

「今度は、土井のおたかという代貸しがきました」

「ほっとけ、ほっとけ」

「アントニオの猪《イノ》というやつがきました」

「どんなやつだ?」

「こいつは、論じゃなくて体力でやりますよ」

「ちょっと呼んでこい」

「あっしはアントニオの猪木ってえケチな野郎でございます」

「おまえ、体力か」

「あたりまえじゃないッすか。あっしはアブドラ・ザ・ブッチャーと相対《ため》でやってる男でござんすよ。見てくれなかったんですか」

「よおし」

おれのロジックでいくと、フセインはアントニオ猪木は信用したと思う。

（浪曲風に）

「〽旅行けば〜ァ、沙漠の風にィ、オイルの臭い。ここは名に負うチグリスとォ、ユーフラテスの合流〜ェ。バスラの都とォ〜……ミサイルが積んである、タンクゥが置いてある〽」ってやつだね。

今度は、ゴルバチョフが来た。ブッシュは「ふざけんな。てめえの国《シマ》も仕切れねえで、名乗り出てくるやつがあるかい、この野郎。てめえの国《シマ》をこっちによこして自由圏にするとか話があるってェんなら、話に乗ってやる。てめえ、何の手土産も持って来ねえで、ガタガタ言いやがって、コンチキショウ」と、怒っているんだろうな。

それから三〇年たつと、アラブの片隅で、「あれ、そこにいるのはフセインの貸元じゃござんせんか。あんときゃ、アラブの血が騒ぎやしたよ。そこにいるのは、オイルの虎さんじゃござんせんか。あのときは、良かった……」という話になるんだと思う。

だから、政治の世界も落語の世界も同じなんだよ。戦争なんて、常識で判断したって解決できない。頭が悪いからやる、欲が深いからやるんでね。正義だからやるんじゃあない。何だかいろんなことに飽きちゃって、ムズムズしてきてやるんだよ。ことによると戦争は必要だね。あれやらないと、もたないんだ。つまり本音ってとこかなあ。それで言うと、日本の総理大臣なんかせいぜい経済という名の花見の幹事役だね。だから、相手が「少しは焼鳥も多く入れてくれ」と言うと相談にのるけど、「花見をやめよう」とは言わない。やめようと言うと文句言われるから。

幹事だから、商店会の会長と大して変わらないんだ。ネロとかジンギスカンのような君主は別だけど、商店主が選ぶからには、その代表となるのは個人の平均より下のはずである。ところが困ったことに、選ばれたやつは自分は立派なんじゃないかと思い、選んだやつもそう思う。このパラドックスがいけないんでね。小室直樹先生にいわせれば、「日本には政治家がいないから、いっそゴルビーを呼んできて総理大臣にしちゃえ」ってなことになる。ということは、政治家なんていないし、またいなくても済むということなんだろうね。

この間、その話を上田哲にしたんですよ。おれはジョークで、「多数に胡座《あぐら》の自民党、何でも反対社会党、みんなロボット公明党、力の足りない民社党、日本にゃ向かない共産党、あるのかないのか社民連。だから、何でも反対するやつを誰が信用するものか」と言ってやった。信用しないけれど、何でも反対しているやつは礼儀上、社会党に頼んでいるんだよ。それを社会党は、本気になって頼まれたと思って、金丸に近づこうの、やれシャドー内閣をつくろうのと、バカなことを考えるなってんだよ。

この社会党という反対屋の危機を救えるのは、本当の反対屋の上田哲しかいないよ、って言ったら、丁重な返事をもらって、感動しましたけどね。

加藤紘一さんに話すんだ。「選挙というのはこっちがいいことをいうから票を入れてくれるんじゃなくて、みんな参加したいんじゃないの?」って。だから、「当選したら、ビールのかけっこをしよう」とか、「どっちが可愛いか」ということになったら、選挙民はもっと参加すると思うよ。

私の提案は、選挙は素面《しらふ》の時と酔ってる時と二回やって、足して二つに割ってみたらおもしろいと思うね。ベロンベロンに酔っぱらって、

「なにが宮沢だ、この野郎。オレはな、田辺の野郎に一票入れてやらあ。どうでェ?」

「だってお前自民党だろ?」

「シャレだ、洒落《しゃれ》」

「シャレで首相指名していいのか?」

「何で悪いんだい? 第一、誰がなったって同じだ」

という具合に全部居直り。居直りの肯定。実現できなく

っても、了見の中にこれ入れとくんです。

灰色好きの日本人

でね、この間「自衛隊ということで文章を書いてくれ」と言うから、「自衛隊、シャベル持ってて可愛いな」と書いたんだ。「冗談言っちゃいけません。われわれは、地域社会のために努力しています」「だけど、それは本筋じゃないだろう。本当は、戦争したいんだろう」と。戦争を否定しても、始まりません。もっと言うと、死刑を廃止するなんてのは、言語道断です。その理由はひとつ、人間は滅らなきゃいけないので、いいことだと思うんですけどね。で、本当に自衛隊がちゃんとしなきゃならないのならば、憲法を変えるか、自衛隊を消滅させるかしかしようがない。ところが、日本人というのはそのどっちつかずの状況にいるのが好きなんじゃないのかね。むしろそういうふうに考えたほうが、健全なような気がする。

たとえば以前、『勧進帳』の「安宅《あたか》の関」をカリカチュアしてエンタープライズでやったことがあるんですよ。佐世保という安宅の関に、エンタープライズという弁慶が核という義経を連れて入ってきた。これを、野党は追及する。

「核は積んどらんでしょうね」って野党がきく。

「積んでおりません」と防衛庁長官は答える。

「何を理由に、積んでないと言うんだい？」

「アメリカが積んでないと言っているから、積んでないんです」

「ふざけんな。チェック機関でチェックしたら、どうなんだい」

「友好国であり、安保条約を通じてこういう間柄ですから、向こうがないと言うのをことさらに言うのも、いかがかと思いまして……」

「何言ってんだ、この野郎。ラロック証言を含めて、乗組員が積んどると発言しとるじゃないか。ここは国の最高機関の国会だぞ。おれは庶民の代表として聞いとるんだ、本当のことを本気で答えろ！」

「この辺で妥協を……」

「そうはいかない、本気で答えろ」

「弱っちゃったね。ねえ、総理、本当のことを言えッつってますけど……ようがすか、ハア、いいですか、じゃあ言います。積んでおります」

「積んでないッつったじゃないか」

「嘘ついたんです」

「なんで嘘つくんだ」

「あんた、まさか本気で聞いていると思わないから」

「何で積んでいるんだ」

「いい加減にしなさいよ。エンタープライズがハゼ釣りに来ているわけじゃあるまいし、世界の検察官としての軍隊が、核を積んでないわけないじゃないか。そんなこと、子どもだって知ってらァ。あんた、本当に積んでないと思ってんのかい？」

「非核三原則に反する」

「反している、めっちゃくちゃ」

「とっぱらえ」

「ようがす、とっぱらいましょう。だけど、とっぱらうと喧嘩になるよ。その時に、本気でアメリカと闘えるのかよ、おい。自分らの正義という論理を通すために」

こうなると野党は困るんだ。

「そう怒らないで、本気じゃないんだから……えー、じゃあ、まァ、一パイやってから……」

ってなことになるんだよ。

『勧進帳』の場合は、義経がいるのを百も承知で観客は観ている。それをどう処理できるかの腹芸を楽しんでいる。それを客が舞台に上がっていって、「ここに義経がいるじゃないか」というやつはいない。息を呑んで、腹芸というか、このパラドックスみたいなものを見ているわけでしょう。日本人というのは、そういう国民なんだよ。

シロ、クロ、どっちつかずの灰色が好きなんだな。でもそんなもの、世界に通用するわけがない。だから、世界に通用しない国民なんだということを、向こうにいって通用させるよりしょうがない。つまり、『ノーと言える日本人』ではなく、「ノーと言えない日本人」なんだよ。

日本人というのは、桜とコメの飯が好きなやつですよ。富士山が好きなやつ、銀座が好きなやつ、そして、世界と一緒にやれないやつ。それを「一緒にやるものだ」というところに無理があるんじゃないかという気がするな。それを、政治家は把握してないんじゃないのかなあ。

だから、極端に言えば日本は鎖国までいっちゃっても、おれ、困らないような気がする。それができないのは、未練があるからです。「きっとまだ、自分たちは良くなるだろう」と思ってるんですよ。ここまで生きてて、良くなりっこないよ。急に変わりっこない。景山民夫は別としてもね。いままで良くない人生を送ってきて、年をとって美しく生きろと言ったって無理だよ。年寄りで立派なやつなんてほとんどいないですよ。

なかでも腹がたつのは、経済人だね。だいぶ前だが、牛尾治朗に、「右も左もわからないガキに、ちょいとライトが変わるから、とか、もっと小さくて軽いから、ってどんどん新製品を売りつけるのは、よくないよ」と言ったら、「いいものだから売るし、相手も買うんだ」って言ってたが、そういった不快感の解消というものを「文明」という手段を使って、金儲けという目的にすりかえているやつが、「若者に夢がない」なんて、よく言えたもんだ。

日本は、「文明」を入れにくい国だったんですよ。自転車が入ってくるまでに、どれだけ時間がかかったか。「♪チリリン、バッタバタと出てくるわ、自転車乗りの時間借り、曲乗り上手♪」とか、「♪嫌だ、嫌だよ、ハイカラさんは嫌だ。頭のてっぺんにサザエのゲンコツ。なんて間がいいんでしょう♪」とか歌っていたんだから。ビールだって馬の尿《いばり》みたいだって、みんな嫌ったんだもの。ビールが馬の小便だったら、ライスカレーは何と言われたか、わかりそうなもんだ。

不快感の解消は、ちったあ自分でやらせればいいじゃないか。暑いなと思ったら涼を求めて木陰に入るというような行為が、もうちょっとあってもいいじゃないか。もっと言うと、人間、自然で暮らせないから「文明」をつくっちゃったんだけど、どっかで自然に戻りたいと思ってるんじゃないのかなあ。そうでなきゃ、〝雪おろしツアー〟なんて、金を払ってまであんなしんどいことを誰がするもんか。

まァおれも、さんざん「文明」の恩恵に浴してこの歳になって、今そのことを反省してる。まことに勝手な話で申し訳ないけどね。

与太郎でいいじゃないの

おれがこんなことばかり言っているので、嫌がる連中も多いけど、憧れの対象にもなっている。私の倅もね、明治大学を途中でやめちゃったんだ。学校の先生の話よりパパの話のほうがおもしろいって。なべおさみの家と逆なんだ。

「それじゃおまえ、どうやって食うの？」

「パパの財産がくるだろう」

「大したことないけど、法的には行くだろう」

「それでいい」

「逆らったらやらんぞ、おまえ」

「おれ、今までパパに逆らったことある？　ないだろう」

と言うんだよ。一度もおれに逆らったことねえんだ、こいつ。だから、とっても好きなんですが、まるで落語の与太郎なんだ。

それでね、ははあ、与太郎というのはこういう非生産的な人間のことを言うんだな、ということがよくわかった。「飯は何で食うんだ？」「箸と茶碗だ」なんて言ってる野郎なんだからね。だけど与太郎は、「非生産的でなぜ悪いんだ」ということを、生産的なやつにいくら言っても無駄だと知っているし、だから与太郎でいい、バカと言いたきゃそれでいいとひらきなおってる。「そのかわり、おれがいることによって、あなた方はどれだけ助かっているんだ」ってね。ヤクザと同じさ。

あるヤクザの親分に言ったことがあるんだよ。

「親分のところに、はぐれ者がいっぱい来るの？」

「来るよ」

「はぐれ者のルールのわからないはぐれ者は、どうするんだ?」

「しょうがねえが、おれは破門にしたことはねえよ」

「夜も、おちおち寝てられねえだろう?」

「寝てられねえよ」

バカは隣の火事より怖いというけど、火事を飼っているようなものだから、その度に謝りに行くんだってさ。

「何とかなるかね?」

「なりますね」

「ならないやつがいるだろう?」

「そいつは、病院に行くよりしょうがない」

といった具合に、最後にははぐれ者のルールがわかるようにすると言うんだ。

それでおれも弟子に、「はぐれ者の常識だけは守ってくれ」と言っているわけよ。わかりやすく言えば、ライスカレーはどう食ってもいいけど、蕎麦だけはちゃんと食えとか、あるじゃないですか。

同じように、日本人の常識ってあるでしょう。それを、楽だからといってスプーンで食わして、スプーンじゃはさめないからといって先をフォークにして、フォークとスプーンを一緒にして食っている。そんなことをしていて、骨揚げの時にどうするんだ。箸が持てねえからってフォークで骨を盛りつけて、「ウエルダンに焼けてます」なんて言われたら、おれ、たまらないよ。

だから、日本も「与太郎でいいじゃないの」と居直って、自分たちがつくってきたそんな「文化」をもっと大切にして、「経済」がすべてだとする、本来の日本人の心に反することからくる混乱を解決すれば……とりあえずそこだと思うな。

そういう意味で、今こそ落語家と坊主が必要なんだけど、坊主はみんな死体埋葬業になっちめえやがった。おれの骨揚げは、落語家的にやってほしいなァ。『黄金餅』の「金魚ォ、金魚ォ、いい金魚ォ〜」という、あのでたらめな和尚のお経にしてね。

「ところでおれ、今度、雑誌の編集長を頼まれているんですけど、タイトルを『ええじゃない』というのにしたんです。よく「講釈師、見てきたような嘘をつき」と言うけど、嘘ばかりはつかないんで、たまには本当もつく。『中央公論』だって偉そうなことを言っているけど、たまには本当もつくというのと同じだよ。嘘は八分で本当が二分というのがちょうどいい。

所詮、人生なんて〈虚〉なんですよ。〈虚〉じゃ暮らせないから〈実〉という常識をつくったんで、これとて所詮〈虚〉だろう。〈虚〉を承知で〈実〉にしているんだから、実は二分でいいんだ。〈虚虚実実〉っていうが、これは〈虚虚虚実〉でいい。第一、〈虚実〉といって〈実〉より〈虚〉が上になっている。

「隅っこの無口は嘘を知っている」という川柳があるでしょう。こっちが嘘を知っていればいいんですよ。それを惑わして金儲けしちゃ、いかんね。昔は、「新聞を読むと嘘つきになる」と言ったけど、あれは、おれに言わせれば非常に健康だったんですよ。それが残念なことに、落語家より早く新聞が市民権をもっちゃった。始末が悪いよね。

だからおれね、雑誌をつくるにあたって、「謝るページ」をつくろうと思うの。編集長以下「謝りの某」という名前が出るぐらい、誰が謝りっぷりがいいかというので勝負しようと。謝りというのは、人間の発見したもっともすばらしい解決法なのにねえ。

だけど、いまの若いやつらは、謝るということを含めて、ルールというものを知らないねェ。ひでえもんだ。少なくとも非常識の世界にも非常識のルールというのはある。そのルールを守ってくんなきゃ、はぐれ者の世界も成り立たなくなっちゃうよ。

たとえば、おれん家《ち》は弟子にものを食わせないんだよ。そうすると、夜中にキャベツ畑にマヨネーズを持って忍び込んだやつがいる。それは、あっぱれだ、褒めてやる。だけど、おれの母親がかわいそうだと思って、内緒でにぎり飯をやったんだな。フッと見たら、それが母親の目の前に捨ててある。こういうような行為が、ありとあらゆるところにあるわけですよ。とんでもねえ野郎だ。

それは、親が教えない、社会が教えない、学校が教えない。一体何を教えてるのかね？　自分の思っているとおりに人を育てることを彼らが「教育」と言うのなら、私は教育しない。叱言だけでたくさんだ。「どけ」「やめろ」「出てけ」と、これだけ。教育をするのは、もともと無理なんだ。

だって親になれば、子どもにおっぱいをやるぐらいの常識は、誰にだってあるでしょう。寒いときにはドテラを着せるぐらいのことはできるでしょう。子どもだって、エレベーターの上がり下がり、テレビのチャンネル替えぐらい誰でもできる。だから、基礎教育なんて要らねえんじゃねえか、と私は思っている。もういいんじゃないですか。叱言だけでいいんだ。

牧伸二のジョークじゃないけど、

「寝てないで勉強しろ」
「勉強すると、どうなるんだ」
「成績が上がるッつうんだよ」
「上がるとどうなるんだい」
「いい学校へ入れる」
「入れるとどうなんだい」
「いいところに就職できる」
「と、どうなんだよ」
「収入が増えるんだよ」

「増えてどうなる」

「寝てて暮らせる」

「だから、寝てるんじゃねえか」

ってね。

必要なら、教えないでも自分から聞くよ。そして、言えばちゃんと聞く。

たとえば女郎を買いに行こうというやつは、「まず、ションベンをしておけ。すぐイッちゃうから」とか、「あそこのおばさんに金を使っておけ」と、いろいろな注意をよく聞く。それでいいんだよ。だから、もうこれ以上、教育、要らないッつうの。

この前も、一流企業と思われるサラリーマンが浮浪者を羨ましそうな顔をして見ていたものね。浮浪者というのは、今や貧困じゃないんだ。個人のダンディズムなんだな。

「おい、談志」

「なんだ？」

「おまえ、ちゃんとやっているのか？」

なんて言うんだよ。いいね、「ちゃんとやってんのか」というのは、偉いねえ。

ガード下の乞食まで新聞読んでるなんて、こんな教育水準の高い国民は、そうはいないよ。

貧乏、結構。「経済」という名の常識はもういいよ。貧乏の処理法は、おれが教えてやるって。おれは、高校一年しか行っていませんから、学問は、読み書き算盤だけ。しかも、倅は寝て暮らそうとしているんだけど、おれはそれを肯定している。

だから、おれみたいなやつは、生産を優先している時とか場所では見事にドロップアウトしちゃうわけですね。ところが、おれはたまたま幸福《しあわせ》だからドロップアウトしなかった。家族の絆が強いんだよ、うちは、それに助けられてるんだ、お互いに。うちの連中は、おれの背中で叱言を聞きながら、まァそういった文化を守ってきたんだな。うちはたとえば「旅行へ行こう」と言うとすぐ集まるんだよ。「今日は、法事だよ」なんて言うと、全部集まっちゃう。法事に行くって、とっても大事なことじゃないんスか。

「非常識テレビ」をつくれ

最後にマスコミ論に戻るけど、友人の戸塚ヨット・スクールの戸塚宏さんが、「テレビは擬似友達をつくっている」という言い方をしていた。つまり、個じゃ生きられないから他を求める。そこで、テレビに求める。しかし、友達をつくるほどの気力はない。なるほど言われてみると、洗濯機を見ているよりおもしろいから。なるほど言われてみると、「カトちゃん、ケンちゃん」なんだね、「ウッチャン、ナンチャン」なんだね。あんないい歳をしたオジサンでも「山口君と竹田君」というような友達っぽいネーミングで当たっちゃうんですよ。

だから、全部擬似友達になっちゃって、スターは出てこないと言ってたね。あ、これはひとつのおもしろい見方だなと思った。

でもテレビを観る人はどこかで非常識を求めている。そこでテレビ側も非常識なものをやらなきゃいけないということに気がついている。気がついているなら、非常識のプロに任せりゃいいんだ。ところが、非常識のプロを出したらえらい目にあうから、セミプロを置きますね、上岡龍太郎とか、ビートたけしとか。

いっそのこと、「非常識テレビ」をつくっちまえよ。野球の解説者にバーのママか何かおいといて、「打つわけないわよ、夕べうちの女の子とやってるくせに。ホラ、腰がフラついてる」とか、そういう番組をつくればいいんだよ。

それと、私はこういうコマーシャルをやってやろうと思ったね。食品のCMでね、こう言うの。「美味しいですよ。こんな旨いもの、ちょっとないよ。それは何かと聞きたいのかよ、あなた方。本当に旨いものを他人《ひと》に教えると思うかい」。これをやると、今までのコマーシャルは全部ぶっとぶわな。ただ、本質よりも利潤を優先する企業が、金儲けというマスを目指している限り、マスは常識に生きなきゃいけないので、これは却下されるだろうけどね。スポンサーというマスを相手にしている人間が、テレビを牛耳っている限り、それを占めている電通とか博報堂がやっている限り、無理だろうけどな。そうなると、やっぱりライブ、高座の復権しかないよ。

こんな噺もあるよ。与太郎がかぼちゃを売りに現われる。「何でこんなもん売らなきゃなんねえんだ」と言ってね、「食うやつがいるからつくるやつがいるのか、つくるやつがいるから食うやつがいるのか、いずれにせよ間の悪いやつは、あいだへ入って売らなきゃならねえ」と。これは、見事に経済を突いていますね。これが、今の経済人に踊らされているサラリーマン社員の代弁だと思うよ。そこに気がつかないと、落語も滅びるし、歌謡曲も滅びるでしょうな。

だからやっぱり私はこんな感じのことを、愚痴として言い伝えていかにゃあならんのでしょうな。

（『中央公論』'92・2月号）

立川談志
名言集

何という愛らしさ、何といういぢらしさ……。涙が出てくる。
オイ、〝雨ふり小僧〟よ、お前どうしてる、何処にいる、……

【談話◉職】

好きな仕事も簡単ではない

立川談志
Tatekawa Danshi

やりたいことを やる資格はあるか

若い人は勘違いしていないか

私は本当に子供の時分からしゃべることが好きで、落語をやりたかった。寄席の世界にあこがれてましたから、高校を途中でやめて故小さん師匠の門をたたいた。でも好きというだけでは食べていけないと、よく分かっていましたね。とにかく一人前になって食べられる力をつけなくてはならない。落語を修業し、礼儀も文化も必死で学ぶわけです。嫌なこともやらされるのが人生の修業。そうやって好きな仕事で食べていく資格を手に入れる努力をしてきたんです。

ところが今は、若者に向かって、個性を生かして好きな仕事をしなさい、などと言う。親も、周囲の大人もマスコミも口をそろえて、自由に選べば君の仕事になるなどとあおる。大人も悪いけれど、それは違っていやしないか。

たとえば学校の国語の成績がよくって文章を書くのが好きだったからといって、新聞社で連載小説書かせてくれたりするわけはない。こういう極端な例を出せば、みんな当たり前だと言うけれど、実は程度こそ違え自分のレベルや力量を知らない人間が多すぎるんじゃないか。財務省に行く人もいれば、パチンコ店に勤める、料理人になる、もちろん何の職業でもいいのだけれど、そうなれる資格、レベルに自分を持って行く道筋がどうもあやふや。

好きなことをやり、それで食えるようになりたい。だからそこに向かって懸命になるはずが、現代はアルバイトで食えてしまう。それは楽なごまかしになっていくのではないだろうか。

どこかで一度は腹をくくってみる

やりたいことをやりながら自分の生き方を探している、と世界各地を旅している若い人がいます。会社勤めで朝から晩まで自由にならないサラリーマンを気の毒がりながら外国旅行に出かけて行く。お金がなくなると半年くらいは嫌々働いて旅行のために我慢する。いつまでやり続けられるのか知らないけれど、これはなかなか苦しいですよ。そのうち嫌々働く時間に耐えられなくなってくると思う。よほど自分で自分をコントロールする力がないと、また逃げ出したくなるでしょうね。

　昔のことを伝えるのは大事だと思うから言いますが、世間と何の関係もなく好き勝手に生きる人間は、やっぱりはじき出されていきます。落語に「こんにゃく問答」というのがあります。遊び人が地方のこんにゃく屋に行くと、そこの親父《おやじ》が「遊んでちゃいけねぇ。何か仕事をしたらどうだい」って諭す。「仕事ねえ、やってもいいけど村中見回って歩いておつなりして、酒喰《く》らって女にもてて……」「そんな仕事あるかよ、ばかやろう」って。

　仕事をするっていうのは社会とつながること。好きな仕事であってもそうなれる努力をしなくてはなりません。

甘い時代だと、気づかなきゃ

着物で高座に上がれば落語家か

　厳しいことをまず身内から言ってみる。今、落語をやりたいと言って門をたたく人間は増えていますよ。まあ志願してくる人を拒まない。これはどこでもそうだと思います。それはいいんだ。身の置き所を決めるわけだから。

　落語家というのは着物という重宝な、ちょっと人目を引く衣装があるから、外からはそれらしく見えてしまう。落語をひとつかふたつしか話せなくても、あとは大衆受けする趣味のひとつもネタにすればずっとテレビに出られたりする。そういう連中が本当に大勢いますよ。需要があるから仕方がないんですけどね。

　ところがそういう落語家が人をうならせる話を高座でできるかって言うと、落語にも何もなっていない。学生が、好きというだけで落研に入って喜んでいるのとあんまり変わらないと思いますね。本当に落語を心底やりたいのかと問い詰めたら、さて居直れるだろうか。正直言って、芸になってない落語を聞かされる客は本当にいい迷惑ですよ。

　気づいている落語家もいる。浮かれて落語家のような気になっている奴《やつ》もいる。働き者の日本人が仕事中毒などと世界から嫌われても地道に残してきた経済的な余裕があるから、それで食べていくことができている。今はまだそういう余力がある時代ですから、誰でもが半端なままで食べていけるだけですよ。

　落語を選んだ。さあそこから先が問題なんです。テレビで気の利いた小咄《こばなし》やってギャラもいただいて、その恵まれた日々の陰で、本質にどう取り組むかってことがね。

「努力すれば」なんて野暮じゃないかな

古典落語を次々と覚えてある程度語れるという奴は、これまた大勢いる。落語は実によくできている話だからそれ自体に魅力があるが、では淀《よど》みなく語ればお客さんが喜んでくれるかというと、またそれが難しい。じゃあいったい自分はどうすればお客さんの心をつかめるのか。自分では落語が好きだと言ってみたって面白くないものは、面白くない。限界を知ることになる。

あとは挑戦するしかないんだが、壁に当たると俺《おれ》は努力してるのに、などと言い出す。一生懸命やってるのにって。だから何だってことですよ。よくやってるじゃないかと褒めてもらいたいらしいが甘えちゃいけない。乗り越えているんだという姿が第三者に見えてしまう奴はほとんどダメですね。誰もそんな様子は見たくないんだから、野暮《やぼ》ですよ。

長嶋選手が現役時代に練習でバットを振り続けたのだって、努力ではなく、それをしないといられない自分がいるから、無意識に実行していたわけ。私の落語だって自分のアイデアを次々に試し、笑いのセンスをぶつけている。努力してるんじゃなくてやらずにいられないの。ただ一人で突き進んでしまうんです。

ユーモアは、不幸を忘れさせる

リストラを自分で笑い飛ばしてみる

きまじめな日本人は、どのような場合でも一本気にまじめに考えることがいいと思っているけど、本当にそうかね。なぜリストラにあったのかと突きつめて理屈で考えてみても、納得いかないことのほうが多いんじゃないか。

それはそうですよ。クビにするほうは、成果だとか業績だとかもっともらしい理由を言うけれどもね。案外、上司の管理能力不足とか、やきもちとかいった泥臭いことが潜んでいるのではないかと思う。だって物じゃないから、人間の能力を正確に測ることなどできないんです。誰にも。

だから落語家の私としてはユーモアでかわしてしまえと言いたいですな。

「どうしたい」

『リストラ食っちまった』

「えらいもの食ったね、それ」

『ああ、あんまり食いたくなかったんだけどね』

「かみさんどうしてんだよ」

『かみさん？　ぶーたれている』

「そのぶーたれた状況をどうするつもりなんだい？」

『お前といる時間が長くなったね、って言っとくよ』

ほらね、そう考えるとリストラも何だかいいところがあるんですよ。上司を恨み、会社を憎み、自分を責めるなんていうのはいいことがひとつもない。落語のすごいところは、人間が生きているうちにストンと落ちてしまう人生の落とし穴にも、味のある視点を教えてくれるってことですね。不幸だ不幸だとグチルだけのきまじめさというのは、視野が狭いということでもある。人生は何が幸いするか分からないよ。今まで顔を見る時間もなかった父ちゃんがしばらく家に居るのもいいもんです。

まさかの壁をどう越えるか

どんな時代でも、一生涯食べさせてくれる会社を探そうとするのは無理があるのではないですか。まして今日なら餓死する心配もない。今に見ていろと心に期する思いがあれば、スーツにネクタイという仕事でなくても試してみればいいと私は思いますね。

以前に、私の友人の中華料理屋の親父《おやじ》がこぼしていましたよ。午後七時から十一時までで給料を二十五万円出すと言っても人が来ないって。パチンコ店でも玉を磨く人を募集したいのに応募してくれる人がいないという。失業率の数字が次第に上がっていると報道されているけど、人手不足の仕事もそれと同じくらいあるということです。

ネクタイを締めていたとしても、自分を雇ってくれる事業主に飛び込んでみる選択はなかなか幅があるじゃないですか。ビルの中に居た時は見えなかったお客さんの気持ちが、手に取るように分かったりすると思いますよ。

長い人生の中で、たまたま脇の道を歩く。それは財産にするぞと思えばいい。経験として次に生かせるに決まっていますよ。自分を見失わなければちゃんと元の道に戻ります。

学問の量に しがみつくな

知識に依存しない。判断は自分で

昨今の情報の流れ込み方といったら本当に大変なもので、どこからが自分の考えで、どこからがただの知識なのか、現代人はもう判断がつきにくくなってるんだと思う。

かつて鎖国をしていた頃はせいぜいオランダやポルトガルの文明が入ってくるだけだった。もちろん無知なことが良いと言っているのではなくて、庶民が、人ひとり自分の幸せの基準を自分で考えて決めていた時代があった。幸せの実感が、頭でっかちにならずに暮らしの中で見える生活だったろうと思うのですね。

でも現代は、情報へ文明へとみんながならってしまう。しかもスピードがついている。そうすると腰の据わった判断は難しいものになってくる。私だって人のことは言えない。新聞やテレビ、山のような本から仕入れた知識をひけらかして人をやり込めようとしているかもしれない。でもうちのカミさんなどはまったく動じませんね。「なにを理屈こねてんの。私はそんなこと必要ないわよ」とキッパリとおっしゃる。その姿は信用できるん

立川談志名言集

酒は「人間を駄目にするもの」じゃぁなくて、酒は「人間というものは元々駄目なもんだと教えてる」んだよ。

ですよ。
ものごとの判断ができるかどうかは、学問の量とは関係がないし、ましてや耳に蓄えた知識によりかかって自分のことを決められるわけがない。結局育ってきた環境や親の言うこと、自分の能力でかなうこと、執着してしまうことなどを総動員してウンウンと考えるだけ。その中で執着、執念というのが「好きの虫」の住んでるところです。

だんだん面白くなってくればいい

好きなことを見つけて仕事にしましょう、という今の風潮はどこか据わりが悪い。でもひとつの仕事に就いてみてそれが面白くなってくるなら分かる。あなたにとっていい仕事なんだと思う。

例えばJRの時刻ダイヤを作るという、気の遠くなるような細かく緻密《ちみつ》な仕事がありますね。いくら頼まれても脅かされても私には手に負えない。けれどあんなに大変な仕事が苦にならない、面白いという人々がいるんです。すごいことじゃないですか。

また、私の知人に映画の演出をやりたいという人間がいて、いい大学を出ていたし、すんなり映画会社に採用された。ところが彼は食堂の仕事に回されたんですね。さあどうするかと思っていたら、ずっと食堂の仕事に精を出して今日に至っている。ちゃんとそこに面白みを見つけたんです。偉いとも思うし、人間はいやなことばかりの中では生きていけないから、彼なりに「好きの虫」を育てることができたのだと思いますね。

好きなことは簡単に目に見えるわけではないし、勉強を人並み以上にやったから手にできるというものでもない。いやいや跡を継いだ親父《おやじ》の仕事で、気がついたら工夫を重ねたりしてかけがえのない仕事になっていたということもある。入り口はいろいろでも、仕事にはだいご味が待ってるんです。

（『朝日新聞』'05・1・16／1・23／1・30／2・6）

【エッセイ◉歩く

散歩の達人

立川談志
Tatekawa Danshi

立川談志、散歩は好きだ。けど、〝俺は散歩が好きだ〟という意識はない。何だろう。唯街を見るのが好きなので、散歩はその手段ということかも知れない。で、何処に行っても歩く。唯、やたら歩く。パリだ、ロンドン、ニューヨークは云わずもがなで、北京の裏街（御徒町から上野のアメ横の感じだ）、なにこの場所ばかりか北京の端から端迄歩いたっけ。途中マーケット……いや、その頃北京にマーケットなどなかった。台北の街は全部歩いた。印度のチャンドラ・チョークからコンノートまで、途中何処にカレーの材料屋があり、露天があり、露地があるかまで知っている。カルカッタの街とて同様、ただし行ったことのない処はダメ。判らない。これ又当たり前。でも想像は出来る。

行ったネ、歩いたネ。ウィーン、デュッセル、ハンブルグ、アムス、ロス、シスコ、カラカス、サンパウロ、リオ、銀座。新宿はむしろ判らなくなった。ここに住んで四十年以上たつのにネ。もっと知ったか振りの延長をやる。ナイロビ、蒙古のフフホト、サハリン、エトロフ、バンコク、ポナペ、プラハ、ブタ・ペスト、バクダート、アルジェ、キリがない。けど、地球の街単位でみたらタカが知れてる。ほんのチョイだ。けど家元街を見てる。日永一日カルカッタの駅にいたり、病院、学校と見て廻る。

「センセイは偉いですネ」と中国の案内人。

「何が？」

「あまり、女の処に行きませんネ」ときたもんだ。あのネ、行くならネ、独りで行くものなのだ。冒険も兼ねて、俺とて、カスバ、台北の淡水《たんすい》のほとり、デュッセル、止そうネ。

おっとテーマの場所は谷中・根津・千駄木だったっけ。実はもうだいたい歩いちゃった。露地から抜け道まで。ま、散歩にゃいい処と平凡にいえる。特に日暮里から坂ぁ下った、昔、志ん生師匠が住んでいた、あの辺の商店街には私達の育った下町の香りと、雰囲気があり、購買力をそそる。判りやすくいうと惣菜が買いたくなる。曰《いわ》ク、コロッケ、イモサラダ等々。それに自慢じゃないが、我が家、という程に非ズ、マンションという長屋が「竪て」になっただけの場所だが、根津一丁目（昔の根津宮永町）から日本医大に曲るまでにはまだ小さな商店が存在する。加えて露地の狭き場所にも植木を植える東京人の心根が残っている。是非散歩を薦める。白粉《おしろい》の花に代表される、日本の花々、曰《いわ》く、キキョウ、都忘れ、朝顔、等々。加えて我が家が竪長屋三階の階下《した》には『八重垣煎餅』と稱《い》う店があり、どういう成り行きだか、「立川談志推薦の店」となっちゃった。ここの「ぬれせん」はいい。お薦めである。値段は三百十五円。騙されたって三百十五円だ。生命《いのち》にゃかかわらない。私は露地を薦める。

露地の細道、通しゃんせ
横丁のお茶屋にお茶買いに
露地は、夕顔咲きかかり
蓮に、ちょいと除け、通りゃんせ

好きな詩だ、唄だ。幼き日の情感を誘う。涙がでる。

（「散歩の達人」'07・10月号）

根津神社へつづく露地

【エッセイ◉師弟

師匠　柳家小さんの死

〝死んでも葬儀には行かない〟と決めていた…

立川談志
Tatekawa Danshi

五代目柳家小さんが死んだ。御歳八十七歳と称《い》う。年齢的にも芸歴からも大往生である。

柳家小さん、落語界の最長老で人間国宝、その昔は談志《わたし》の師匠であった。

と、こう書き出してはみたが、さてどうする。どうする〱、どうすべえ。

世間の咄家共が、又は世辞と建て前で傲慢を隠し、時にはそれをチラつかせて弔問に来た奴等並みに書いてやろうか……。

曰ク〝惜しい人を故人にしました〟、と。加えて、落語界最後の名人であり、柳家小さん師匠の描く落語の芸、あれこそ〝あれが落語だ〟という世界となり、まだまだ元気で高座を務めてほしかった、それを次の世代に伝え……よそうネ、バカ〱しいや。

——○——

あのネ、家元《わたし》が小さんの葬儀にもいかなきゃ、殺到したマスコミのインタビューも逃げて隠れていたのは（ＮＨＫは丁度出演があり、で、何となく喋っていたのを撮られた……）、私の事だ、当然本音、というか、柳家小さんに対して己れ自身で感じていたもの、思ってきた事、そのエピソード、等々を分解し、批判し、世間で俗にいう、いい部分《ところ》、わるい部分と書きあげりゃ、また喋りゃ、咄家や、バカなファンが又、蔭でほざくし、面倒臭いので、そのまんま……ってなもんだった。勿《もつと》も〝死んでも葬儀には行かない〟と決めていた。理由は面倒なことになりそうだし、咄家共ァバカだし大っ嫌いだからである。

——○——

で、まァ、それはそれ、原稿を受け合ったのは、ま、いづれは何処かで喋るし、書くという事にもなろうから、ま、原稿料も呉れるというし、物事の判断、全て成り行き人生で、その場〳〵の出来心で受け合った故、まァそこ〳〵の事をとりあえず〝書いてあげらあ〟てな程度でもっと〳〵いろーンな出来事を見てるし、知っている。何せ、弟子ほど師匠をよく観察《みて》るやつァまづ居ない。それも芸の中身は理解《わか》らないくせに、師匠の喋る癖、つまり喋り方、失敗談、師匠自身も忘れているような小さい出来事、妙な癖、つまり、師匠の、洗いざらいと一番汚い、セコい部分《ところ》を見てござるから始末に悪い。

家元とて弟子であったから、小さん師匠に対してはこの文句通りだし、立川流《うち》の弟子共は、これと同じことを師匠である家元にやり、悪口、陰口、加えて有る事、無き事、世間に喋りまくっている。

―― ○ ――

ま、それはそれ、談志が観た師匠小さん、いや、柳家小さん、を、ア、ト、ランダムに書き殴るか……。

性格は〝あまり物事にこだわらない〟といわれているが、詳しくいうと物事に対してこだわり様が判らないのである。談志《わたし》は〝もし、こだわったらエライ結果となる事実〟を多く知ってる、見てきてる。

だから逆にいうと、芸とか、落語協会長とかいう事柄と関係ない人達にとっては、「小さん師匠は談志のバカとは大違い。妙な理屈は云わないし、芸の批判や他人の悪口はいわない。さっぱりした気性で一緒にいて爽やかだし、気分がいい」とこうなるだろう。

悪口は云わないが、優柔不断の人

成る程、他人の悪口はあまり云わない。いや、聞いた事……いえね、小さん師匠の他の芸人への悪口……それらを一つも覚えてないのだ。ということは〝こっちが忘れたのか〟いや、例え聞いたとしても、強烈に残ってないところを見ると〝云わない〟と同様であろう。

ということは、他人の芸の批判が出来なかったのではなかろうか……。

「そんな事があるか。人間、何かの形で文句の一つも云ってなきゃあ生きられない」とも思うが、さて、それが聞こえて来なかったのだ。

それは、批判する為には、ある種のロジック、又は感情的な表現などが必要《いる》だろうし、いづれにしても、〝それをしなかった〟という事は、柳家小さんにとってはたいした問題ではなかったのかも知れない。世の中、他人の悪口を云わない人間なんて信用出来ない、というのが家元の考えなのに、〝それを承知で昔の人だ、腹に治めていたのだ〟

とも考えてみたが、そうも思えなかった。芸談といえば、「師匠、上手かった咄家は誰でした」に、「円生さん（五代目）と文治さん（八代目）と、四代目小さん《うちのししょう》だ。三語楼が面白かった……」これだけでありました。

〝他人の悪口を云うな〟と云ったかなァ……例え云った、としても、家元《おれ》みたいな皮肉な奴ァ、それを云うことによって〝己れの批判精神のなさを肯定してるのだ……〟と、こうなる。

—○—

何せ小さん師匠、優柔不断であった。それらの具体的な話を書くと、あまりにも酷いし、人間国宝の名誉にも係わるからヤーメ。これを「師匠思いの弟子の態度」という……いやはや、どうも、べけんやで……。

—○—

物事にあまりクヨ〳〵しない、というのもこれ又同様、クヨ〳〵する思考を持たなかった。で、先に書いたことと、これまた同様……となる。

この師匠、先輩に可愛がられた。ということは、相手にとって〝いい人〟〝いい奴〟であったのだろう。〝盛ちゃん盛ちゃん〟と志ん生に、兄弟分の杯をかわした桂三木助。しかし円生師匠は、この後輩をあまり好きではなかった如く見えた。その頃文楽師匠の押しもあり、若さと、落語を組み立て演じる若き小さんの才気は場内を爆笑の坩堝《るつぼ》とし、楽屋で俗に称う、〝客を引っくり返す芸〟であり、人気であった。曰ク「長短《ちょうたん》」「強情灸《ごうじょうきゅう》」「唖《おし》の釣り」「大工調べ」「粗忽《そこつ》長屋」等々……芸の充実、昇り調子ときてるから、それがまだ実力が世間にあまり認められなかった円生師には後から追い抜きそうな、いや、一時は追い抜いた人気だった、その存在故か……。

—○—

師匠である四代目小さんが没し、その後を八代目文楽が引き受け、命を賭けても〝小三治《これ》を小さんにするのだ〟と小さんを愛し、薫陶を恵《あた》えたのが文楽であり、その下《もと》で動ごき、又、働いていた姿は、弟子から見ていてあまりいい気持ちではなかった。曰ク、〝もう少し、プライドを持つべきだ〟、であった。

余談だが、このプライドの高さが（談志の）師匠小さんと最後まで〝仲直り〟いや、謝らなかった理由である。

落語協会を破門になった真相

事のついでにこの一件についてチョイと一言。つまり云い訳、いや事実関係を……。巷間伝わるが如く、立川談志破門になったので落語協会に居られず落語立川流の旗上げ……ではないのであります。

この談志《やろう》は落語協会に居るのが嫌で、理由は色種《いろいろ》とあり、その一つに後輩の志ん朝、そして円楽が先に真打ちになった事もあり、その時師匠にいったっけ。「何で私《あたし》が先に真打ちになれないのか。それが駄目なら一緒にでも……」と精一杯の反論というか、抗議をした時、師匠小さんはいった。

「いいんだよ。そんな事ァ。当人がよくなりゃ問題は無えんだから、しっかり勉強しろ」

　だとさ。

「冗談云うな」であった。こちとらあ、勉強してらあ、結果売れてらあ、これ以上何があるんだ……。「ああ、この師匠《ひと》は駄目な人なのだ。頼りにならないお方なのだ」と、確認をした。この世界では一度決まった看板の順は生涯引っくり返らない。元に戻らないのである。後輩が先輩を追い抜くことはあっても、一度抜かれた者の抜き返しはないのだ。

　ちなみに小さん師匠は文楽師匠のお陰で、一大抜擢され、結果抜かれた当時の鈴々舎馬風《れいれいしゃばふう》、翁家《おきなや》さん馬は協会を辞めたくらいであり、同様に反対した林家正蔵《しょうぞう》、当時の蝶花楼《ちょうかろう》馬楽《ばらく》は「当然己れが小さんになる」と信じていたくらいだから、馬楽の友人？　浅草の山春《やまはる》という任侠《やくざ》はピストルだ、刀《ドス》だ、という騒ぎとなった歴史もあるくらいなのである。

つまり看板順のことである。

――○――

“幸運な人生の人には敗者、弱者の心根は解らないのだろう”と、その時決めた。とはいっても、別段、敗者でもなきゃ、弱者でもなかったこの俺が、それらになってしまったのだ。その時は小さんを恨んだネ、いや、軽蔑をして己れを治めたっけ……。

　話がそれた。それらいろ〳〵ありまして。

――○――

「ねぇ師匠、一度協会を離れて行動したいンですが……」

「いいよ」

と認めてくれた時は嬉しかった。仮にここに師匠としての深い考え、強いていえば「愛があった」と思えないこともない。が、そういう風にゃあ、あの顔だ。見えないンだネ。また、そう考える優しさはこちとらにゃ無いしネ。いや、別に、これ威張ってるに非ズ、素直な反省……であります。

「名前だけは協会に置いとけよ」に、

「いいですよ」

　結果これも会員の反対に会い、

「駄目だとサ」

「いいですよ」

本音を云やあ、大助かり。ま、協会側も同様だっただろうに……。

その後なんだよ、破門になったのは。それも師匠の芸界何十周年か何かのパーティーに呼ばれなかった、声を掛けられなかったので、癪で欠席。これネ、いくら何でも非道過ぎる。〝ヒドイ〟とは当方のこと、談志《あっし》の事でござンす。いくら云われなくても、弟子だ、行くべきであり、〝呼ばなかった〟ということは叱言の一つであったのだから、行きゃ、相手は喜んで許す。それが証拠に、会の進行中、会場のドアが開く度、「談志の奴が……もし……」と気を遣った小さん師匠……その姿をTVは映していた。

「何という弟子なのだ、談志てえ馬鹿は……」

といわれても、人生成り行き、プライドとその時の気分で行動するのが生れつき……。ナニ威張る筋合いは全くないが、「持ったが病いで國へ帰れない」のアレである。

で、その後のTVのインタビューに答えて、話のハズミか、〝あいつぁ破門だ〟。これをTVで観ていた御家元、〝破門、上等、結構毛だらけ、猫灰だらけ……〟ときたンだから始末に悪い。

で、落語立川流ときて、当人勝手に「家元」だとさ。

―― ○ ――

読んでて判るぅ？　解ンないでしょう。あのね、小さん師匠はとに角談志を可愛がった。で他の弟子が文句を言った。その時に、「喧《うる》せえ、談志だけ居りゃいいンだ。文句あるなら勝手に出ていけ」これでよかった。

とはいえ、こういう生き方をするのは立川談志だけ、普通世間はそうはいくまいて……。

ついでに書いとくが、談志《おれ》は師匠に乱暴な口をきくし、平気で文句を言う。喧嘩もした。けど、その奥には〝それを許せる師匠の大きさ〟を見せる為でもあったのだ。その為に、その為には「許している小さん」という状況を常に作ってあったのだ……。

けど、それはこっちの勝手な云い分、あっちにゃ、あっちの考え……というより常識がある。

で、その中間《あいだ》を取り持つようなことをするなァ、とてもぢゃないがプライドが許さない。こうなりゃ、結果はご覧の通り、と、こう相成った。

―― ○ ――

その後ネ、会うでしょう。こっちは平等だから〝ヨオッ〟ってなことをいって、又喧嘩ンなった事もあったから、ごく並に微笑程度で会釈をすると、相手はネ、何とも名状しがたき顔をしたネ。笑う訳にはいかず、怒ることもできず、迷惑なのか、何とも奇妙な顔をした。

いい人なのかぁ、これを世間では〝やさしい人、いい人〟という。

あのネ、柳家小さんの芸のことは後に書く。けど巷間知りたいことは談志《わたし》と小さん《ししょう》の確執だろう、と思う故に、この御託である。

――○――

中間に入って協会に戻るべく話に来た咄家はいた。小朝と志ん朝であった。が、家元《おれ》が帰ることによるリスクを代わりに背負《しょ》ぇるか、に、二人共、〝それは出来ません、出来ない〟でお終い。

唯、小さん師匠にもし、仮りにだよ、もし謝られたら家元は困ったろう……。

〝オイ、俺が頭ぁ下げるから（下げる理由はないが）帰ってこいよ〟

と、もし、もし、かめよ……いや、あの、云われたら困る、いや困ったろう。〝何故〟もあるまい。これを断ったら人間ぢゃない、日本人ぢゃない、人でなし、と山本七平先生云うところの日本教で叩きまくられるのは目に見える。

それをしなかったことは柳家小さんの談志に対する愛情だ、と吉川潮はいったが、事によるとそうかも知れない。そう考えたほうがこれ又日本教に合う。けど本音をいえば、そうは思えないのだ。相手のプライドの高さと、そういうことの解決の下手さ、いや解決への発想もあるまい。どうだ、この勝手、これを世間では、これ又、己れ流に〝「笠《かさ》碁《ご》」だネ〟等いって楽しんでいる。

小さんの芸、最大の欠点は？

別にどうって事はない。仇の末じゃああるまいし、立川流《うち》の弟子も小さん師匠にゃ世話ンなった奴も居るし、あちらの孫も俺ン処にくる事もあった。

けど他の咄家共はいっさい家元に口をきかない。顔を合わすと横を向く奴もいる。いやはやどーも、どうにもならねぇ。で、よかった。家元、咄家とは付き合わない様にしている。

なに、もう先に書いた？　そうかい、ま、いいや、すべて成り行きでさア……。

――○――

で、芸だ。あのネ、〝芸って何だ〟〝落語って何なのだ〟と一応論理的に説明し、高座で語り、これを文章にした家元以外に、芸人、評論家を含めて、それを云ったり書いたりした奴ア一人も居ない……。

ご免〳〵、放っておくとすぐこうなる。落語の本質はともかく、「この咄で一体何が云いたいんです師匠」とどの先輩に聞いても答えは無かったろう。いや、待てよ、柱……

木助、金原亭馬生《きんげんていばしょう》、桂右女助《うめすけ》から小勝になった三升家《みますや》小勝、これらの師匠は、ことによるとロジカルに考えてくれたかも知れない。けど他の咄家はいっさいなし。ま、それは別にいい。

云いたい事は、落語という作品を上手く、楽しく観客に聴かせりゃそれでいいのだ、というならそれでいい。つまり型式としてはお伽話と同様である。

これをやったら柳家小さん、絶品であった。笑わせる技術、咄の構成、昔からあるギャグのセレクト、「フラ」と称する得も云われぬ会話の間《ま》のおかしさ。

こう並べると「落語の天才」といえる。けど家元様はちと違う。了見が違う。それを小さん師匠は〝お前は了見がよくねぇ〟とよく云ったっけ。

「心やましき者は咄家になるな」と先代小さん譲りの文句をことあるごとに吐いた。

「冗談云うな」であった。〝心やましき者〟とは何を指すのか、具体的にゃ判らないが、ズバリ云やぁ、心やましき奴の咄が面白いのだ。人生、という人間の善悪といいたいが、悪の坩堝、人間の汚さ、卑劣さ、不人情、メチャメチャ、それを語るのが落語なのだ。

〝志ん生を見ろ〟である。

柳家小さん、落語を越えてなかったのだ。それは当然のことで、何せ落語を語っていたのだから……。

〝ま、いろ〳〵いていい、噺家のバラエティがあっていい〟という無責任な人もいる(当たり前)。

けど、落語を語る小さん師匠の作品の中に差があり過ぎた。「千早振《ちはやぶ》る」「高砂や」「棒だら」等々、先に書いた咄とケタ違いに技術が落ちる。何なのか、なに小さんばかりか、文楽師匠の「野晒《のざら》し」なんざア聞けたもんぢゃなかったっけ。ま、あれ程小さん師匠のは酷くはないが、いうならば、このセコさは志ん生師匠の人情咄と好一対である。

ついでに喋《い》うと、円生師匠にはこれがなかった。作品としては、「おかふい」のようなグロテスクな咄も演ったが、落語リアリティ(談志語)としてはどれをとっても一級品であって、愚作、凡作、下手な登場人物は一人も出てこなかった。成る程「昭和の名人」であった。

しかし、このケース、つまり、凄いばかりの芸と、セコいの何の……という芸、〝よしゃいいのに〟という咄、これはナニ、文楽、小さん師匠ばかりではない、多く見られた現象であった。桂三木助しかりである。という事は逆にいうと、下手な咄家なのにこの落語はいい、というケースも一方に多くあり、その中から何本かの秀作、傑作がありゃ充分、それが咄家なのか。けど、やはり芸の骨格というか、それがすべて上々……の円生師、これに近いのが晩年の金原亭馬生、この師匠であった。

ここでチト脱線だが、いくら〝酷い〟といったとて、現《い》在《ま》のバカ咄家とはケタが違う。

あれ一体何なのか。若手というが、もう四十代、五十代の咄家共の喋る咄、何というか、一と口にいうとTVのバラエティ用落語とでもいうべき口調、オーバーアクション、下手な技芸、〝笑えぬ〟どころか、ぶん撲《なぐ》ってやりたくなるギャグ、いやギャグにもならない話、落語リアリティの一とかけらも無い演り方。

小さん師匠、これらをどう思っていたのかネ、柳家小さん、晩年はパワーは当然のこと落ちたが最後まで若き日に作り上げた作品を、己れのペースで死ぬまで演じていた。

ちなみにいうと、若き日に……、そう、三十代で柳家小さんの芸は完成されていた。

談志《わたし》が〝セコい〟〝完成品よりはるかに落ちる〟と書いたのは、完成後の作品……妙な表現だが、そういう時期、時代のモノである。

けど、三代目小さんを彷彿させた、という「睨み返し」の絶品は、何才頃《いつ》の作品か、やはり最盛期のものだったのか。つまり柳家小さん、三十代から四十代の後半までの芸であった。

あと、その後、進歩、いや変化がなかった。

で、「駄目だよ師匠、変えなきゃぁ」に師匠は「ウン」……だとサ。

である日、ある時、九州だったか、楽屋で聞いている談志を意識してか、記憶は薄れたが、変わってンだ、変化があったンだ。それもよく変わったのだ。

高座から降りてきた師匠に、

「いいよ、師匠、ああ演りゃいいンだよ」

「そうかあ」

何とも嬉しそうだった顔が浮かぶ……。

これ、本当なのだ。こういう会話を小さんと談志はしていたのだ。

云うまでもないが弟子としてその他のことは完璧にやった。荷物を持つなんざア当たり前、下駄も草履も、キチンと揃える。勿論売れっ子立川談志になっていて、である。キザといわれようが、キザなんて言葉が入る余地なんざぁ小さんと談志、師匠と弟子の間柄《あいだ》に有るもんか……。

――○――

柳家小さんの芸に戻す。小さん《このししょう》の最大の欠点《ネック》は女が演《でき》なかった、という一点に尽きる。

何なのか、その理由《わけ》は何でだろうナンデダロー、思うに女を識《し》らなかったのではなかろうか。ということは人間を知らない観察《みて》ない、というこっちゃ。

そういう時代に生きていた不遇もあろうが、あの顔、あの姿、当人照れたか、恋を捨てていたのではなかろうか。ちなみに師匠は咄家の本分？　である「女郎買い」にもいかなかった（と思うし、それらの話は聞かない）。

女が怖かったのだろう。違った意味で家元《わたし》も女性が恐く、恋はとも角、ＳＥＸは駄目であったっけ。ホントかね、ホントだよ。ま、いいや……。

何もそんな不得手なものを演らずとも

「例え女を識らなくても出来ないものか……」

出来る訳がない。何故なら小さんは落語を演じているのであって、人間を語っていたのではないのだから。同性の男、それも職人や、長屋の住人、八っつぁん、熊さん、横丁のご隠居さんは演じてはいたが、その他となると、これまた、よく観察《みる》と、いささか以上に落ちる。曰クお殿様、奉行、若旦那、等々……。

勿も「小さんは代々女が下手であった」という歴史があって、名人三代目小さん、エスプリを十分に発揮した先代四代目小さん、そして今回の小さん。

何なのか、ナンデダロー〱なァ……又、始まった。

女を識らなくても、型だけでも演れないのか……駄目かぁ……型に入りようがないのか。

不様ともいうべき小さんの女であった。何もそんな不得手なものを演らずとも、他で充分補えるのに。他の咄なら文句ないのに。けど、それらを演らないと〝名人の資格がない〟と思ったのか。いや、あの師匠だ、そうは思うまい。名人のどうの……とそこまで云うまい、思うまい。唯〝演らないと咄家として駄目だ、一人前でない〟と思い、ムリにでも挑戦してるかのように見えた。


――　○　――


三十代で造り上げ、四十代で完成……。このケースは昨年死んだ志ん朝ともダブるのだ。

志ん朝にはそうでない部分も（枕の漫談等に）見えたが、果たしてどうだったか。

それら落語という芸の郷愁を支えてくれる芸人もあっていい。それとて大切になった。居なくなった現在、若き小さんを演じる奴ァいないのか、志ん朝を演る奴ァ出ないのか。いないよネ。芸が、根性が、素質が違うか……。

「小さん名作集から一席」と聞かれたら……

でも、くどいが、柳家小さん、四十代までであった。

落語を、志《こころざし》を語る家元《おれさま》としては、師匠のあの晩年は何なのか、ことによると〝落語なんてもういいよ〟という処で落語を越えた人間柳家小さんが在ったのか。それも国宝として……。

それが〝あった〟、それを〝感じた〟という観客がいるならば、別段ヘソナメタ、で文句はない。つまり型式的には同じ、といえるからである。

けど談志《わたし》は落語が語れなくなるまで、落語の中に常に居る。己れの分身を追いかけ、見極められなく未練のうちに死ぬだろう。


——○——


小さん師匠には、その未練はなかったろう。

人間を追いつめて、いきりゃぁ、心やましき奴らの大群に出会って仕舞うしね……。

ま、いいや。一つくらい心残り？　もあってよかったはづである。

「あの談志《ばか》野郎……」とネ。


——○——


小さん師匠にあの世で会ったらどんな顔をするのかネ……。又喧嘩のくり返しかも知れない。了見なんて互いに死んでも治るまい。ずっと、治す気もなく、またあっても方法も知るまいに……。

最後に、「柳家小さん名作集から一席」、と聞かれたら何と答《い》おう……。

ちょっと考えた。で、決めた。「睨み返し」。あの睨み顔……ほっとした表情……ありゃ上手ぇや、出来ねえ……誰にも出来ねえ。

「ねえ師匠、よくあんな顔を作りましたネ」

「ああ……」

「ありゃ、出来ないですよ」

「そうかぁ……」


（「文藝春秋」'02・8月号）

立川談志名言集

人間には異次元の感情があるんだ。それを常識、非常識と割り振って誤魔化して生きている。そこで出てくる矛盾を、昔は落語を聴いたりして発散してたんだね。

【インタヴュー ◉ 江戸東京

俺の落語はイリュージョン。

立川談志 Tatekawa Danshi
聞き手＝高田文夫 Takada Fumio

談志流落語の極意、ここにあり

高田 先日（九月四日）、昭和四十年から四十三年にかけての、師匠の二十代、三十代の高座がCDになりました。もうご自分ではお聴きになりましたか。

談志 聴いてない。まあ、もし聴けば、〝稚気愛すべき〟ところも含めて、そこそこやってんなと思うかもしれないけど、そういうのがイヤなんだよ、照れるしね。今までレコード含めてCDを出さなかったということは、出せば相手は商売になるのはわかってるから、何度も誘いはあったけど、それを出版《だす》ということは、どっかで自己の存在を〝後《あと》に残したい〟ということでしょ。著作を出すとか銅像を作るとか、子供に夢を託すとか。

高田 師匠の中でそういう部分はあまりない？

談志 ないこともないが、それを否定しようとする了見の方が強いからね。こういうもの残したいというのは、人間の欲望としては当然だからしょうがない。もちろん俺の噺は俺の個性の産物なんだけれども、いまさら若い頃なんぞ聞いた人が想い出したり、若い人が知りたがる、というのもわかるけど、現実に……つまり、リアルタイムで出合ったときだけでいいんじゃないのか……と思ってね。

それに残すものが、今日に至るまでのすべてということならいいけれども、ほんの一部でしょう。

高田 その時代をポンと切り取ったように見せるのがイヤなんですかね？

談志 能書きをこいて、これは昔の録音ですから、ご勘弁を願いますってなことを言えりゃあいいんだけど……。

高田 でもファンとしては、楽しみですよ。

談志 お客としたらそうでしょう。

高田 ご自分で昔のテープは聴かないですか。

談志 「談志・円鏡の歌謡合戦」は、いまでも聴く。

高田 あれは最高傑作ですね。

談志　どっかで俺の中に「あれはよかった」という了見があるんだろう。それがいまの俺の落語につながってるわけだから。いまの俺の落語はイリュージョンだからね。この間、（中村）勘九郎（後・勘三郎）の芝居を見にいったけれど、芸人としての演技は申し分ないし、彼ほど上手い役者は知らないし、もっともっとその技芸そのものは深くなるだろうが、最後は幻想みたいなところに入ってゆくという気がするんですよ。もっとも芸人というのは、観客をユートピアの世界に入れてしまえば、どう喋ろうが、音痴であろうが、かまわないのだけどね。

　たとえば、一番大事な恋人が死んだとして、悲しみの表現としては、まず泣くというのがある。だけど場合によっちゃ、怒鳴ったってかまわない。ところが現代では、それがそういう既成概念で処理することが困難になってきたように、俺には感じられるんだよね。

　昔は「別れ」というと、「雨」や「港」がつきものだった。でももうそんな言葉では「別れ」は説明ができなくなっているでしょう。ある人にとっては「目玉焼き、日の丸、下手投げ」の方が切実だったりする。たとえば、

「目玉焼き作って半分食えっていうから、私食べてさ、そうしたら、あの人出て行っちゃったきり。悔しくって窓開けたら祝日で、右翼の街頭宣伝車がいて、日の丸が目にしみて泣きながらテレビのスイッチ入れたら、舞の海が下手投げで勝ったのよ。私の別れはこれが三つ重なったのよ。だから、私にとって別れとは『目玉焼き』と『日の丸』と『下手投げぇ』」。

この方が現代ではずっと別れのリアリティがあるんだよね。

高田　突き抜けちゃってますね。

談志　ただそうすると、伝統芸能という、落語の様式美をどうするかという問題が出てきますけどね。

高田　ご自分で今日まで生きてきて、昔の六十歳といまの六十歳、どこか違うと思いますか。

談志　円楽ともよく話すんだけれども、われわれが入った頃の落語界は、柳枝師匠でも金馬師匠でも、みんないい年のおじいさんだった。もっとも年寄りという、人生経験の多いと思われた人の咄でないと観客は納得しなかった。だからある咄家はわざと老けようとして髪の毛を薄くしたり、みんな大人らしく見せた、という、その頃は。五十代が中堅で、その上に六十代がいて七十代がいた。

　いま年寄りの出場所が少なくなった。つまり年寄りの識ってることなんか知る必要がないと思ってる。それ以前に現代に追っかけられて生きてるんだから……。そうじゃない。どっかそれは間違ってる、と思ってる若者もいるがね。

高田　師匠が落語界に入ったとき、（柳家）小さん師匠はおいくつだったんですか？

談志　三十六。

高田　若かったですね。

談志　若かった。俺はすぐにバリバリ売れて、周りにずいぶん嫉妬されたから、それは小さん師匠としては、どうしていいかわからない弟子がきちゃったんだろうな。

高田　何だかわからず取っちゃったんでしょうね。

談志　俺もそうだけど、弟子が来ると、とりあえず取っちゃうんですね。でも弟

子なんぞ取ると、それはもう「バカは隣の火事より怖い」と言うけど、大変だよ。

弟子入り志願者の、あの手この手。

高田　すごいのがいましたか。

談志　ほとんどそれだね。ある日うちへ帰ってきたら、猛烈に暑い。夏だし熱が籠もっちゃったんだなと、窓ォ開けて空気ィ入れ換えて、シャワー浴びようと思ったら、ダーッと熱湯が出てきた。弟子が家中のスイッチを暖房にして帰っちゃったんだ。そうかと思うと、冷蔵庫開け放しにして帰っちゃって、食い物が全部腐っちゃった。高ぇステーキ、本マグロ、山のようにつまってた食い物全部ダーメ。ツツジが咲いてしぼんできたので、「しぼんだ花は摘んでおけよ」と言ったら、全部の花ぁ取っちゃった。咲いてるのもだよ。

また、「なんかそこにあるもの喰いな」と言っておいたら、片栗粉でもんじゃ焼きを作っていた。そんなの喰えるはずないよ。かと思えばある弟子は、隣の家のキャベツ畑に忍び込んで、キャベツ取ってきて喰っていた。その時マヨネーズ持って畑に入ったっていうんだから。こいつはえらい（笑）。

高田　弟子入り志願者は、師匠が噺家で一番多いから大変ですよね。

談志　ピンポーンって出ていったら、半ズボンでね、「新潟から自転車できたから、弟子にしてください」って。「取らないよ」と答えたら、「じゃ、大阪に行きます」って。

高田　それじゃ、行商ですよ（笑）。

談志　うちは面接だけでも十万円取るんだから（笑）。でも、一番ダメなのが、俺の噺聴いて感動してすぐ来るヤツ。これはまず二日目には来ない。どしゃぶりの雨の中、「お願いします」って雨ン中、正座してるけど、それっきり。

俺の方からクビっていうのもあるな。うちの女房が「談志はわがままだから、大変でしょう」って言ったら、「そうなんですよ」だって（笑）。「そんなことありません」と言うのが当然だろ。

高田　いつか言おうと思ってた？

談志　弟子を代表して言ったんだ。

高田　そりゃ、クビだ。

談志　俺がよく行く喫茶店を探して、その喫茶店のボーイになって、俺の来るのを待っていたヤツもいた。

高田　手が込んでますね（笑）。

談志　志らくなんか、「落語やってみな」と言ったら、三平さんみたいな落語をやる。「それをやるのはいいけど、先が大変だよ」と言ったら、翌日、ちゃんと古典をやりやがった。

高田　師匠が小さん師匠を選んだのは、どうしてですか。

談志　高座を見て、清潔な感じがしたんですね。最初は、他の師匠のところを勧められたんだけれども。でも俺は、小さん師匠にはずいぶん乱暴なことを言った弟子でしょうね。その代わり叱言もよく喰いましたよ。のべつ叱言、毎日叱言、あやまっちゃった。相手が間違っていると信じていたしね。

高田　迷いはなかったですか。

談志　結果的にはよかったんじゃないですか。あそこでなかったら、すぐひっぱたかれたか、クビになるくらいなことはしましたから。

高田　いまお弟子さんたちとの稽古はどうしてますか。

談志　テープがあるんだから、教えない。ただ、師匠とさしで教わったという歴史を作りたいというのなら、そういう意味で教えてはやる。でもそれは、全編やるのではなく、「これはこういう意味だよ」とか、「こういう演技の方法があるけど、使っていいかどうか、お前ら判断せい」ってもんですよ。

何をもって江戸っ子というのか。

談志　ところで高田は、江戸っ子の定義はどのへんにしてんの？

高田　〝やせがまん〟ですね。師匠はどうですか。

談志　俺はね、生まれはどこでもいいけど、ご維新のときにどっちの味方をするかっていうこと。彰義隊、新撰組の味方するか、大村益次郎、薩長に味方するか。

高田　面白いですね。

談志　やっぱりご維新のときに、どっちに味方するかになるよ。伊庭八郎であり、榊原鍵吉であり……とりあえず、どっちが好きかってこと。それに、江戸っ子ってのはおっちょこちょいで、新しもの好きで気分屋だろう。

高田　東京っ子って、新しいものを取り入れる進取の気性に富んでますね。それから「恥ずかしい」ということを知っている。

談志　もっと言うと、金で解決するのはあまりいいことじゃないと知っている。もちろんナンパするなんてもっとも恥ずかしい行為だね。

高田　見ず知らずの人に声を掛けるなんて、無神経きわまりない。

談志　「あっさりと恋も命もあきらめる江戸育ちほど悲しきはなし」ってね、誰の歌かは知らないけど好きだな。吉井勇かな――。

高田　それこそ、やせがまんの精神ですね。

談志　ほんとうは自分はこんな人間じゃないんだけれど、相手の要求に合わせられない自分はもっとイヤだ。相手が評価してくれた自分でいたいという、下司に言っちゃうと、江戸っ子は見栄っぱりなんだな。

　ほんとうは、価値観を共有していれば楽なんだけれど、逆に、自分の価値観を他人には共有されたくないという意識もどこかにある。あくまで自分は立川談志という心意気だけは持っていたい。そして自分の価値観を認めなかった相手とは絶対に付き合わない。

高田　東京っ子ってそういうとこ、ありますね。

談志　だから東京なら東京という街に自分が持っていたイメージを、絶対に崩したくない。まあ、結果は時代に流されてはいるけれど、でもこう次から次と変わってくると、ついていけないね。

　一度東京人の、江戸っ子の価値観の共有って何なのか、アンケートでも取ったら面白いよ。一位に東京タワーがくるか、佃の渡しがくるか。二位に幡随院長兵衛がくるか、鳩山由紀夫がくるか。それとも「おぬし」という言葉が入るか、「滅《め》法界《ぽうけえ》だねェ」なんていう文句が入るのか。あるいは草田男の「降る雪や明治は遠くなりにけり」でもいいんだ。「神田」でも「雷おこし」でも、なるべく具体的な言葉を集めたら、東京っ子のほんとうの姿が見えてくると思いますよ。

（たかだ　ふみお・放送作家）

（「東京人」'96・12月号）

インタヴュー◉文学

家元、文学を語る

立川談志　Tatekawa Danshi
聞き手＝澤田隆治　Sawada Takaharu

澤田　今日は談志さんに文学について聞きたいと思って。

談志　なんでオレに？　全然読んでないよ。だいたい落語とどういう関係があるの？

澤田　大いにありますよ。明治の頃の三遊亭圓朝なんて、中国やヨーロッパの小説から題材を取って来た。それが速記本になってベストセラーになっていたんだから。落語と文学の接点は圓朝から始まるんですよ。

談志　そうか。言われてみれば、（井原）西鶴なんて非常に落語に近い部分があって、実際いっぺん落語にしようと思って調べたことがあるんですよ。『近代艶隠者』や『日本永代蔵』なんか読んでて、雁字搦めの世間に対する西鶴の町人の立場からのある開き直りには共感を覚えましたね。西鶴ってのは、モーパッサンなんかより上だと思うな。もっと評価してもいいんじゃないですか。

澤田　ええ。そういえば談志さん、『新釈落語咄』の中で、ガキの頃、太宰治の『お伽草紙』を読んで感動した、と書いてましたね。

談志　ああ、あの本のタイトルは太宰の『新釈諸国噺』のパクリで、中身はむしろ『お伽草紙』に近い。『新釈諸国噺』は読んでるけど、「赤い太鼓」なんて読んでも面白くもなんともないんだ。だけど、『お伽草紙』は俺にとってこよなく面白いんだ。だから、落語を『お伽草紙』風に書いたんだけど。

澤田　それは古典に現代流の解釈を加えるという意味？

談志　うーん、そういうことより、もっと感覚的なもんだな。だいたい俺の読み方は論理は一切読まないから。

澤田　それにしても、数多《あまた》ある小説の中でなんで太宰に惹かれたのか。偶然というわけじゃないでしょう。

談志　偶然というよりなんか俺の触角みたいなもんにポーンと当たったのかな。ただ読んだっていっても、その二冊だけだよ。

澤田　他に触角に当たったというと……芥川龍之介なんかはどうですか？

談志　芥川というのはなんか俺の線に入るんだなあ。たとえば『蜘蛛の糸』なんか、悪くねえなあと。

澤田　やっぱりね。僕は昔から談志さんの落語は、芥川の文章に似てると思ってたから。芥川は漢字のルビの当て方にせよ、文章の切り方にせよ、ものすごく知的に書くじゃないですか。談志さんの場合も、自分の中で徹底的に凝るでしょう。

談志　ちょっと話はズレるけど、前から落語を活字に起こすということをやってきて、その時一番悩むのはルビの問題なんですよ。八公が「これから俺はちょいとうちへけえってな」という場合。うちってどう書けばいいんだと。結局、「長屋」と書いて「うち」とルビ振るより手がないんじゃないか。古典落語の世界だから、現代とのギャップみたいなものをルビで埋めたり、逆に難しい漢字をそのまま使ってイメージを掻き立てることもする。

　そういうつながりで言うと、永井荷風の『ふらんす物語』や『あめりか物語』の文章なんか好きですね。パリは「巴里」、ロンドンは「倫敦」でなくっちゃあいけない。カルチェ・ラタンを行く、ヴィオロンの響き、そういうようなものに、どこか江戸、浅草の雰囲気が重なる。フランスにいた頃の、荷風の風景画のスケッチが好きなんですよ。

　そういえば『あめりか物語』には、人よ酔え、酒に酔い、詩歌に酔い、そして女に酔え……は書いてなかったか、酔えなくなったときに時間が己れを支配する、時間の奴隷になる……あれなんか凄い、堪らない文章だなあ。俺はまだ大丈夫だけど（笑）。

澤田　『あめりか物語』も『ふらんす物語』も、明治末期の作品ですね。あの頃の漢文の影響が残った文章が好きだというのはわかるなあ。

　そうすると、夏目漱石はどうですか？

談志　『坊ちゃん』はいいですね。それと『草枕』の「情に棹させば流される。意地を通せば窮屈だ。とかくに人の世は住みにくい」というくだり。あそこに出てくる二人称―主観と三人称―客観の世界のぶつかり合いみたいなものには、こよなく共感をもちますね。

　荷風にしろ漱石にしろ、あるいは森鷗外だってそうかもしれないけれど、アメリカナイズされた、あるいはヨーロッパナイズされたものを持ち帰ってきて、それと自分の内なる日本的なものとのぶつかり合いを書いている。そこに直感的な興味をもちますね。

澤田　なるほど。だんだん好みがわかってきた（笑）。そもそも子供の頃はどんな本を読んでたんですか？

■岡本綺堂、子母沢寛の粋

談志　戦争中に疎開しててね、小学校三年の頃だけど、何にも文学的な渇望に対する欲求が満たされないでいた。そうしたら、擦り切れてしまった『ジョン万次郎漂流記』が一冊だけあって、本は厚いし、とてもそんな本を読む歳ではないのに、他に楽しみがなかったせいか、「読む」という行為から離れていたためか夢中になって全部読んでしまったな。あれだけは妙に覚えている。後で聞いたら井伏鱒二が書いたんだってね。

澤田　絵本って読みました？

談志　童謡集なんてものは見てる。川上四郎の絵というか童画が素晴らしかった。

澤田　『桃太郎』とか、『一寸法師』みたいな童話は？

談志　読まない。馬鹿にしているから。だって落語読んでるガキだから、あんなもの読むわけねえ。

澤田　そのくせ太宰の『お伽草紙』は読むんだから、相当マセてる（笑）。

　じゃあ、外国のものはどうですか。少年少女世界文学全集とかあったでしょう。

談志　『プルターク英雄伝』とか、『ロビンソン・クルーソー漂流記』とか、そういうのは読みましたよ。でも、その頃から先にもう『落語全集』に入っちゃってたから。

澤田　講談社から出ていた三冊本の？

談志　そう。あの落語全集には池部鈞とか色んな人が挿絵の漫画を描いていたけれど、その中でもとりわけ清水対覚坊という人の絵をこよなく愛していた。

　落語の他には、貸本屋で借りてくる『少年倶楽部』とかに載っている小説。『豹《ジャガー》の眼』の高垣眸であるとか、南洋一郎。それから熱血小説の佐藤紅緑に血湧き肉躍ったりね。ユーモア小説の佐々木邦はあんまりわからなかったけど。

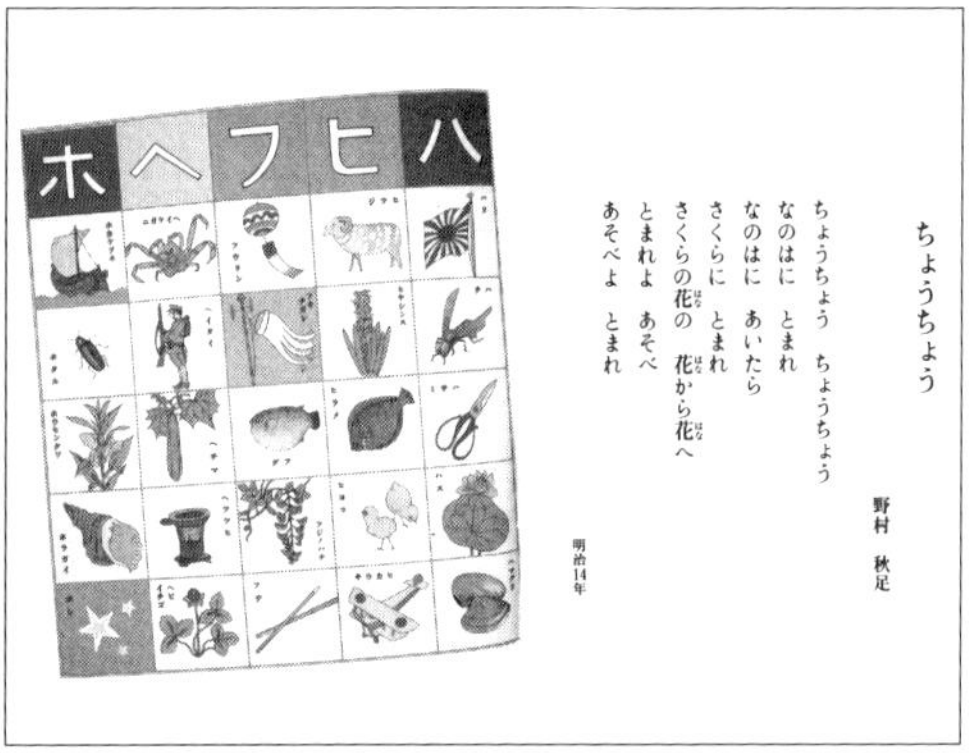

川上四郎の童謡挿し絵

澤田　山中峯太郎。

談志　うん、山中峯太郎。われわれは山中峯太郎ファンですからね。吉川英治の『左近右近』も読んだけれど、あんまり面白くなかった。

澤田　うわー、僕の方が三つ年上なのに、ほとんど同じもの読んでる。

談志　他に娯楽がなかったからね。

澤田　テレビがないもんなあ。ラジオは聴かなかった？

談志　ラジオ聴きましたよ。ラジオっ子ですよ。あたしは芸人だから、当時聴いたものは、全編再現できる。日曜日になると、まず「お好み投票音楽会」ってね。今週の一位から始まって十位まで。一位はもちろん岡晴夫の『憧れのハワイ航路』だ。それが終わると、「ラジオ寄席」ですよね。で、「時の動き」を挟んで、「日曜娯楽版」。「♪日曜娯楽版、日曜娯楽版、チャンチャンチャカラカランラン、チャランカチャンカランカンチャンチャン、さあ皆さん、これから始まる日曜娯楽版」となって、（三木）鶏郎の世界が始まる。

澤田　最初に笑ったのは何ですか？

談志　（柳家）金語楼。金語楼が喜劇役者なんかにならずに、ちゃんと落語をやっていてくれたら、あたしの言う、「伝統を現代に」を見事にやってみせてくれたんじゃないかなあ。

澤田　講談はよく聴きました？

談志　それが親が並のサラリーマンなもんだから、縁がなかった。おまけに戦時中だしね。だからもっぱらレコードで。

もうちょっと早く行ってれば、リアルタイムに聴けた芸人もいたんですけれど。そうしてたら、きっと落語家じゃなくて講釈師になってたでしょう。それぐらい好きだった。
　話を戻すと、太宰や芥川もいいけれど、決定的な影響を受けた作家というと三人しかいない。とにかく岡本綺堂、子母沢寛、あとは初期の司馬遼太郎。それはどこに行き着くかといえば、まずは「語り」の上手さ、それに江戸っ子であるという粋がりですね。

清水対覚坊の挿し絵「代脈」(『評判落語集(中)』大日本雄弁会講談社、'33)

　子母沢寛や司馬遼太郎は江戸っ子じゃねえじゃないか、という奴がいるかもしれないけれど、あたしに言わせれば、生まれは京都だろうが、ベトナムだろうがどうでもいい。要は御一新の時にどっちに味方するかって、それなんだ。

澤田　アハハハ。

談志　「情夫《いろ》にもつなら彰義隊」の方につくのか、大村益次郎の官軍方につくのか。やっぱりあたしは彰義隊の方に行くんだ。

澤田　落語の世界でも、武士は、田舎侍が浅黄裏、と馬鹿にされてますよね。

談志　意気揚々と吉原に乗り込んでもさっぱりもてない。「人は武士なぜ傾城に嫌がられ」と川柳に詠まれたぐらい。
　その江戸っ子の心意気ってやつが、岡本綺堂や子母沢寛の書く世界には間違いなく息づいている。その時代に生きた人間の描写があり、料簡がある。それがこよなく好きなんですよ。
　子母沢先生のなら何でも好きだけど、とりわけ勝海舟と父小吉を描いた『おとこ鷹』、侠客ものの『弥太郎笠』に止めを刺すね。逆に長谷川伸なんてのは、こよなく野暮なんですよ。『一本刀土俵入』に比べりゃ、子母沢先生の〝りゃんこの弥太郎〟の方がどれほどいいかってことですよ。山本周五郎もあんまり買わない。『樅ノ木は残った』にしろ『ちいさこべ』にしろ、絵でいやあ、そんなベタベタ描くなよ、お前ってなもんだな。田舎っぺなんだな。山岡荘八も同じ部類。文句の出ないうちに断っとくが俺は素人、この程度なんだというのが判ればそれでいい。

澤田　山本周五郎の場合、庶民の女の子なんかの目線で泣ける話をやれば絶対受ける、ってわかって書いてますよね。

談志　そこまで軽蔑してる？

澤田　そうじゃなくて、売れる本というのはそういうもんだということ。山本周五郎より前の世代の子母沢寛だと、そこまでの計算は働かないでしょう。股旅ものだって実際にその世界を知っていて、自然に書いたんじゃないですか。

談志　でも子母沢さんなんて今たいして

評価されてないでしょう。

澤田　そう、しょせん大衆小説家だってね。

談志　俺は文学はわかりやすくなきゃダメだと思うよ。そりゃわかりにくいものだってあっていいけれど、わかりやすいっていうと馬鹿にされるから、わざとわかりにくくするなんてのはおかしな話でしょう。基本的にわかりやすく書いてくれなかったらどうにもならねえな。血湧き肉躍るでなきゃダメだよ、文学は。

澤田　子母沢さんはすごいストーリーテラーですよね。話を前へ前へもっていくときのスピード感は、実は緻密な文章によって裏打ちされている。そこはもっと評価されてもいいですよね。

話芸ということで言えば、談志さんが気に入った作品を自分で読んで「談志文学全集」みたいなのやってみたいと思いませんか？　アナウンサーや俳優が読んだのはあるけれど、それは単なる朗読で、「語り」の芸にはなりませんからね。

談志　たとえば、船山馨の『薄野心中』なんてやってみたいね。明治維新後の北海道に逃げた新選組元三番隊長・斎藤一を主人公にした小説で、俺の趣味にはすごく合うの。

談志　へえ、それはぜひ「聴きたい」ですね。

■司馬遼太郎と講談の呼吸

談志　ところで、あたしは小島政二郎先生に個人的にかわいがられて、しまいには家に転がり込んだりしていたから、その影響もずいぶんあると思いますね。小島先生の芸談というのはすごくて、（講談師の）伯龍に惚れ、典山に惚れ、蘆州に惚れ、とみんな生で見ている。晩年に、「年をとったら、見るものが何もなくてつまらないねえ」と嘆いてたんで、何の気なしに、「先生、映画だとか、芝居だとか、ミュージカルだとか、いいのあるじゃないですか」と言い返したら、「きみぃ、僕はピン芸が好きなんだよ」と言われた。衝撃を受けましたね。そうか、落語や講談というのは一人でいいンだ、余計なものは何も要らねえすごいもんなんだ。と同時に、客は一人のいい芸人に出会えれば他のものを見る必要がない怖いもんでもある。

澤田　小島政二郎といえば、圓朝の伝記も有名だけれども、圓喬の「鰍沢」が凄かったという話、あれは色んなところに書いているから何度読んだか分からない。

談志　そんなにいいなら、俺の会に出てきて落語やってくださいよ、って小島先生に頼んだことがあるんですよ。結局体が悪くて来られなかったけど。

澤田　話を戻すけど、司馬遼太郎の小説だと何が一番好き？

談志　『梟の城』もいいけれど、やっぱり『新選組血風録』かなあ。『新選組血風録』は朗読してCDにしてあるけれど、そのまま高座にかけてもいいぐらい。ためしにやってみようか？

〈この日、近藤勇は、山南敬助、沖田総司、それに下僕の忠助を連れて市中巡察に出た。土州藩邸のまえまできたとき、町が昏くなった。

「忠助、灯を入れろ」

へっ、と忠助がしゃがみこんで燧石《いし》を打ったが、どういうわけかうまく出ない。

「ちぇっ、京は燧石まで悠長にできてやがる」

横からのぞいたのは、沖田総司である。

「よしよし、そこのすし屋で火をもらってきてやる」

ちょうど土州藩邸のすじ向かいにすし屋がある。

足を踏み入れると、武士ばかりである。

「何用だ」

と、一人が刀をひきよせ、居丈高に沖田にいった。

「いや、これはおそろいのところ恐縮です。じつは亭主にたのんで提灯の貰い火をしようと思いましてね」

「何藩だ」と、別の一人がいった。

「おどろいたな」

沖田は、笑った。

「京では、すし屋に入っても、何藩の何某であると名乗るのですか」

「不審があるからだ」

「いやだなあ」

沖田は、亭主から付木をもらい、その硫黄くさい焔をタモトでかばいながら、

「私は沖田総司、新選組副長助勤」といった。〉

くーッ、こういうところたまらねえんだよね。講談の呼吸でしょ、これ。まさに一席の読み抜きというやつ。

澤田　司馬さんはあるところから神格化されてしまったけれど、本来は「話芸」の達人ですよね。

談志　そう。『功名が辻』でも、山内一豊の若い頃の紹介を散々したあげく、「山内一豊、もうひとかどの侍、ひとかどの武将なのである」とポーンと切る、その切れ場が絶妙なんだよね。「また明日――」みたいなね（笑）。

あるいは、『燃えよ剣』じゃあ、戊辰戦争に加わった土方歳三が硝煙の中を行き、最前線まで来た時に官軍に呼び止められる。「名は何と申される」という問い掛けに一瞬の躊躇の後、「新選組副長、土方歳三」と答える。そのときに「官軍は白昼に竜が蛇行するのを見たほどに仰天した」。そういう表現、まったく講談ですよ。

講談ファンのあたしとしちゃあ、主役だけでなく脇役の描き方が鮮やかなのも嬉しい。井上馨（聞多）の命を救った医者の所郁太郎、なんて歴史の中じゃ無名の人物をちゃんと小説の中で描いている。ああいうところは大好きですね。

■落語家の役目は無謀であること

談志　余談になるけど、漫画家の境田昭造って俺の友人がいて、彼の家が永田町だか麹町にあってよく行ってた頃、いっぺん若い頃の司馬さんが泊まりに来たことがあったんだって。その時司馬さん、境田に向かって、「俺、いまに日本一の作家になるよ」と言ったそうだ。境田が真に受けなかったら、「お前、そう思わないか」と真剣に言ってたって。

澤田　それ、いつ頃の話ですか？

談志　昭和三十年代はじめの、まだ司馬さんが売れる前の話。

澤田　僕、大阪で朝日放送に勤めていた頃、司馬さんと同じアパートに住んでたことあるんです。司馬さんもまだ産経にいて、『梟の城』を書いたばかりだった。で、いっぺんあの人の部屋に行ったことがあるんです。そしたら何の本もないの。一冊も。で、戸棚みたいなとこ開けたら、『日本武将列伝』という侍のエピソードを書いた本だけがズラリとあった。

もちろん、後になれば作品ごとにそのジャンルの本が日本中の古本屋から消え

るぐらい資料を集めてたわけですけど。

談志　もっと言えば、明治の有名な講釈師で国会議員もやった伊藤痴遊という人物がいた。司馬さんの一連の幕末ものの元ネタは、『痴遊全集』なんだと思うね。なにしろ痴遊は井上馨なんかにも実際に会って聞き書きをしてますから。

　だからと言って俺はそれが司馬さんの評価を貶めることにはならないと思う。小説は資料だけじゃ書けないから。さっき言ったように、登場人物に命を吹き込んだのは司馬さんの仕事だからね。

　ただ司馬さんが晩年になって紀行文や『この国のかたち』を書き始めたことについちゃあ、若干の意見がある。論理が入ってきちゃうでしょう。その論理は見事にイザヤ・ベンダサンにやられています。司馬さんをしても、山本七平先生にかなわないと私は思っているんです。日本の軍部の問題にしても何の問題にしても、山本先生みたいに「日本教」と言ってしまえばいいものを、言えないもんだから矛盾を突かれた。いや、山本先生はジェントルマンだからそういう突くようなことは言わないんだけれど、司馬さん本人はどう思ってたのか。

　もっとも、それは他山の石で、人のことは言えないね。落語家の癖になんか哲学みたいなことをパーパー喋るようになってね。ただ、俺の場合は論理が間違っているというのがひとつ。

澤田　ハハハハ。

談志　間違っているというのは自覚してるのよ。自覚しているというより、間違ったときに平気で謝れるってやつね。落語家でござんすから、ってんでね。そういう卑怯さを含めたものがひとつ。

　もうひとつは、相手の言っていることに対して無謀さみたいなものを敢えて仕掛けていく。一例を挙げるとね、靖国問題で俺と野末陳平《ちんさん》と西部邁《にしべさん》で話している。陳さんは、A級戦犯は日本も講話条約で認めたことだから参拝するのはダメだと言い、西部さんはあんなものは勝者の勝手な裁判だから認められない、とそれぞれもっともなことを言う。でも俺はそうじゃねえんだよな。「また攻めちゃえ」とか、「この野郎、中国人奴、朝鮮人奴」とか、確信犯的に罵詈雑言を並べるわけですよ。それが日本国の前途だとか、行く道に合っているか合ってないか、そんなことは知っちゃいない。ただ庶民の感情はそこにある、ということを即言う。

　まあ、言うのが落語家の役目で、それを言えるのが寄席というひとつの空間だったんですけども、それじゃあいけないという常識ができ、刑法ができたということですからね。

澤田　昔は作家がそういう役割をしてたんですね。

談志　うん、その通り。してねえじゃん、いまの。

澤田　全然してないね。やっぱり過激じゃないもんね。明治時代の作家はすごく過激だから。

談志　命かけろって言いたくなるね。まあ、命はかけてもいいけど、誰も使ってくんなくなるっていう現実もあるんだろうけれど。

澤田　過激な文章があっても封印されて、二度と世の中に出てこない。やさしいやつばっかりが出てきて、時代もどんどんそっちに流れて、そのまま忘れ去られてしまう。まあ、落語家も寄席という世界だったらいいけれど、じゃあテレビで喋れるかといったら、全部切られちゃうからね。

■色川武大『狂人日記』の怖さ

談志　それにしても「文學界」なのに、こんな話ばかりでいいのか（笑）。

澤田　ハハハ。じゃあ少し戦後の作家の話をしましょうか。談志さんは個人的につきあった人も多いんじゃないですか。

談志　ええ、カジさん（梶山季之）を中心にずーっと付き合いがありましたね。カジさんがね、俺にあるとき、「きみね、邪道と言われようが何しようがそんな気にすることないんだよ。俺を見ろ、俺を」と言うからね、「ちょっと待ってくれ。俺、邪道じゃないんだ。本格なんだ」と言った（笑）。「ああ、そうか。きみは本格なのか」と煙に巻かれた顔をしてたけどね。

　ただこっちが浅学……いや尖閣（浅学）までも行かない沖縄止まりで、カジさんの小説はほとんど読んでないんだ。読めばまた違った意見も出てくるんだろうけどね。

澤田　吉行淳之介さんはどうだったんですか。

談志　吉行さんは、俺の師匠の田辺茂一（元紀伊國屋書店社長）の子分だったからね。当然お付き合いはありましたよ。ただ吉行さんも含め、安岡章太郎、遠藤周作、あのへんの「第三の新人」の作品は俺にはわからない。

澤田　じゃあ芥川賞関係というより、直木賞関係？

談志　そう。柴錬（柴田錬三郎）さん、生島治郎、三好徹、それから結城昌治……。結城昌治が『志ん生一代』書いたのは、俺が最初連れて行ったからなんだ。

　一緒に志ん生師匠のとこ行って、帰りに俺が「これ、本にできない？」と聞いたら、「できない」と言うんだよ。「なんでできないんだよ。やりゃいいじゃないか」とけしかけても、「いや、できないよ、きみ」といやに頑固だ。結城さんの方が頭がいいはずだからそれなりの算段があるんだろうと放っておいたら、そのうち本が出ましたよね（笑）。

　それが結構なもんなんだ。やっぱり偉いもんだ、って結城昌治のことは尊敬してますよ。物事に対する分解力だとか、造形力だとかは俺よりはるかにあったね。ただね、あいつは俺の落語下手だっていうの。「てめえ、聞いたこともないくせに、下手とは何だ」と息巻くと、「聞いてるよ」。「聞いてねえじゃねえか」。見りゃわかるんだ、客席にいるかいないかぐらい」。ある日に高座上がったらね、新宿末廣亭の後ろの柱の陰から聞いてやがんの。で、終わった後、「どうだ、うまかったろう」と聞いたら、「まずい」って言いやがんの（笑）。

澤田　談志さんも、そろそろ誰か小説に書きたがってるんじゃないの。

談志　死んだら書く奴いると思いますよ。吉川潮はじめ書きたがってるの一杯いる。いっそのこと俺が書いちゃおうかな（笑）。

澤田　そうか、談志さん、まだ自伝書いてないね。

談志　書いてもいいんですけどね。自分の恥部と言わないまでも、嫌なところを触れるのに快感を覚えるのが、ズバッと言えば私小説でしょう。それにどこまで踏ん切りをつけられるかね。

澤田　芸人伝と言えば、色川武大さんともずいぶん親しかったんじゃないですか？

談志　色川さんは文句なし、大尊敬ですよ。『あちゃらかぱいッ』なんか、読んでて涙が出る。土屋伍一に林葉三に多和利一に……あのマイナーな芸人たちがヒーローのように俺の胸に迫ってくるのは、彼らがきっと常識というグロテスクな世界に住めない人達だからだろう。高見順の『如何なる星の下に』やら川端康成の『浅草紅団』やら芸人の世界を書いた小説は数あれど、それは文学の一つの材料として浅草なり芸人を使っただけで、色川さんのように芸人そのものを愛惜をこめて描いたものは他にないなあ。

澤田　色川さんだと、『狂人日記』も好きだと聞きましたが。

談志　あれは怖い小説だね。常識に非常識を対置させて書いた小説は一杯ある。これは結局、常識の範疇に収まるんだね。ところが色川さんは、常識と非常識の境目が消えてしまいそうなすれすれのところを書いている。

たとえば俺が夢の中でバラバラ殺人を犯して、目ん玉だけ持ってチンポコの上に乗せて遊んでいたとする。いったいこれは何なんだ。フロイト心理学で言うエスでそれは解けるのかもしれないけれど、当人がそれをわかりたくないと心を閉ざしてしまったらわからない。心理学じゃあ病人は治せないからね。

色川さんの『狂人日記』と似てると思うのが、吉井勇の『俳諧亭句楽の死』。「気狂い馬楽」と呼ばれた三代目蝶花楼馬楽の手紙――馬楽は字が書けませんから全部吉井先生の創作なんですが――を題材にしている。馬楽が精神病院に入っているのに、「あたしがなんでこんな立派な洋館にいるんだ、きっと金が儲かったに違いない」と思い込む。隣に菊五郎という奴がいたから行ってみたら、歌舞伎役者じゃねえんでござんすね、なんて支離滅裂な話が延々つづく。それ読んでるとたまらなくなってくるんだ。

というのも、あたしもある時期、現実にいてイリュージョンに入っちゃうことがあったから。町歩いていると、ふーっと夢の世界みたいなところに入っちゃうんですよ。別にこうやってクスリ（と睡眠薬をビールと一緒に飲む）を飲んでるからとかじゃなくてね。ああ、目が醒めた。

ちなみにわたしの夢の見方というのは三段階に分かれている。普通は夢と現実の二段階しかありませんよね。ところがよく考えると、夢から醒めない限り、その夢の中が現実なんだ。あたしの場合は、その夢の中でまた夢を見てしまう。こうなってくると現実が何だかもうわからない。怖いから途中で引き返してくるんだけど、落語の芸の中でそんな現実と非現実の境目が見失われた世界をやってみたい、という気持ちもどこかでもっているんだよね。

澤田　文学者の中にも、本当に自分がイリュージョンを見ているから書く、という人もいれば、意識的にそういう非現実の世界を作り出す人もいますよね。

■「四次元落語」はありえるか

談志　フェリーニの映画なんかどうなんだろう。人間同士が常識という名のもとに共有しているわずかな領域を外してしまった世界を描いている。たとえばせむしであったり、小人であったり、いわばアウトサイダー的な存在が聖なるものとして賛美されるでしょう。

常識の範囲内でいくら悲しいの、面白いの、怖いなんてのは屁みたいなもんで、もちろんテクニックがあれば娯楽になるんだけど、フェリーニみたいに常識と非常識の境目を飛び越えてしまう、つまり常識なんてとても持ってられない人達の承認ですよ。だから非常に不愉快なところも含めてそれを語るのが本当の芸術じゃないのかな。まあ共感してくれる奴が一人もいなければただの気狂いだけど、ある種の類型を呼べば芸術になる。あたしの用語で言うと、三次元を超えた四次元の世界ということだね。これはエジプト学の吉村教授から教わったことですがネ。

澤田　ただ三次元がないと四次元も存在しないわけだからね。

談志　それは爆笑問題の太田（光）が言ってたね。ラーメンズとか、最近の芸人にはいきなり不条理の世界に行く奴がいるけれど、僕は嫌ですね、って。いきなり他次元に行こうたって、そうは問屋が卸さない。そこにはある程度の修練って奴が必要で。

澤田　キュービズムに行ったピカソだって、三次元のデッサンはきっちりしてますからね。ニューヨークの近代美術館に行くと、ピカソと同じような絵を描いていた同時代の画家の絵が一杯ある。でも遠くから見ても、ピカソの絵だけは違うのはわかりますからね。

談志　確かに岡本太郎に「今度超現実派というのを作ったから、展覧会に来てよ」と言われて行ったら、大抵のものはただ三次元じゃないというだけ。ちょっといいな、と思ったらそれは岡本さんの作品だったりしてね。

落語に引き付けて言うと、四次元のものもずいぶんあると思うんですよ。志ん生師匠の「お前なんぞ灸据えてみろ、熱くて飛び上がって天井破っていなくなっちゃうよ」なんてね。権太楼師匠にも、「番頭さん、金魚どうしたい」「あたし、食べませんよ」なんて、ポーンと非現実に突き抜けるものがありましたね。金語楼師匠の「お父さん、お父さん見ていると、とても他人とは思えない」「よせよ、おい」。親子は他人の最たるものだっていうのも四次元に感じられないこともない。

志ん生とか金語楼とか権太楼とかっていうのは、あたしにはみんな四次元の世界を知っているように見えますね。落語っていうのは四次元の世界なんて考えず、三次元のリアリティーがあればよし、って時代が長く続いたでしょう。で、俺は自分で言っちゃなんだけど、「お前は上手いんだから三次元の後継者になればいい」と言われてきた。ところが困ったことに、それじゃあ飽き足りない、四次元に挑戦してみたいという気がどうしてもするんだな。

澤田　落語というのはみんな原型があって、あとはそれぞれの落語家の演出だけだからね。その時大抵の落語家は談志さんみたいにややこしいことは考えない。せいぜいが描写を細かくするとか、現代風に味付けするぐらい。文楽さんが名人といわれようが、圓生さんが名人といわれようが、それらはやっぱりテクニックの中の話であって。あるいは志ん朝さんの落語をみんな凄いっていうけれど、やっぱり古典をより精緻に演じたというところで止まっていると思いますよ。それこそ三次元の世界で。

談志　もうちょっと生きてたら、四次元を感じさせる部分が出たのかもしれないけれど。円楽なんてまったくないですけどね。

澤田　談志さんの場合は、それこそさっきの子母沢寛じゃないけれど、すごいストーリーテラーとしての上手さがある。ただそのテクニックにとどまらず、落語の人物に現代的解釈を与え、落語の世界に一つの論理を持ち込もうとしている。「落語とは人間の業の肯定である」なんて言わないでしょう、普通の落語家が（笑）。その意味じゃあ芥川龍之介的部分があって、二面性があるんだと思うな。

談志　あたしの中には、そんな大層な自意識はなくてね、映画の手法を取り入れたり、あるいはある部分では伝統の力を取り入れたりして、それがなまじテクニックが上手いもんだから、どうでぇこの野郎と（笑）。文句あったらかかってこい、できりゃあ俺を超えていけ、とそう思っているだけ。

ただ問題は、談志なんて能書きこくだけ始末が悪い、（春風亭）昇太でいいじゃねえかって意見もあるわけですよ。

澤田　そりゃ昇太は面白いし、上手いと思いますよ。ウケるのはやっぱり、今に呼吸しているからですよ。ただそのウケ方は談志さんとは違うんですよ。

そういう談志さんから見ると、今の「落語ブーム」はどう見えるの？

談志　「なんとかドラゴン」みたいなドラマが当たって、それで若い奴がはじめて寄席に来ると。で、「面白いのよね、着物着て座っちゃうのよ」「囲いができたな、へえ、なんて洒落言うのよ」って喜んでる。そんなお客が来ても、続かないでしょう。

澤田　同感ですね。

談志　（柳家）花緑とか、下手っぴいな癖に、明るいだけが取り柄の奴がモテてね。立川流だったらあんなの二つ目にもしませんよ。でも予備知識がなくても笑えるのが、いいんでしょう。

もっとも、間違ってそういう馬鹿な大衆があたしの会に紛れ込んだりする。周りはすげえ洒落たジョークでウケてると。ことによるとその雰囲気に巻き込まれて、最初は嘘笑いなのがだんだんわかってくるということはあり得る。そういう意味ではやっぱりライブを聞かなきゃダメで、まして談志のライブを聞かなきゃダメだろうというのが、あたしの意見。

澤田　レベルの高い客、聞き慣れた客の中に、聞き慣れない人が来たときに、帰っちゃうんじゃなくて、そこに混じりたくなる魅力があれば、客も落語家も向上するわけじゃない。昔の寄席は粋な人がいっぱいいて、わからん奴は一生懸命学習してきてるわけだから。

■俺の落語はますます良くなる

談志　だから俺みたいのと昇太みたいなのが、両輪あれば一番いいんだろうけど、現状からみればあっちが圧倒的多数じゃないの。まあそういう論争というのはいつの時代にもあって、明治の四代目立川談志なんて、本筋の落語じゃあなくて、「郭巨の釜掘り」っていう珍妙なパントマイムでウケを取った。あんなの落語じゃねえという訳で、岡鬼太郎や伊原青々園だの明治の文人たちが散々排撃したという歴史があるわけだけど。

その一方で、俺が五代目圓生の時代に生きてて生で聴いてたら、マイったと言うかも知れない。当人はただ森羅万象を落語という方式に則って語っていただけかも知れないけれど、その内容はある意味哲学的なものじゃなかったか。

とにかくあたしの中では、落語は伝統芸だという一線だけは譲れませんね。そりゃ、ただ伝統を守っていりゃいいという伝統主義になっちゃいけませんよ。昨日よかったから明日もいい、ということじゃなくて、現代という文明の中にいる人間に、落語という伝統芸をどう語るか、と。それをあたしは若い頃、「伝統を現代に」ってキャッチフレーズにしていたけど、今じゃその暗黙の前提となる伝統がなくなっちまってるんだから。

澤田　そこまで来てますか。

談志　歌舞伎なんか見てても色々思うね。松竹は金儲けでやたら襲名させるけどそういう伝統の守り方じゃなくて、勘三郎や染五郎みたいな連中が伝統芸の中でどう現代を表現したらいいか。伝統に雁字搦めになっているからこそ、逆に創造できる部分も多いんじゃないか。そう彼らには言ってるんですけどね。

一度、野田秀樹が『研辰の討たれ』を演出したのを見たけどあんまり面白くなかったな。町人上がりの侍である研辰が、仇討ちという武士の掟に雁字搦めにされていく姿を悲喜劇に仕立てている。それは武士道というのは馬鹿馬鹿しいものだという前提があるからでしょう。でも、俺に言わせればそうじゃない、現代においては命をかけて名誉を守るという精神は自明のことではなくなっている、だからこそ、仇討ちを肯定し、正面から描くべきではなかったか。

澤田　ああ、それはわかりますね。

ところで、談志さん自身はどうなんですか。もういっぺん伝統に戻るのか、やっぱり破壊を続けるのか？

談志　口はばったいけれど、俺の落語はますますよくなるっていう自信もあるんですよ。どんどん、まだまだできる。それが一体なんだろう、と思うようになりましたねえ。

ただ文楽師匠でも、小さん師匠でも…次元で完成した芸をずーっと死ぬまでやっていた。そりゃ衰えるけれど、年をとるとまた違った味が出てくるとか、年とらないと味が出ないってところで騙されてきた。まあ本人にとっちゃ僥倖なんだろうけれど、俺はそれじゃあ嫌なんだね。やっぱり無理でも四次元を目指さないと。

澤田　よく作家でも、年をとってくると小説を書かなくなって、身辺雑記を書いて終わっていくような人がいるけれど、そういう枯れ方は嫌なんですね。

談志　枯れたくないねえ。あとは問題はどこでピリオドを打つかということ。ピリオドは自分で打つべきものじゃなくて、状況において打つもんだろうとは思いながらもね。とりあえず今のところは自分で成功していると思っています。カーッ、これがサゲだ。

（さわだ　たかはる・メディアプロデューサー）

「文學界」'05・9月号

立川談志
名言集

江戸っ子の基準は、生まれ育ちじゃない。ご一新の時の、徳川《とくせん》家の方に味方するかどうかだ。

【エッセイ】

キザッペ談志の友情

三遊亭圓楽
Sanyûtei Enraku

二十年も前の話になる。当時まだ三遊亭全生となのって前座をつとめていた私は、ある夕方、上野鈴本の高座をおわって戸外に出た。すると後ろからポンと肩をたたいて、

「よお、おれの強力な好敵手《ライバル》」

と気ざったらしいセリフで声をかけた奴がいた。ふり返ってみると流行の細衿のスーツに、赤シャツといういやみたっぷりの男がひとり立っていた。しょうことなしに口を利くようになったが、親しくなってみるとそれほどイヤな男でもない。というよりは思ったよりは人がよく、頭もわるくない。

十代の立川談志だった。

それからは二人連れで女のコはひっかける、バクチは打つと遊んで歩いたものである。

夏になると思い出す話では葉山に泳ぎにいったときのこと。運わるく沖のほうで、私はこむらがえりになってしまった。ところが彼は助けようとするどころか「諦めなよ」と一言いってどんどん先へいってしまった。私たちの友情は、人がきいたらおどろく、こんな荒っぽいものなのである。

（落語家）

（『週刊現代』'75・8・28日号）

物事や世間に対して、常に客観的な評価を持っている人を爛熟と言う。客観的な評価を持たない奴を退廃と言うのだ。矛盾するようだが、この「客観的な評価」の根拠が私の言う「情念」である。

●エッセイ

やりやがったな、志らく

立川志らく Tatekawa Shiraku

歌のこと、映画のことなど

師弟とは価値観を共有出来ることであると談志は言った。となるならば私と談志は実に理想的な師弟であった。落語に関しては下手くそと散々叱られたが、亡くなる一年前の私の落語《らくだ》を聴いた談志から「俺のやりたいことはだいたいお前がやっているから安心だ」と言ってもらえた。古い歌謡曲についてはまるで戦友のように語り合い歌った。映画に関しては幾分趣味は違ったが、私の書いた「映画聖書」を読んだ時、「志らくの映画の感想文は良い。俺が観ていない映画について書いてあったが無性に観たくなった。俺様をそういう気にさせるとはたいしたもんだ」と誉めてもらった。

　趣味の違いというのは、私が寅さんや小津が好きなのに対し、談志は邦画にはほとんど興味を見せなかったことだ。「男はつらいよ」なんか一作品も観ていない。談志曰わく「観なくとも分かる。日本人の一番好きな感情の集約的映画だろ」ときたもんだ。

「いや、『男はつらいよ』は寅さんのヤクザから恋愛哲学者への進化を楽しむ映画ですよ」とDVDをプレゼントしたが、「駄目ぇ！」の一言だった。MGMのミュージカルは談志に教わった。前座の頃、師匠と一緒に観た「ショウボート」の素晴らしさときたらなかった。クライマックスに黒人が歌い上げる「オールマンリバー」では談志は客席からひとり拍手を送っていた。

　談志が亡くなった次の年、私は「談志のおもちゃ箱」という追悼公演をおこなった。私が毎年一回行っている演劇らくごである。私が落語を一席やり、その後日談を私の演出脚本主演で見せる新しい試みの演劇である。「談志のおもちゃ箱」は談志の十八番「黄金餅」を題材にした。私が落語の真ん中まで演じ、後半を談志の映像で見せた。いわゆる師弟のリレー落語である。そして後日談の演劇は談志の名言、談志の好きな歌謡曲、談志の好きな映画のパロディをこれでもかというほど詰め込んだ。

談志の趣向はマニアックである。特に映画に関しては古すぎてお客にはほとんどわからない。それでも私はやった。もし談志がこれを見たら「やりやがった、志らく」と言わせるために。お客にわからなくても談志が面白いと思うものをこしらえたら、価値観を共有出来るお客にはきっと伝わると思った。

オープニングは「雨に唄えば」のジーン・ケリーとデビー・レイノルズとドナルド・オコナーが雨傘を差して歩く有名な場面のパロディ。主人公の名前は談志お気に入りのギャングスター、キャグニーの「白熱」の役名ゴディをもじって浩次。登場する女性四人は「若草物語」の四姉妹から。メグ、ジョー、エリー、ベス。ミッキー・カーチス演ずる神様は「Ｏｈ！　ゴッド」のパロディ。マルクス兄弟も登場させ、「ザッツエンターテインメント」のテーマ曲を流し、「イースターパレード」のフレッド・アステアのダンスのオマージュを入れ、談志の言葉に「ハリウッドはチャップリンからポール・ニューマンまで」というのがあるので私がチャップリンの格好をして、相方はポール・ニューマンの「スティング」の衣装。物語のヤマバには談志が青春を謳歌したフランス映画「幸福への招待」のサントラ「パリスパレスホテル」を流し、カーテンコールでは談志が溺愛したミュージカル映画「ショウほど素敵な商売」はないのエンディングの再現をした。

公演は連日満員。大いに盛り上がった。千秋楽の挨拶でそれまで気丈だった私が号泣してしまった。落語家が客前で泣くなんて野暮もいいところ。

しかしこらえられなかった。何故ならば談志の「志らく、まだまだだが、とりあえず、やりやがったな」という声が聞こえたからである。思い返してみると師匠が死んで初めて泣いたのが、その公演だった。

「師匠、ありがとう」

（落語家）

●エッセイ

素の落語

立川志ら乃
Tatekawa Shirano

家元立川談志最後の高座は平成二三年三月六日に行なわれた「立川談志一門会」で、場所は麻生市民会館。開口一番が私志ら乃で「狸の札」、次が談笑兄さんで「片棒・改」、中入り挟んでパックンマックンさんの漫才があり、家元談志がトリをとった。

しかし当日は家元が楽屋入りするかどうかがわからない状態であった。元々の出番は「中トリ」。「家元が来ない場合」「中トリでトークのみ」「中入り後、どこかでトークのみ」「一人でトークできない場合は対談にする」等々、様々な状況をシミュレーションしているうちに開演時間になる。始まる直前に家元は会場へ向かっているという情報は入るのだが、それが何時になるのかがわからないままであった。家元の体調を考え、会場入りしたらできるだけ楽屋で長い時間待たせることのないようにしようということだけが決まっていた。

とはいえ、家元の入り時間がわからない我々は無力であった。この時点でパックンマックンさんも楽屋入りしていなかったので、私と談笑兄さんの出番が終わって、家元が楽屋入りしてない場合、トリの師匠志らくをそのまま出すのか、それともそこで中入りにするのか、という決定を誰も下せないまま私は高座に向かう。そんな私に談笑兄さんが最終的にこう告げた。

「ほどよく降りて来て（笑）」

と。なぜ「（笑）」かというと、私がやっている最中に家元が来る場合は持ち時間通り。来ない場合で師匠志らくを前半に出す場合は持ち時間より少し長めで、師匠志らくが前半後半両方出るという決定がされた場合は短めに高座を切り上げ降りてきて欲しいという指示が出たのだが、それを側で聞いていた談笑兄さんが笑いながらこうつぶやいた。

「結局それってどうするの？（笑）」

と。

客席で私に合図をするスタッフを立てることになったが、その人自身その状況をどうすればいいのかわからず、自分の席を見つけられないお客のような動きをしていた。

一時はピリっとしたムードになったが、その主催者側のあまりのテンパリ具合に楽屋は途中からこの状況を楽しみ始めていた。もちろんこの日が家元最後の高座になるとは誰も考えていなかったということがあるからであるが。

持ち時間を3分こぼして袖に戻ると談笑兄さんが私に向かって、

「うん、ほどがいいねぇ〜」

と笑いながら一言掛け、高座に向かった。まだ家元は来ない。そして結局談笑兄さんの高座中も家元到着時刻がわからなかったので、師匠志らくが、

「私が中トリで、家元をトリにする」

と決めた。誰もがその判断を決めかねていたため、その言葉に皆安堵した。

家元は師匠志らくの高座中に楽屋入りした。明らかに体調は悪そうであったが、トークではなく落語をやるということになった。

家元が高座に上がり、マクラから「長屋の花見」に入った時は、舞台袖がざわついた。私は家元の「長屋の花見」を生で聞くのは初めてだった。それも家元の師匠である先代小さん師匠の形の「長屋の花見」。自身の師匠の形で、時期がピッタリの落語を演じるというのは、落語家としてはごくごく普通のことであり、美学に沿った形である。「長屋の花見」をしゃべり終えたと思いきや、続けて「蜘蛛駕籠」に入った。つまり最後の高座は二席続けてしゃべったのだ。

師匠志らくは晩年の家元の高座を
「家元は一席ずつ落語とお別れをしている」

と表現したが、これ以上的確な言葉はないだろう。ただただ落語が苦しいほど好きな落語家が落語に別れを告げている高座に立ち会えた。ろくに声が出ず、ピンマイクが咳を拾う状況の高座であったが、なんの混じりッ気もない素の「落語」がそこにはあった。ただただ「落語」がそこにあった。

（落語家）

●エッセイ

最後の弟子が語る師匠・立川談志

立川談吉　Tatekawa Dankichi

「弟子にしてください」

　三年十カ月前、師匠の自宅前でストーカーのように待ち伏せて土下座をしたのが縁の始まり。師匠は無鉄砲な私を家に招きいれ、「お前は、タイミングがいいぞ」と、入門を認めてくれました。年齢が離れていたし、ちょっと師弟の距離感が変わっていたかもしれない。付き人から始め、稽古《けいこ》をつけてもらった。それは他の兄弟子も同じですが、私の下に弟子がいなかったことから、昇進しても身の回りのことをずっと続けてほしいと師匠に言われたんです。

　師匠は世間で天才とか鬼才とか言われていたけど、身近にいて感じたことは、とにかくかっこいい。そしてやさしい方だということ。

　師匠の家の庭には八重桜が植わっていて、毎年、花見をするんです。去年の春、一緒に花を見ていたら、師匠が急に落語を始めました。演目は、「孝行糖《こうこうとう》」。親孝行な男が飴《あめ》を売り歩く話をたっぷり十五分も聞かせてもらい、ありがとうございました、と礼を言うと、

「ばかやろう、お前じゃない、桜に聞かせていたんだ」

　と怒鳴られた（笑）。

　こんな粋な師匠にいつまでも教えを乞《こ》いたかったけど、具合がどんどん悪くなってしまった。と

くに今年の春以降は、家で休養する師匠に、好きな映画のＤＶＤを持っていったり、音楽のＣＤを持っていったり、足しげく通いました。

「二つ目に進んでいいぞ」

と最初に師匠に言われたのは昨年ですが、師匠はコロコロ言うことが変わるので（笑）、もう一度言われたら信じようと思った。それが今年の二月です。その後三月に師匠は呼吸困難のため喉《のど》を切開して筆談しかできなくなった。六月に私が正式に二つ目になると「出てやる」と昇進披露会への出席を約束してくれたので、それを励みに稽古を積みました。

結局それはかなわず、十一月二十一日、披露会の六日前に亡くなりました。亡くなる当日、ご家族から「昼かもしれない」と知らせを受けましたが、師匠を看取《みと》るなんて若輩の私にはぜいたくすぎると迷い、その瞬間は席をはずしたんです。でも亡くなった後に、弟子としての大事な務めが待っていました。

ご家族の意向で、紋付き、袴姿で送りだすことになった。だから高座に上がる前と同じように、私が足袋をはかせ、着物の支度をしたんです。ほかにも遺言がありました。坊主は呼ぶな、音楽はジャズの「That's a Plenty」をかけろよ……。密葬はその通りに進み、私も花を手向けました。

棺の中の師匠はやせてはいたけど、出会った時と同じようにかっこよかったな。そして、ショックがおさまらぬなか迎えた二つ目昇進披露会で、私は師匠の手ぬぐいを懐にいれて落語を演じ、無事に終えたあと、叫んでしまった。

「俺は談志の、最後の弟子だー！」

最後というのは、打ち止めの言葉。そして別れの言葉。自分からは最後と言いたくなかったけど、覚悟を持って言いました。

これから先のことは、まだはっきり決まっていない。でもどうなろうとも、自分は「談志の弟子」だ。それを誇りに生きていくことにしたんです。

（落語家）

（「週刊朝日」11・12・23日号）

対談………

笑いのメーカーは苦労します

一龍斎貞鳳 Ichiryûsai Teihou
立川談志 Tatekawa Danshi

談志　こないだ講談やって、おどろいちゃった。ぼくはできると思ったの。ダメだな。疲れちゃう。講釈師って、どうやってるのかと思ったな。

貞鳳　そりゃあ疲れますし、率としては悪い商売ですよ。

談志　世話物なら、むしろ、できるかもしれない。ところが、修羅場《ひらば》をやったわけだ。「ころは元亀三年……」お客が可哀想がってるの。

貞鳳　その意気は壮としなきゃね。あたしもこんど「錦明竹」をやらなきゃいけないんで。

談志　むつかしいですね。張るだけ声を張って、疲れるなあ。

貞鳳　ぼくらも家を出がけに、三時間ぐらいやってくるんですよ。前の晩に飲んだりしたときは、見破られちゃいますから。ところが、ご近所がたいへんです。なに怒ってるのとか、けんかしてるのかって。

談志　ひとりきちがいと思われる?

貞鳳　初めはちょっと恥ずかしかったんです。なにしろ一億近い日本人のなかに二十五人しかいない商売ですから、みなさん知らないわけですよ。そのへんに怒鳴るやつがいるっていうんで、びっくりされちゃう。

談志　大きな声でけいこするんですか。

貞鳳　修羅場は大きな声でないとダメですね。そうして疲れたときに、ポンとたたくんです。

談志　それじゃ「講釈師疲れたときにポンと打ち」って、ほんとなんですね。

批評家さんにおねがい

貞鳳　目いっぱい、声を出すものですから、冬でも三十分やったら汗かきます。しかし道具を使わないでしゃべるという商売にはいって、つくづくよかったと思っております。こんな困難で、やりがいのあるものはないですね。失敗しても、だれも恨まないで済むもの。歌い手さんだと、伴奏が悪かったとか、だれかのキッカケがまちがったとかね。わたくしのほうは、きょうはまずかったとか、うまくいったとか、自分一人ですから。ただ、若いお客さんは甘いですから、それが自分の実力だとまちがえないようにしたいと思っております。

談志　ぼく、いま一般大衆にいいたいこと、というのは、そういっちゃ悪いけど、ぼくの好きな落語は受けてませんわ。ぼくがこれが好きだから落語家になったという落語は、お客にもてはやされてない。で、それとちがうもので客がワンワン笑ってるんです。なにがおもしろいの？　なにがおかしいの？　あたしが客なら、そういってやりたい。そういう状態。これ、現象だからしょうがないと思うんです。むこうがおもしろいと思うから笑ってるんでね、笑うのよせったってしょうがない。ただ、それではよくないということを、昔は今村次郎とか岡鬼太郎がやったわけでしょう。いまはそれがない。芸ごとのよしあしのわかる人は、それを教える義務があるんじゃないかと思う。ぼく、それをいいたい。

貞鳳　批評家の方にね、いまぼくは昼間本牧亭に出ておりますから、そこでお目にかかったときに申上げたんですけれども、昔の名人と、いま途上にある人をぶっつけて、いまのヤツはダメだとかいわれちゃ困る。先月きいたときより今月はよかった、という批評をしていただいて、たとえば昔の名人が四十六歳のときと、いま途上にある人が四十六歳になったときとの比較ですね。グラフとか統計に出るものなら、同じ年齢でいっていただきたいと思うんです。

談志　ぼくは講談がすごく好きなんで、こないだも本牧亭へいったんですけども、本牧亭には東京にホンの少し残った一筋の人がいる、きびしいところです。売れようが売れまいが……。客を呼ばなければ企業が成り立たないのに、これだけやってる。そういう保守党が、ぼく、好きなんだ。それが大ポピュラーになっちゃった、ぼくがいったときに。

芸の純粋さと客の入り

貞鳳　そういう客の差がハッキリ出てきましたね。いまはそういう時期です。過渡期ですよ。本牧亭に過渡期がきたんです。

談志　だれでも出てくると手をたたくの。そういっちゃ悪いけども、うまくもない芸人に手をたたくの。それから笑うわけよ。うるせえなって、ぼくはいいたかった。本牧亭というのは、芸にきびしい、エリートでしょ。ぼくは愕然《がくぜん》としちゃった。最後の砦《とりで》が侵されたような気がした。

貞鳳　砦が侵されたり、また元へ戻ったり、新しき波とか古き波とか……。

談志　ヌーベル・バーグ。

貞鳳　スベルがちがうといけないからいわないけれども、なにしろ波がいろいろあるんですよ。上川波もあれば、火曜波、木曜波ね。ふだん出ない人が出たとき、新しい波がきます。ふだんの昼席の波はね、しぶとい波ですよ。そうとう知ってる人ばっかりだから、この前やったときよりいいなというときに、パラパラッと手がきます。

談志　演出法は先代のだれだれに従ってやってるな、そうして落語をこわしてないな、この若者、なんとかなるよ、という反応があって、終ったときに、ご苦労ご苦労パチパチ……。こんな拍手がもらえたら、すばらしいと思うんです。おれは勝ったという充実感がもてる。そんなの、ないですよ。だれが出たって手をたたくもの。たたかれなきゃ困りますけども。

貞鳳　落語家は数が多いから、いろいろご注文が出るかと思いますけれども、講談の場合は、それをいままでやりすぎたために、こわがられちゃったんです。あたくしの師匠の一龍斎貞丈のところへ、弟子が六十何人はいりました。みんなやめちゃったの。いじめ出されちゃった。昔はこわい客がいたんです。

談志　その観客層が企業とつながるかという問題ですよ。つながらんでしょう。

貞鳳　そりゃあ実際的には、客をよばなければダメなんですから。

談志　ぼくもそれをいいながら抵抗を感じるんです。というのは、ぼくが落語が好きだからかしらん。

貞鳳　潔癖感があるからですよ。そのファイトを、もうちょっとさきまで残すことを望みますね。その潔癖感をもって、しばらく泥沼を泳いで、あとになれば、泥沼で喜んでたヤツと、我慢して努力したヤツとのちがいが出ますよ。そのときに旗をあげても、おそくないと思う。いま正直に、その旗をかかげちゃうと……。

談志　いま、かかげつつあるわけだ。

貞鳳　さきへいって爆発させてもいいんです。ぼくは四十男ですから、ずるいけれども。

談志　いま新宿の末広へ客がワンワンきてる。「珍芸合戦」でね。あんなものは年に一度、ゆかたがけで客と交歓するもんですよ。それが主を占めてきた。そのあとへぼくがあがるでしょ。客はとまどいます。ぼくも、よしゃあいいのにキザだから、古典をきかしてやろう、ぼくはうまくないけども、もしも落語に純度があれば、いちばん純度の高いものをやるんだ、と思うわけだ。あがったときは拍手ですよ。そのうちに一人減り、二人減り、黙っちゃう。

貞鳳　それですよ。いまそうやってぶつけちゃうと……。

談志　修身の先生だね。

貞鳳　あたくしも純粋度をいろいろ考えてみたんです。講釈の場合の純粋性は、ひじょうに長いんですよ。ぼくは中学のとき百メートルなら二等以下に落ちたことがないんです。ところが、マラソンですからね、最後に勝つことが大切なんで、折返し点まで速かったとかいうことは、結果報告だけですからね。最後まで息切れしないためには、途中でジュースを飲んでみたり、飲まないで走りたいけど、体力の限界、才能の限界がありますから、ゆっくり歩いて天下をとった徳川家康を、いちがいに狡猾《こうかつ》だと責められない気がします。一升マスに一升五合盛ると崩れますから、せいぜい一升二合ぐらい、ソーッと盛って、決勝点で粒をしらべたら、こっちが三粒多いや、というようなことになろうと思って、べつに、おこないすましているわけじゃなくて、気が長くなっちゃったんですよ、講談のほうは。

談志　ぼくのほうは、そうはいきませんよ。

貞鳳　それは、おたくは若いから。

佐藤総理に直訴したが

談志　ぼくはね、笑い声のバロメーターで勝負するなら、それはできますよ。それをやっても食えるヤツです。言い訳じゃない。ぼくはそれでも食える。ところが、そんなことじゃ悲しいところもあらあ。円生師匠の身になったら、文楽師匠の身になったら、どうします？　だれが見ても落語のうまい人、そんじょそこらの歌舞伎のひとなんか、吹っとんじゃうようなね。

貞鳳　それであたくし、この間も首相官邸へよばれたときに直訴しました。徳川夢声さんの文化勲章と桂文楽さんの芸術院会員。まわりから拍手がきました。もののを書く人とか歌舞伎の人ばかり、文化勲章や芸術院賞をもらいすぎてますよ。大衆芸能が歌舞伎のひとに勝つためには、そういうのが必要なことなんです。突破口ですよ。これを一、二年のうちに実現してもらいたいと直訴しました。「栄ちゃん」とよばれたいなら、ぜひ、ご在位中に実行してもらいたいですね。そうでないと、大衆芸能家のレベルはあがりません。世の中がバカにしてることですよ。

談志　まったくだなあ。古老たちの芸というのは、ほんとにいいんだけどなあ。

貞鳳　ぼくたちがほれてはいったのは、一人の人がしゃべって、夏の暑い日に雪がサッと降ってきたり、シワだらけのおじいさんが話してるのに、若い女がそこへ出てくる。こんなすてきなことある？それに魅せられてはいったんですよね。

談志　だからね、もう少し教育の仕方なんかやって、純粋培養だな、そうすりゃ、時勢には勝てねえや、なんてことないと思うんです。

貞鳳　談志君もあたくしも、師匠がよかった。ひじょうに評判のいい人のところへゾウリをぬいだ。これがラッキーですよ。

談志　ぼくはね、講釈だって時流にどうのこうのというけど、落語よりもっとポピュラーになっても、キズのつかないものだと思うんだ。落語家がセビロを着て古典をやったら、これはいかんですわ。講釈師はセビロのほうがいい場合がある。

貞鳳　同感です。ぼくもそれをやってるけども。ただ、あたしが「お笑い……人組」だけで、講談なんか忘れてると思ってる人があるんです。この一カ月、講釈師として寄席で、十六席やって、講談のお座敷もやって、その間にテレビを四本もって穴をあけないで……。そのほうは見てくれないんですね。講釈を忘れて、という、わりと世間もメクラ千人ですからね。

談志　ぼくは、いまワンワン受けてる笑い、ちっともおもしろくない。昔流の落語も講談も、辛抱しない人にとっちゃ、まるでおもしろくないものだと思いますね。いまは辛抱しない人にワンワン受けてる落語だね。ぼくらの好きな落語というものは、大衆的なものでないんです。それが大衆のもんだと錯覚したときに堕落が始まった。だから現状は当然の結果なんです。

貞鳳　町工場が大会社になって、大量生産をやったようなもんで、いい製品を家内工業でやってるべきものなんですね。

談志　いいものが企業として成り立たないのは悲しいけど、いまの笑いは、ぼくの思ってる笑いとちがうところにあることは事実だ。

貞鳳　ぼくはベルグソンなんて、名前だけしか知らないけども、あの笑いね、笑いというものを大別したら、余裕があるときに出る笑いと、あとは自嘲の笑いしかないと思うんです。ほんとはお葬式で緊張してるときだって、おかしいことがあれば笑いが出るんです。

談志　ただね、ぼくがみておもしろくないのに笑ってることは事実なんで、笑うのはよしなさいともいえないし、うるせえ、おれがおかしいんだから笑わせろ、というかもしれない。落語の好きな人は、いまは寄席へきませんよ。おもしろい落語はきけませんもの。

貧乏せず自分を生かす

貞鳳　あたしは、いつも考えるんです。企業としてわれわれが売り出さなけりゃならない。そうしながら自分を生かしたい。貧乏はしたくない。これはつらいですね。いまそのさなかに身をおいてて、腐食しないだろうか、変色しないだろうか、試してる気持ですよ。ダイヤモンドなら、燃やされたって、やっぱり輝くでしょう。いまガーッとガスであぶられてるさなかですよ。そのガスであぶるだけのブームをおこしたっていうことは成功ですよ。

談志　だから、こんどはちゃんとした演芸評論家がいて、だれそれは受けてるけどもデタラメであるとか、論理を立てて書くべきだな。そうでないと、ただ人気者を貶《けな》すだけの結果になる。人気者を否定することは、企業体として破壊することで、客を散らすことですからね。

貞鳳　研磨ですね。研磨度が激しくなれば、最後に光るヤツがきまってきますね。だから、揺れてる間は、振幅に合わせて一緒に揺れてることも必要だと思うんです。そうでないと、芸はうまかったけども、最後にはカネを借りて歩いたとか、盲目の小せんは悲し路次うらの……。そういうことになるかもしれない。ぼくは裏長屋に住んで、都電に乗って、だが芸はうまい、なんていうの大嫌いなんです。キャデラックに乗っても、芸がうまければいいんです。そのために芸がまずくなったっていうんじゃ、言い訳にもならないけども。

談志　ぼくは、それを言いまくってるんだけども、次元のちがいを感じるなあ。

貞鳳　しかし芸界は、口でかせぐものの集まりだけに、なんでもいうし、すぐに耳にはいりますけど、人にほめられるときは気をつけろ、という戒めがあるんですね。きみはこのごろ、うまくなった、評判がいいっていわれるときは、気をつけなきゃいけない。そういうことをいうのは、その人が余裕があるから他人をほめるんです。

談志　だから、ぼくらがこれからやっていく方向というのは、意義づけることですね。いいものであると、世間一般が意義づけること。日本人は勲章なんかに弱いかもしれないから、さっき貞鳳さんがいったように、そういったもので意義づけることがいいかもしれない。

貞鳳　日本人は、もらった人と、もらわない人とくらべて、差をつけるということがありますからね、大衆演芸の人に文化勲章をだしたり、芸術院会員にすれば、ずいぶんとちがうと思うんです。あたしがもらおうというんじゃない。ナイーブな気持なんですから。

談志　意義づけは必要ですよね。

（いちりゅうさい　ていほう・講釈師）

（『週刊朝日』'66・6・24日号）

© 2012「映画　立川談志」製作委員会

＊一龍斎貞鳳氏のご連絡先にお心当たりのある方がいらっしゃいましたら、編集部までご一報いただけると幸いです。

鼎談……………

40歳以上の「関白宣言」

春風亭柳朝 Shunpûtei Ryûchô
三笑亭夢楽 Sanshôtei Muraku
立川談志 Tatekawa Danshi

談志　きょうは朝まで家で仲間と大騒ぎして飲んじゃってさ。

夢楽　それで、カミさんは何してたの？

談志　いっしょに飲んでた。

夢楽　そう。ま、だいたい、それでわかった（笑）。

談志　しかし、噺家には亭主関白なんていないだろう。

夢楽　だけど、いま流行《はや》っているあの『関白宣言』ね、アレを聴いていると、この程度で関白になれるンなら、われわれがふだんしている生活は何であろうか、と逆に恐れさえ感じてしまうんだよ。

柳朝　「関白以上」だ。天皇といっちゃあ、おそれ多いからね。

夢楽　おれより先に寝ちゃあいけねえ、なんてちゃんちゃらおかしい。まるでヒヨコの願望だね。

柳朝　この頃の若い者は淋しがり屋なんだね。甘ったれの変形。

夢楽　ウーマン・リブで女性が強いなんていうもんだから、あんな歌が話題になる。いやだねえ。

談志　おれなんか、こゝんとこ、二十日のうち、家へ帰ったのは二度だけだ。むかし、二カ月帰らなかったことがあるよ。女房のつくったサンドイッチが口に合わなかったんだね。「もっと美味《うま》くつくれ」って叱ると、「一生懸命つくったのに……」なんていうから、もう面白くない。おれにいわせりゃ、「手を抜いてもいいから美味くつくれ」てなもんで、ぷいと出てそれっきり。

夢楽　おれもむかし、四年帰らなかったことがあるね。家をとび出て新宿の木賃宿に泊ってたんだが、そりゃあミジメだった。しかし、ここでくじけちゃいけないと思ったから（笑）、じいっと我慢してね。寄席へ出ると弟子が新しい下着《ブリーフ》なんか毎日、持って来てくれるだろう。親しいお客さんが楽屋に来て、「夢楽さんはきれい好きですね。日に何度下穿《したば》き替えるんですか」。しょうがないだろう、ながいこと家へ帰っていないんだから。

談志　おれがいま、頭に来てるのは、子供の非行化というか、子供がディスコで踊りたいなんて言い出した。

夢楽　そんなのを非行と思ってんのかい。子供も中学を出たら、もうおれたちが、どうこういえないんだよ。

談志　いえないけど、やっぱり社会のモラル……モラルなんておれたちがいったらおかしいけど。

夢楽　そりゃ、おかしいよ。皆、いっぺんに笑うよ（笑）。

談志　ともかく、おれは、生理的に愉快じゃない。愉快でないと、おれはジッと我慢しないんだよ。感情のおもむくままに張り倒す。まさしく関白だよ。と、当然、母親は子供の味方をするでしょう。ディスコへ――殴ったって直せないし、ディスコへ行かないよう縛りつけておくわけにもいかないわ、せいぜい疲れて帰ってきたときに玄関を開けておいてやったほうがいい、なんていうから、おれはますます気に入らねえ。「それなら、全部出ていけ！」って怒鳴ったんだ。カネはやらねえから……。

柳朝　あ、やらないの（笑）。

談志　とんでもない。こっちが稼いだカネだもの。

寝床の中で顔を洗う

夢楽　ま、とにかくそんなのがこの世界の常識なんだから、それを「関白代表」だといわれてこんな席に呼ばれちゃ立つ瀬がない（笑）。

談志　風呂は沸かしておけ、ビール冷やしておけ、この料理でないと食わない……こんなのは序の口。当り前のことだもの。

夢楽　その程度は大概、「おい」で用が足りるよね。どういう用かわかるように、トーンを変えて呼ぶからね。

柳朝　女房などというものは、音だけで何を頼んでるかわかるんだ。

夢楽　「おい、ちょっとアレ持ってきてくれ」といえば、アレが何かすぐわかる。めしのときはワサビ漬を持ってきたり……。

柳朝　トイレの「おい」なら、紙とタバコ（笑）。

夢楽　うちには年寄りもいたから、そのへんもちゃんと教えてあるんだよね。祖《ば》母《あ》さんが八十八で死ぬ前のことだけど、なぜかわざわざ、おれの肩に手をかけてトイレに行きたがるんだよ。「お義母《かあ》さんは、お父ちゃんに甘ったれている」なんて言い方をカミさんがするものだから、おれはある晩、カミさんとおれが寝ている布団と、祖母さんの布団との間に座ぶとんを三、四枚重ねてバリケードをつくったんだ。薄目をあけて見ていると、祖母さんはその座ぶとんをヒョイヒョイとまたいでトイレに行く。

　カミさんが、「お父ちゃん、ちょっと残酷じゃないの」といったから、おれはすかさず「残酷じゃない。向こうはほんとうに小便したいときには、座ぶとんなんかまたいで行くんだよ。あれをよく見て、お前、負けるなよ」教育してやった。

柳朝　あたしの場合は、人のカミさんでも同じなんですよ。志ん馬といっしょに旅から帰って、志ん馬のカミさんに、「おーい、おれのパンツ、ちょっと洗っておいてくれ」と頼むなんて朝メシ前。志ん馬はしばらくジッと見ていてさ、「よォ、おじさん、うちのカミさんだよ」っていってたけどね。夢楽さんとこのカミさんだって、夢楽さんには二度目の人でだいぶ歳が離れているから、かえっていたわってるところもあるよね。ぼくらのほうが、むしろいろんな用事をいいつけて、「泰子《たいこ》、お茶持って来いよ」なんて呼び捨てにしてる。

談志　人のカミさんに関白っていうのも珍しいねぇ（笑）。

柳朝　むかし、そそっかしい仲間が、知らずに泰子さんを口説いていたくらいですからね。おれは、危くなったら言おうと思って黙っていたけど。

夢楽　ハハハ。そういうのを見てる人は、「友だちが呼び捨てにしてるくらいだから、夢楽のところはさぞ関白だろう、亭主が女房をひどくひっぱたいてるんじゃないか」と思うんだろうね。だけど、おれだって、カミさんが大儀そうにしているときなんか、ときどき布団をすうっとたたんで知らん顔してることがあるもの。そうすると台所から、「あーあ、お布団たたまなくちゃ」といって出て来て、「あら、お父ちゃん、たたんじゃったの。それならそれといってくれればいいじゃないの」。嬉しそうな顔してるよね。

柳朝　あーあ、そうですか。だけど亭主が布団をたたんだりしたら、何か弱みがあるんじゃないか、と疑ぐらないかねえ。おれンところはすぐに疑ぐるよ。

夢楽　そりゃ、柳朝さんは横のものを縦にもしない人だから。カミさんに洗面器持って来させて寝床の中で顔を洗う人だから。

談志　へえ、知らなかった。

柳朝　まず、手を二回洗うわけですね。一回ザッと洗って二度目はていねいに。それから歯をみがかせてるあいだに……。

談志　歯もみがかせるの？

柳朝　ええ、全部。入れ歯ですから、あたしのは。はずして洗わせればいい。そのあいだにあたしは寝たまま口洗って、それから顔を洗って……。台所はそんなに遠くないんだけどね、歩いて四、五歩ってとこかな。

夢楽　三歩だったよ（笑）。

柳朝　うん、大股で行けば三歩かもわかんない。

談志　でも、おれ、やりにくいだろうと思うんだ、寝たままじゃ。

柳朝　そんなことはありません。

夢楽　そういうことをやりたがる男なんだ。起きて洗ったほうがずっと楽なんだよ。

柳朝　うん、弟子がいたり、誰かが来てたりすると、とくにそうする傾向はあるね。だけど、おれは靴下も履かせてもらうし、目が悪いから玄関へ落っこちちゃいけないてんで、靴も履かせてもらう。ま、たいていのことはしてもらうよ。

妾、持ちたい？

夢楽　厳しさをマジメにおしえるとキザになるからね。洒落《しゃれ》の中にも本当の厳しさを教えよう、てんで、寝ながら顔を洗ってんじゃないの。

柳朝　いや、慣れれば寝たままでも……。

夢楽　なにが慣れれば、だ。噺家ってのは図々しいのかもしれないね。あたしは女房に「いいんだよ。外へ出るとおれはいつ帰ってくるかわかんないから先に寝な、寝な」っていいますよ。寝てたら、起こせばいいんだから。カギを持って出かけたって、帰れば「ピン、ポーン……」「お父ちゃん、カギ持ってんでしょう」「どこへ置いたか忘れたよ」（笑）。

談志　おれは違うんだな。おれは自由にするから、お前も勝手にしろ。寝ちゃってもかまわない。帰るまで待ってた日には、三日も四日も起きてなきゃなんない。それはしょうがない。面倒くさいから、帰るとおれは自分でカギを開けるね。

柳朝　でも、夢楽さん、あんたこの頃、だいぶ帰ってるんじゃない。

夢楽　いいじゃないの。年をとってアレするところがなくなったのさ（笑）。みんな不思議がるけどね。

柳朝　「あ、夢楽さん、またいたよ」なんて、うちのカミさんがびっくりしてた。

談志　家にいるの？

柳朝　いるんだよ、それが。電話かけたりすると、わりあい早く帰ってる。まあ、帰ってこないときはいつも浮気してるとは、いかに女房でも思ってないけどね。

談志　ほんとうに嫉妬してるんなら、テキも探偵……は古いか、興信所をつけるとか、自分で尾行するとか……。

柳朝　しないね、噺家のカミさんは不精が多いから。

談志　そりゃ、そうだ。それに、現場を押さえたところで、こっちは居直るから、いい結果は出ないと思う。ふつうはまず、謝りっこないもの。

夢楽　そうそう。向こうはよくわかってる。

談志　「いやならよせ」ということでしょう。

夢楽　いやなら、おれみたいに取り換えればいい（笑）。

談志　帰らなくても、べつに面白いわけではないけどね。おれの場合、原宿の真ん中にマンション借りて、一人で泊るよね。家が練馬で、議員をしていたときは宿舎もあった。原宿のド真ん中なんて、女性がたくさんいますよ。でも、何もないもんですねえ、色事ってえのは。

夢楽　いや、それはね、エヘヘへ……。

談志　おじさんはどうか知らないけど、あたしはない！

夢楽　柳朝さんには面白い話がある。この人、カミさんにある日、「おまえ、実家に帰っていいよ」っていったの。カミさんは、珍しいことをいうもんだと思って、一度はよろこんで帰ったけれど、すぐ「こりゃ、何かあるな」と感づいたのね。とって返して家に入って、部屋の電灯を暗くしてドアのところに坐って待っていたんだよ。するとはたしてこの人、女を連れてきた。「おい、いいよ、いいよ。今日は誰もいねえんだから、おいでよ」

　で、ドアをあけたとたん、カミさんがじいっと睨んでた。「いや、これはちょっと世話になった人で、そこまで来たので寄ったんだ」だって。亭主関白じゃないやね（笑）。

柳朝　聞いたの？　うちのから。

夢楽　うん。

柳朝　銀座の〝H〟というクラブにいた女よ。

夢楽　夜だのに大きな帽子をかぶってたそうじゃない、その女。「あしたから、あたしゃ帽子かぶりますから」ってカミさんがいってたよ。

談志　妾、持ちたいと思う？

夢楽　やだやだ。家庭を二つ持ちたいとは思わないもの。

柳朝　ただですね、全然電話のかかってこないところで、骨休めのできる場所というのは、やはり一つ作っておきたい。で、それについては、一人では身のまわりの世話も出来ないから誰かに……。それで今度は、おカネを払っているとなるともったいないから、出来ればその、まあ、そういう場所を一ヵ所持ちたい気持はあるね（笑）。

夢楽　そうかい。おれは面倒くさいね。

「洗剤が違います！」

柳朝　だけど、夢楽さんあたりは、よその女の人にはかなり親切だからね。

夢楽　フッフッフ。

柳朝　駅のホームなんかで、すぐにカバンを持ってやったりする。それも、女なら歳に際限がないんだよ。七十幾つのおばあさんだって、よろこんで手を引いたりするんだから。

夢楽　年寄りをいたわるのは、当り前じゃねえか（笑）。

柳朝　コペンハーゲンで、せっかくおれが連れていた女を取っちゃうしな。二人連れていたら、きれいなほうの人を選《よ》って……。

夢楽　それも当り前じゃないか。まだそんなこと根に持ってるのか（笑）。

柳朝　モスクワでだって、桂太と三人で話していた女の人を連れて行っただろう。「おまえは図々しいからまた捜せるだろう」と言って。

談志　きょうは、そういう話じゃないんだよ。しかし、外国でのお話ならいいが、カミさんの直感はおそろしいよ。ある区会議員の話だが、愛人のマンションへ泊って、下着を洗ってもらったというんだな。家に戻ったらさっそく女房にいわれたそうだ。「お父さん、洗剤が違います」

柳朝　うーん……。

談志　センザイイシキというものがあるからね（笑）。

　志ん生師匠などは、ずいぶん勝手な暮らしをしていたのに、あのおりんさんはじいっと耐えていたでしょう。やはり、師匠に惚れていたのか、それとも昔の女の節度というものがああだったのか……。

柳朝　いや、ほんとうによそに行くところがなかったのだと思うよ。

夢楽　しかし、今になって結果を見ると、我慢のあげく、いい息子生んで立派に育てたということになるね。

談志　ただ、戦前は人生五十五だったでしょう。人生のピークに息子は娘の結婚式を迎えますわな。あとは家督を譲って四、五年して孫の顔でも見て死んでゆけばよかった。

　ところが今は、そこからさらに二十五年近く生きなきゃならない。一人のカミさんと五十年付き合うんだよ。日本人には欧米人と違って以心伝心ということがあるから、まだ助かるにしても、これ、まともに家に帰っていた日には、よほどはっきりと自分の位置をきめておかないとねえ……。

柳朝　たしかに一日、かかあの顔を見ていると飽きるね。

夢楽　むこうも、そういってるけどね（笑）。

騙されてズルズルと……

談志　夢楽さんのところのカミさんは、どうして出ていかないの。

夢楽　なぜだろうねえ。

談志　ほかに行くところがなかったわけじゃないでしょう。結局、騙《だま》されてズルズルとよそへ行けなくなったわけ？

夢楽　まあ、そうだな。

談志　かわいそうだねえ。

夢楽　そっちも同じじゃねえか。

談志　いやいや、あたしたちは愛で結ばれてるのだから（笑）。しかし、騙されたときはいいよ。なぜ、いま、こんな奴のところにいなきゃいけないのかと、つねに疑問に思うようにならないのかねえ。

夢楽　「お父ちゃんが死んだら、あたしも死ぬ」っていってるよ（笑）。

談志　財産なんてないんだろ。

夢楽　ない。子供にも残しはしない。仮にヘソクリがあったとしても、「もとはといえば、おれが稼いだんじゃないか」と、そういう気持を持っています。

とくに、カネのことは時々、カミさんに印象づけておかないといけないよ。そうしないと、何か自分で稼いだような錯覚を起こすからね。

柳朝　そうそう。亭主が高座でいつも安直なことばかり話してるものだから、カミさんのほうも「ああ、あんなにくだらないことを喋っていておカネになるのか」と、ゼニの有難味がわからなくなることがありますな。

夢楽　こっちは今だって最低の生活ができるんだ。ドターンと、一番下っ端に落ちたところで、昔食べてうまかったものは今でもうまい。ところがカミさんと子供は、こっちの伸びに合わせて贅沢《ぜいたく》に慣れきってる。

柳朝　お互いに不景気な時代に噺家になったものだから、明けても暮れても客が二人か三人しか来なかった頃を知ってるよね。偉い師匠が楽屋にいて、なかなか家へ帰らない。べつに亭主関白なんじゃなくて、グチをこぼされるから帰れないんだね。大きな弁当箱持ってるなあ、と思ってのぞいたらサツマイモが二本。ひどい奴がいて、楽屋のお茶っ葉、持って帰っちゃった。

夢楽　おい、よせよ。おれのことを言うなよ（笑）。

柳朝　おれのうちは、いまだに電気冷蔵庫というものは、置いてない。氷の冷蔵庫だ。

談志　古いねえ。カミさんが、かわいそうだねえ。電気冷蔵庫がないなんて、ヘンな人だねえ。

夢楽　おれのところは贅沢かもしれないけど、いまだに薪でご飯を炊いてるよ。お米はササニシキ。木のおひつに入れて食べてる。

談志　うまいかい、やっぱり。

夢楽　そりゃ、うまい。

テレビのない大晦日

柳朝　しかし、この頃、若い者がよく「食えねえ、食えねえ」って文句をいうでしょう。「おまえたちが食えないというのは食事をしたあとで、着たいものを着、遊びたい遊びができないということだろう。言葉の使い方が違うんじゃないの」と、そんなことを言っても、もちろん全然通じませんけどね。

夢楽　それに、おれたちは最低の不美人でも女は女だと思っているだろう。ところが、最近の若い奴ときたら、女というものの基準がやかましくて、若くてきれいで、とけしからんよね。食えないという言葉のつかい方にもそれが出るんだね。

談志　なるほどね。

夢楽　この頃は噺家も新婚旅行に行くようになったしね。

柳朝　そうね、一人前にね。

夢楽　最初のときはおれは式だって挙げてないもの。

柳朝　おれも挙げてない。小さん師匠の場合も、それらしい写真があったけど、あれはあとから撮ったものだろうね。戦後では、談志さんの式がはしりみたいなもんだ。

夢楽　おれは二度目は、式を挙げたんだよ。

柳朝　それは珍しいよね。

夢楽　みっともないからハワイで挙げた。しかも、キリスト教じゃないから、ハワイの天台宗のお寺でやったの。お寺の落慶式を兼ねて挙げたいといったら、坊主、喜んじゃってね。世話になってる日系人が親代わりになってくれた。二人っきりでやることになっていたんだよ。そうしたら、偶然、天台ツアーという二百人もの団体客がお寺にやってきた。

談志　ハハハハ。

夢楽　「夢楽、結婚？　あいつ、結婚してたんじゃないの」って。浅草の連中が来ていたんだよ。それで、アロハと結婚式用のムームーを着て、オレたちが会場についてみたら、二百何人もの日本人がワッといる。カミさん、気絶しちゃってね。二度目だから、式を挙げたほうがよろこぶだろうと思ってやったのに、肝心の花嫁が出て来ない（笑）。

談志　そりゃ、災難だ。

夢楽　ただ、カネがなくて一番みじめだったのは、自分が夢楽になってからも、家にテレビを買えなくてね。大晦日の夜、隣近所がみんな「紅白」を見ている。ぼくは「紅白」なんか、見たかないですよ。だけど大晦日の夜はなんとなくテレビをつけてなきゃならないだろう。それが家にないものだから、カミさんと二人《ふたあり》で新宿の町を歩いたね。「いいじゃねえか、大晦日の夜、こうやって二人で歩くのも」なんておれは平気だったけど、あとになってカミさん、言ってたな。「世間にいくらか名の知れた夢楽が、家にテレビがないから、大晦日の晩に『紅白』が終るまで外をブラブラ歩かなきゃいけない。なんて情けない人だろうと思った」って。

柳朝　だけど、表の電気屋でテレビを見られたろうに。

夢楽　なお、みじめじゃねえか。

柳朝　おれもテレビを買ったのは真打ちになってからだから、そうだ、昭和三十九年だよ。自分がテレビに出始めて、家の者が見たがるので借金して買ったんだ。しかし、この頃は、カミさん、家にいないし、いてもおれの放送を見ちゃくれないし……（笑）。

老後の反動がおそろしい

夢楽　贅沢になったこともたしかだけど、今の若い人はハッキリ言って、セックスが弱すぎるんじゃないのか、とおれは思うね。

談志　ああ、そうか。

夢楽　そこに、『亭主関白』みたいな歌のもてはやされる原因がある。

柳朝　夢楽さんはちょっと異常なんだよ。

夢楽　いやいや、女というものは、いくら浮気をしようと、家でちゃんとおつとめが出来ればグズグズ言わないと思うよ。

柳朝　しかし、おれは文楽師匠に言われたよ。家で一所懸命つとめちゃいけません、と。女房がやきもち焼きになるから。あれは文楽師匠の哲学なんだな、きっと。

夢楽　そういえば、三亀松師匠はこう言っていたな。「年をとるとわかるよ。おまえ、外でいくらいい女ができても、家で一生懸命やっちゃいけないよ」って。

柳朝　なるほどね。ところで、談志さんはあの歌みたいに、カミさんより先に死にたいかい。

談志　うーん、そりゃ、やっぱりカミさんを先に死なせてあげたほうが、カミさんにとって幸せだと思うよ。

夢楽　賛成だ。おれもそう思う。おれの場合、十七、八も歳が離れているけど、やっぱりカミさんを先に死なせてやって……。

談志　むこうもそう言ってるもの。

夢楽　〽おれより先に死んではいけない、って、カミさんをあとに残してどうしろというのかね。

柳朝　きっと何がどこにしまってあるか、わからなくなるからじゃないの？（笑）

夢楽　ただねぇ……。おれが歳をとるだろう。カミさんにバカにされやしないかと、それだけがいま、心配なんだ。

談志　きっとバカにされるだろうね。

夢楽　な、されるよな、絶対。いままでの反動でさ、ちょっとよろけたりすると、ポォーンと突きとばされるよ、きっとね。

（『文藝春秋』'79・11月号）

【対談】…………

銀座の夜の芸界放談

中村勘九郎 Nakamura Kankurô（後・十八代目勘三郎）

立川談志 Tatekawa Danshi

談志　だんだん顔つきがお父つぁんに似てきた、当たり前だけどね。ご尊父と一緒にいるような感じ。『宗五郎』やってんだって？

勘九郎（後・勘三郎）今日で楽。

談志　あんなもん、酔っ払って立ち上がるだけの話だろ。

勘九郎　ハハハハハハ……。

談志　俺ね、翫右衛門で見たときに、あれは圓生師匠のほうがうまいと思ったね。『一人酒盛』ってのがあるんだ。酒を飲んでトメを呼ぶんだけど、結局てめえが飲んでて全然飲ませないという。「ああ、俺はこの酒をもらったときはおめえをよんでやりてえと思ってね」「ほんとにありがとさま」「熱いのついでくれ」って、飲んで酔っ払う。

勘九郎　翫右衛門さんの観たことない。

談志　早い話が酒を飲んで酔ってくると、お菊が殺されたっていうんで……、個人芸の見せ場みたいなもん。

勘九郎　まあね。ただ、うまく飲むのは当たり前のことだから、あんなもんできなきゃ困る。

談志　そのとおり。

勘九郎　でも、みんな褒めるのは飲むとこだけどさ、そんなとこじゃない。殿様に会いにいくと、酔いが覚めちゃうからペコペコしちゃうわけだ。その江戸っ子のバカさ加減が面白い。だから、だんだん酔っていくのなんてのはさ……。

談志　俺のなんざぁ名人芸だ。

勘九郎　ねえ（笑）。

談志　それでね、もっと極端にいうと、こういうの喜ぶんだよね。扇子持って、エエーッなんて、あんなとこで拍手してうまいという。あんなもん中村メイコでもできるんだよ。長門裕之でも……。

勘九郎　いや、それはできないね。いやメイコさんはできるか。

こんな調子で、歌舞伎、現代劇が次々俎上に登り、息の合った話し振りでもって芸論が展開されたた。歌舞伎の約束事と自己の表現について……云々。

談志　ちゃんといいものを見てるよ。いい人間を、いい芸を。歌舞伎はいい役者を生んだね。そういえば誰かが歌舞伎なんかもう見ない。でも勘九郎を見ようといってくれたね。

勘九郎　いや、それより、前にも言ったと思うけど、江戸物をやるっていうこと。俺の頃はまださ、おばあちゃんとか、こないだ死んだけど百歳の芸者とかがいたよ。けど、子供たちの時代はなくなるじゃないですか。じゃあ、あいつらはどうやって江戸を探したらいいんだと。

談志　いや、心配いらない。

勘九郎　いや、心配いるの。だってそんなの嫌じゃないですか。誰かが教えないと。

談志　教えるって……。

実は、会話の最中、談志は得意の声色を披露した。伯龍の『小猿七之助』である。それを聞くなり勘九郎「テープでしか知らないけど、そっくり、このまんま」とまだ感動が冷めやらない。

勘九郎　だって、今の伯龍を肉声で聞けないんですよ。やっぱり聞きたいでしょ。だから誰かに教えなさいよ。

談志　それは教えて効果ありますか。

勘九郎　ごめんなさい。教えるってことじゃないね。そういうのが出てこなきゃダメだね。聞きたがる好きな男がね。

談志　そうです、おまえ頭いいなあ……。昔こういう話があって、田宮二郎が田辺茂一先生と対談して、田宮が「先生、最後にひとつだけ教えていただきたいことがあるんですが……」と言ったら、田辺先生「いやあ、ずっと教えてるのに何も気がつかないのか」。これですよ。教えてるんですよ。ただ、聞きたがるヤツがいないというのは、また聞いてもわからないのは、俺たちの責任かもしれないね。

勘九郎　教えたがらないからね。

談志　魅力がないから。

勘九郎　そんなことぁないじゃないの。

談志　そういやぁ、あれ？　勘九郎のヤツは下品だっていってたよ。言っちゃ悪いけど、言っちゃうか。

勘九郎　いいよ。

談志　俺は肯定してるわけじゃないんだよ。××さんがそう言ってた。

勘九郎　ダメだよ、あれ。俺、大っ嫌いだもん。あんなまずい踊りないよ。あれ、金取りキンちゃって仇名なんだから。カネばっかり取って、芸ないくせに。あれ、芸術院会員じゃなかったっけ、違うか。

談志　俺は過去の芸を大事にするから、向こうは俺のこと好きなんだ。たまたま、俺はあなたを褒めたんだよ。

勘九郎　だって、僕のこと嫌いで僕も嫌い。あんな者に言われてりゃ世話ないや。あのお父つぁん、とんでもないよ。あれダメですよ、すいませんけども。

談志　あれだけですか、ダメなのは。

勘九郎　一番ダメですね。俺、子供の頃電話したんだもん、匿名で。『戻橋』ひどかったんだよ。あんまり悔しいから電話かけたの。「これでいいと思ってんのか、このヤロー」っていったら「ハー」、バカヤローといったら「ホー」、「ハーホーハーホーって電話口で言いやがったよ。

対談開始から二時間が経過。この頃から勘九郎の酒量も増え始めた。酔った揚げ句にまた……。

勘九郎　悔しいねえ、ほんとに、俺寝られないよ、今日。立川談志の兄貴が……。

談志　バカじゃねぇか、おまえ。

勘九郎　いいの、バカなんだから。あんな者と会話して、俺にそれを聞いたってこと、師匠ともあるまじき行為だよ。

談志　そうか……。そういえば、下品な話があるんですよ。俺、昔、徳川夢声に「きみは下品だね」って言われたんだよ。下品って言葉は嫌で、もっと乱暴とか粗暴だとか……。

勘九郎　でも、徳川夢声さんだからいいじゃないですか。

談志　話が違うんだ。これが全く笑い話で、どういうことかというと、アチャコの伝記を読んだら〝きみ、下品だね〟って流行語だった。

勘九郎　でも盆踊りより下手なの踊ってカネ取るほうが下品だと思います。最高の地位にいるひとが、腰掛けの上でもって、ほおー、ほぉ～、いよ～ぉって言って、こればっかりやってんのに、みんなさすがだねって言ってる。ただね、人はいいんですよ、ものすごくいい人なの。

談志　何でそんなに気にするの？　相手をけなすというのは、自己防衛のためにけなすということもあるんだよ。

勘九郎　だから、俺は絶対に坂東流は栄えると思うね。八十助って踊りうまいから。ちゃんとしてるから、富十郎さんも、神谷町、雀右衛門も。

談志　勘九郎のやつは、踊りながら、草履をポーンと放った、放ってみたら受けると思ってやってやがるといったんだ。

勘九郎　あぁ、悲劇だね。例えば一回もそんなことないわけだ。それは見てくればわかるじゃない、俺の芝居を。二月の『浅草パラダイス』もそんなこと一個も思ってない。そういうふうに見えちゃうのはもう違う次元の人。

談志　話題にしたほうが悪かった。悪いな、カンベンしてください（笑）。

勘九郎　武士の情けだよ。ほんとに。

談志　俺ね、こないだも染五郎が『高坏』を踊るっていうから見に行ったんだよ。

勘九郎　俺も見た。

談志　誰に教わったっていったら、勘九郎兄さんに教わったっていうから。そのときに俺は素直に反省したんだ。つまり俺はイリュージョンの世界に入ってきちゃったでしょ。落語やる前に「キムジョンイル、バンセイ！」と始まるんだからメチャクチャなんだ。そのときに染五郎の舞台を見てて、俺ももういっぺん基本をやらなきゃいけないんじゃないのかなって反省をあいつからもらったね。少なくとも落語家からもらうなんてない。基本はやっぱりやんないと。志ん朝が円楽のことをこよなく嫌いだというのは、へタクソだってその一点なんだよ。まあ確かにヘタだよな（笑）。やっぱりうまくなきゃダメ、とりあえず。

勘九郎　そう、とりあえずね。ただね俺『高坏』はもう封じ物にしようと思ってたの。中村勘三郎というのがいたじゃない（先代・父）。あの『高坏』、いいんだわ。何がいいって、いいんだね。タカタカタ、タカタカタ……。粉を撒くんですよ、ふわーっと。そうすると、何かもう遊んでるんだよ、勘三郎が。そういう感じのできないんだよ。

談志　どうして。

勘九郎　それを見ちゃってっから。

談志　俺ね、勘九郎はほとんど凌駕してると思ってるんだ。

勘九郎　そんなこたないよ。

談志　あのね、まずその前に立ちふさがるのは、あなたの人情として、勘三郎丈を否定できないというのがね。思い入れみたいなものが多いんだよ。最期のセリフがバカヤローだとかって、そういうのも含めて人間的に大きいのだと思ってしまうんです。でも、俺はやっぱり凌駕してると思うがな。

勘九郎　いやあ、それは……。

談志　形式的には凌駕してない部分があるかもしれませんよ。だけど、内容的には凌駕してるし、またできる芸人だと思ってます、あなたを。

勘九郎　ありがとう。

談志　凌駕すると思います。

勘九郎　これ、太い字で書いて（笑）。ただね、今日、中村芝翫踊り納め。俺の師匠なのよ。

実は、楽のこの日、『京鹿子娘道成寺』踊り納めの祝いで、神谷町の芝翫宅に一同が集まっていた。
約束の時間はとうに過ぎたが、勘九郎は腰を上げようとしない。

談志　芝翫ってのは歌右衛門のせがれ？

勘九郎　そうそう、で、うちの女房のお父さん。俺、十九で習ったわけよ。でもね、初日、よくねえんだよ。だって、教えてくれたのと全然違うんだもん。七十二だよ。でもみんな拍手してんの。それがね、今日、よかったの。これ見てない人は損したなぐらいの『道成寺』だった。それでね、次の芝居の合間に行ったの、「どうもお疲れさまでした」って言ったの。師匠だからね、僕に一番教えてくれたから。そしたら、「明日がないしね」だって。いいねえ。明日がないって言いながら終わった。

談志　肉体と精神は合致しない。だから、精神が肉体に命じて、肉体がそれに応じて、それをやったときの気持ち。やってできたときは天にも昇るような気持ちだよ。それは芸人にもある。

勘九郎　だから、今日の『道成寺』は肉体と相談しながら精神が勝ってたから、だって後光が差したもん。いいもの見た。

談志　やがてね、俺みたいに肉体も衰えてきて、精神に対して文句を言い始めると、あとは肉体と精神が離ればなれになるか。いまの俺はそういう状況ですよ。

勘九郎　ダメですよ、それ。ただ、さ、どうでもいいけど、生きててよ。

談志　ありがとう。一番いい言葉だ。今の。

勘九郎　いやいや、こっちがありがたいんですから、会えたことが。だからさ、嫌がられても、ずっといなきゃダメ。

談志　何のためにいる？

勘九郎　それは芸人のためだな。

談志　偉いなあ。おまえ尊敬するよ。

深夜一時を回った頃、勘九郎が席を立った。これから神谷町まで行き芝翫に花束を渡すという。
勘九郎が、菊五郎と八十助と『らくだ』を演る、というと、談志は、勘九郎の前で一席やると約束した。
酒の勢いだったとならないように最後に記しておく。

（なかむら　かんくろう・歌舞伎役者）

「おとなびあ」'01・11月

対談………

文化とは

本能が壊れた人間が捏造した不自然なルール

岸田 秀 Kishida Shû
立川談志 Tatekawa Danshi

SEXは非日常的だから面白い

談志　昨日たまたま、なべおさみと話してたら、彼がこんなことを言う。ウグイスを鳴かせたければ、まず暗くて寒い所へ置いておけとね。それから、いきなり明るく暖かな所へ移すと、ホーホケキョ。

　つまり、寒い所から暖かい所へ移すと欲情を感じるらしいんです。

岸田　はあ、そうですか。寒い所では異性に関心がなく、暖かくなると一発やりたいと思うわけですね。

談志　ええ。それで原爆が落ちた時も、死者たちの多くは媾《まぐわ》っていたらしい。それは「疲れマラ」も同じでね。ひどく疲れた時は種を残しておかなければと思うせいか、その気になるでしょう。

岸田　たしかに、危機感があると性欲は昂進するようです。火山灰に埋もれたイタリアのポンペイ遺跡からも、男女が交合したままの姿で発見されている。植物でも、枯れない程度に少ししか水や肥料をやらないほうが、たっぷりやるよりたくさん花を咲かせるそうですよ。

談志　やっぱりそういう局面になると種族を残そうとするのかな。日本軍の従軍慰安婦問題もそれかな。なべおさみが言うには、ソ連兵は危機感があったから日本の女を犯しまくったが、米兵が進駐してきた時はそれがなかったから、あまり犯さなかったと。

岸田　そうでしょうね。だから、それほどの危機感がなくても、台風が来て電車がストップし、家へ帰れない程のことで、みんな性的に興奮する（笑）。

談志　そうすると、現状に満足してる奴はセックスがだめですか。

岸田　いや、そうじゃなくて、セックスというのは非日常性が本質だから、何か日常から逸脱する雰囲気が必要なんでしょう。

談志　だけど、のべつセックスしてる「助兵衛」にとっては、それが日常でしょう。

岸田　のべつと言っても、まさか四六時中やってるわけじゃないでしょう（笑）。そんなに保たないよ。

談志　そりゃ、そうだ（笑）。

岸田　私はね、本来男はインポテンツだという説なんです。動物にインポはありませんが、人類の文化はインポの男をエレクトさせるために、いろいろな方法を考えてきた。ポルノグラフィーもそのひとつだし、セックスのとき、動物のメスはオスにサービスしないが、人間の女が男にサービスするのは、男がインポになる可能性があるからで……。

談志　それで言えば、私は先日、ＳＭの女王様に会いましてね、彼女は絶対に私を立たせてみせると言う。

岸田　なるほど。なぜ人間の男がインポになったかと言えば、人間の本能が壊れているからです。本能の壊れた男は、ある種の「幻想」を介在させることによって、初めてエレクトする。その幻想は、人間の無意識の中に埋もれており、日常性の中では抑圧され、排除されているんです。したがって、男の脳に埋もれた幻想を刺激し引き出すことによって、どんなインポも立たせることができる。

談志　どんなインポでも？　完全に？

岸田　この男はこうすれば立つという方法を見つけるのがうまい女がいるのですよ。

談志　彼女は、その方法の最大公約数を知ってましてね。ペニスバンドを腰につけて、相手の男のアヌスへぶち込めば、セックスの常識は吹っ飛ぶと言うんです。その行為が、自由に己れの幻想に遊んでいいよという確認になるらしい。

岸田　うん、そういうメッセージを伝えるわけですね。それは十分考えられる。男は結婚してしまうと、あまりセックスしなくなるのは、女房への愛情を失ったからではなく、二人の関係が日常性そのものになるからです。これとは逆に、男がアヌスへ疑似ペニスを挿入されるなんてこと自体、日常にはありえない。だから興奮する。

談志　彼女はしかし、男たちが日常しないことの最大公約数がそれだと言ってる。

岸田　そこが人間の悲しいところで、どんな非日常的行為も習慣化し、毎日やっていればそれが日常になってくる（笑）。

談志　それさえ当たり前になり、イヤになってくるんですね。

人類は皆障害児

談志　先程先生は人間の本能が壊れていると言ったけど、何が壊したんですか。

岸田　それを話し出すと長くなりますが。

談志　長くなるのは頭が悪い証拠。先生は頭が良いんだから、短く話してよ。

岸田　つまり、人間は基本的に皆「未熟児」で生まれてくるんです。他の動物の赤ちゃんは、生まれるとすぐ、自分の足で歩けます。ところが、人間の赤ちゃんは例外で、非常に未熟な状態で生まれ、目も見えないし立つこともできない。何年も母親が世話しなければならない。これは、いわば異常な状態であり、遺伝的な本能に基づく行動パターンが使えない。

談志　なるほど。

岸田　動物の場合、生まれた時の状態と母親の対応が、本能に導かれて一致している。人類はその部分がずれているために、母親の本能だけでは育てきれない。本能以外の「知的」対応をする必要があるんです。

談志　本能的行為と知的行為の違いは、

どこにあるんですか。

岸田　ええ。本能の場合は、それぞれの種によって、遺伝的にパターンが大体決まっている。ところが、人間の母親の育児法は大変な「個人差」があるでしょう。生まれた子をすぐコインロッカーに放り込む母親もいれば、二十歳になる子供にまだベタベタしている母親もいる。つまり、それが「知性」なんです。

談志　ということは、人間は遺伝的にどこかが壊れている？

岸田　そう、その意味で人類は皆、障害児。不当に早く母親の胎内から外に放り出されたためにね。

談志　生まれた後で、人間の本能を壊す最大の加害者は母親ですか。

岸田　そうです。だから男は、基本的に女を一生恨み続ける（笑）。女性差別の起源はここにあるというのが僕の説。

談志　それにしても、本能というのは壊れやすいんだ。

岸田　ええ。動物の本能でも、自然から切り離して動物園へ入れるとすぐ壊れますよ。オランウータンが子供を生んでも育てないとか、チンパンジーが衰弱するまでマスターベーションを続けるとか…

談志　仮にマスターベーションを覚えたサルを野に放ち、自慰サルのグループができたとしますか。それで全員いい気持ちになってそれをやっていて、ライオンが寄ってきたことを忘れている。ハッと気づいた恐怖の一瞬、サルたちは自然に戻りますか。

岸田　うーん、たぶん「サル文明」とともに亡びるんじゃないかな（笑）。

談志　やっぱり亡びますか。一説によると、「見張り」を出すんじゃないかと（笑）。

　別な話ですが、私は人間にとって、元々「夢」の方が本当のような気がして仕方ないんです。たとえば誰でも子供の頃は、太陽が白鳥に乗ってタンポポをくわえてるような絵を描くでしょう。その後長じてからは「夢」を「知性」で補いながら生きようとするが、どこかで苦しくなって覚醒剤や幻覚剤を用いたりする。やがて年をとると、それでも補いきれなくなってボケるが、それは子供時代に戻ることなんじゃないですか。

岸田　たしかに人間は、「知性」的に生きることから解放されたくて酒や薬品を使う。人類は本能が壊れ、自然を失ったために文化というか「擬似現実」を知性で築くしかなかった。だから元々、知性で律する行為というのは人間にとって無理なことであり、大変不愉快でストレスを生むんです。

　つまり、無理して不自然にふるまわないと、我々は社会に適応できない。そういうかわいそうな動物なんです、人類は。時々、酒でも呑んでアホなことをしないと保たない。

政治・経済の遅れの補償作用が文化

談志　酒が許されるなら、覚醒剤も許していいはずですね。

岸田　ええ。現にペルーでは、コカ茶という形で公然とコカインを売っているが、インディオたちにとってはふつうの飲み物。決して中毒にはならないので、彼らの社会では麻薬じゃない。要するに、どこで線引きするか普遍的な根拠はないが、どこかに線を引かなきゃならないんだね。

談志　野暮な質問でちょっと照れるんですが、「文化」の定義というのは何ですか。

岸田　それは、僕に言わせれば「代用品」。つまり人類が文化をつくったのは、人類が優れているからではなく、本能が壊れて自然の中で生きていく能力を失ったため、文化という紛い物をつくったんだと思う。

談志　では、文化と文明の違いは？

岸田　私はあんまり区別しません。この両者を区別したのはドイツ・ロマンチシズムです。ドイツはヨーロッパの後進国で、産業革命はイギリスに、政治革命はフランスに遅れをとりました。そこで、文明では遅れをとったが、我が国にはカントやゲーテに代表される文化があるなんて自慢した。しかし、文学や哲学・思想で傑物が現れたのは、政治や経済で遅れたからであって、一種の補償作用ですからね。

談志　なるほど、補償作用ね（笑）。あのヨットスクールの戸塚宏さんが言ってたけど、さまざまな日常の不快感を自分で解消するのが「文化」で、出来合いのものを利用するのを「文明」と呼ぶ。たとえば、西洋から入ってきたビールを「馬の尿そっくり」と言って嫌ってた頃は「文明」だが、だんだん納得して家で呑むようになれば「文化」。クリスマスは今や日本の文化の一部になったが、ハローウィンはまだ「文明」だという分け方はどう思いますか。

岸田　うーん、定義によるけれど。たとえば、内側を変えることによって不快感を解消しようとする国と、外側を変えることで解消しようとする国がある。日本は明らかに前者でしょう。雨が降って道がぬかるみ、歩きにくい時日本人はどう解消するかと言えば、高下駄を履く。ところが欧米では道がぬかるまないように、イッキに道を舗装してしまう。最近は日本も後者になりつつあるけどね。

談志　日本人の間に、ヨーロッパ文化の国になってしまったことへの不快感はないのか。もっとも、それがあるから鉄筋コンクリートのビルの中にも和室をつくってるんでしょうけど…

岸田　ええ、どこかで不快感を感じているから、いろいろな現象が出てくるんじゃないですか。昔は、真珠湾を奇襲しましたが、今は、「NO！と言える日本人」を書いたりしています。

談志　実際にはNO！と言えないんでしょう、日本人は。

岸田　そう、現在の日本人は言えない。ブッシュに対して宮沢さんも言えない。

談志　実際にはNO！と言えない人間に向かって、石原慎太郎は無理なことを言ってるんだ。

岸田　あの人自身は、あんなこと言って気分がいいでしょうけどね。

談志　そりゃ、そうだ（爆笑）。小室直樹先生もアレはバカだと言ってました。原爆をなぜドイツに落とさず日本へ落としたのかと石原は憤慨するが、ドイツの降伏前にはまだ完成してなかったのを知らないとね。

それにしても、日本人はなぜ「灰色」が好きなんでしょう。

岸田　はっきり黒か白か決めると、喧嘩するしかないからね。灰色にしたままで、マアマア硬い話はそのくらいにしてというのが、日本文化なんでしょうね。これは、日本国家の成立時点まで遡って、歴史的に説明できますよ。ヨーロッパ人はキリスト教が入ってくるとそれまでの多神教を捨てましたが、日本人は仏教が入ってきても神道は捨てませんでした。

未組織社会は組織社会に敵わない

談志　それでね先生、落語の中では、人間がつくった「常識」と称する共同幻想に対して、所詮それは無理なんだよと言ってるわけです。ところが一方で、外的自我というか、銀行員はこう生きるべきだという線を主体にする落語家が結構いるんです。

岸田　そうですか。それで落語になるの？

談志　ならねえと、私は言ってるんです。極端に言えば、紋付着て座布団に座ってしゃべってるだけで非日常だろうと、客を納得させてるとしか思えない落語家もいる。彼らは一体、何のために落語をやっているのか。ほとんどの連中が、落語の持つ本質的な意味に気づかず、ただ伝統があるから、古典があるからとその上に胡坐をかいている。彼らはみんな「常識」の側に加担しているんです。

実際テレビというのは、落語家が少しでも非常識に傾くと受け入れないメディアですから、基本的に私にお呼びはかからない。

岸田　テレビというのは、要するに落語に向かないメディアなんですね。

談志　ええ、向きません。その延長で言うと、先生の理論も一般社会には向かない？

岸田　うーん、向かないんじゃないかな。とくに社会の中軸にいる人には向かない。たとえば銀行員が、一万円札が一〇〇枚あろうと二〇〇枚あろうと大して違わないと思い始めたら、とても勤まらないでしょう。

談志　そうかなあ。小松左京に『無血革命』というSFがあって、日本人がみんなだらしなくなって、人に会うたび「イヨッ」なんて言ってる。それでも経済はなんとかなっているから、外国からの親書にも「ヨー、ヨー」なんていい加減なことを書いちゃうわけ。

すると相手国が怒って攻めてくるが、敵に撃たれた兵隊まで「イヨッ」なんて言って死んじゃう（笑）。攻めてきた敵の兵隊もみんな「ヨー、ヨー」になっちゃうと、困った司令官が国会で、「もう少しマジメにやれ」と演説する。するど「今のセリフは結構ですな。サインして下さい」なんて言ってくるので、みんな呆れかえって引き上げちゃったという話。経済がなんとかいってる前提があれば人間社会はこれでいいんじゃないですか。

岸田　うーん。しかし、郵便配達夫がA町でもB町でも大差ないやなんて言い始めたら、郵便も届きませんよ。

談志　届かなければ郵便制度もなくなって、ようやく自分で考え始めるでしょ。

岸田　たとえば未開社会というのがありますね。そこではお互い顔見知りの範囲で暮らしてるから、組織はいりません。しかし、その範囲が広がって組織をつくることになれば、やはり銀行や郵便局が必要ということになる。

談志　なぜ組織がほしくなるのか。

岸田　どうしてなのかねえ。組織なんかつくらず、のんびり暮らす未開人ばかりだったら、人類全体としてははるかに幸せなんだけど、組織をつくった社会がつくらない社会と戦うと、つくった方が勝つということがあるから、そうはいかないんですよ。

談志　ああ、なるほど。

岸田　だから人類というのは不幸なんだ。本来、組織なんていらないのに不要なものをつくった方が強いという矛盾が、世の中の出発点にある。

談志　でも、どうして勝ちたいんでしょうね。鉄砲を持っても人を撃つんじゃなく、鴨でも撃ってさ、「どうだお前ら、弓矢で取るよりもこっちの方が便利だろ」と見せびらかす。そこで収まりませんか。

岸田　収まればいいんだけど、最終的には相手をどれくらい殺して奪えるかということが決着になる。戦争の理論はそこにある。

談志　相手を殺さないとおもしろくないんですか。勘弁してくれじゃダメですかね。

岸田　いやあ、勘弁してくれと言われても、勘弁しない奴がいるから。敵が謝って降伏すれば許すのは未開人の戦いで、謝った奴を殺すのが文明人の戦い。そういう連中にどうやって対抗しうるかということでしょう。

親が子を可愛いと思うのは学習による共同幻想

談志　話を戻しますが、この間来日したブッシュ大統領が晩餐会でちょっと吐いたでしょう。あの時、米国のマスコミが「ブッシュのスーツの洗たく代は高くつくだろう」と論評しましたが、日本側もお返しに「米はもっとつくぞ」とかユーモアで返してもいいんじゃないか。「常識」によって歪められたものの解決には、ユーモアで対処するのが正常で、「マジメ」と称してる連中の処し方は嘘なんじゃないかと、落語は語ってる。こうした理論武装に大変役に立つんで、私は先生の本を愛読しているんです。

岸田　それはどうも（笑）。たとえば親孝行というのは万人が納得する正しいこととされていますね。ところが落語では、その常識の正しさを認めた上で、徳目どおり実行しようとするが、実際にはやらない。その矛盾というかズレのおもしろさがあると思う。

談志　矛盾を喜んでるのかな。

岸田　親孝行しなきゃいけないというので一生懸命やろうとするが、実際にそうなっていかないおもしろみね。

談志　つまり、ある部分で、そういう自己の肯定になっていくわけでしょう。

岸田　うん、そうだと思う。

談志　それにしても、稼いだ金を女房に取られちゃうのは許してもいい。しかし、女房が生んだ子供まで、育てているうちにかわいくなってくるのは「学習」の結果ですか。

岸田　そう、まさに学習で、そんな本能があるわけじゃない。「子供はかわいいものと思うのが父親だ」という社会通念があるだけの話です。

談志　つまり、かわいく思わないと育たないから、「子供はかわいいもの」という観念をつくったんですね。

岸田　まあ、そうです。かわいいと思わなければアホらしくて、どうして育児なんてやってられますか。子供はかわいいもので、子育ては価値あるものだという共同幻想があるから、せっかく稼いできた金でも子供のために使おうという気になるんでしょう。

観念は本能が壊れた人間と自然の隙間を埋めるもの

談志　そういう「観念」というのは、いつ頃できたんですか。

岸田　うーん、いつ頃なのかな。人間の本能が壊れた時、自然と人間の間に隙間ができた。その隙間を埋めるためにイメージや観念が発生したというのが、僕の説です。

談志　人間は、その観念にすがらないと生きられないんですね。

岸田　そう、そう。観念によって自然と自分との間をなんとかつなぐわけです。人間にとって観念や幻想は大変強固なもので、催眠術で腕に焼ゴテを当てられる暗示を受けると、実際に皮膚組織が変化してケロイドができるという。したがって、何らかの観念が持てないと、人間は滅びるしかありません。

談志　ということは、過去ずっと人類は滅びそこなってきたんだ。

岸田　ええ、現実に滅びた種族もいるはずです。観念が隙間を埋める役割をせず、とんでもなく肥大した観念を持ったりしてね。

談志　どうして、とんでもない観念を持っちゃうんですか。

岸田　まあ、観念というのは本来とんでもないものなんですよ（笑）。

談志　ああ、そうか（笑）。

岸田　こうして人間は観念や文化をつくっていくが、結局は自然との隙間を埋められないというのが僕の考えです。動物のオスがメスに「お前とセックスしたい」と思えば、それに特有の表現方法があって、メスは少しも疑わない。

ところが、人間の男が女に「愛してるよ」と言っても、本当かどうか分かったもんじゃない（笑）。女も簡単には信じないし、信用されないから男はまた違う言葉や方法を、考えるでしょう。でも、どうしてもピッタリとは埋まらない。

談志　俗に、お互い言葉少ない時が一番愛し合ってる時だという、アレですね。男と女の心の隙間がなければ決して言葉はいらない。眼を見て俺を信じろ、何も言わなくてもいいで済む。

岸田　そう、だから女を口説くのだって、こっちに気のない女に、いくら努力しても無駄。

談志　でも、どうしてこのようなことが無駄だと知っていながら、世間は「努力」を奨励するんですか。

岸田　それは、無能な人に希望を与えるためですよ。

談志　はあ、なるほど（笑）。

岸田　私に言わせれば、人間は基本的にものぐさであるにもかかわらず、努力すれば何とかなるという幻想が蔓延している。だけど、人間努力して何とかなるなんてことありますか。私はそういう幻想を打ち壊したいという意味もあって、ものぐさを標榜しているんです。

談志　いや、今日はどうも。いろいろおもしろい話をありがとうございました。

（きしだ・しゅう・精神分析）

（『えじゃないか』'92・3月＝第2号）

笑いについて

立川談志
Tatekawa Danshi

〝笑い〟という行為については過去《むかし》から多くの人が論じてきている。

笑いの種類について、笑いの歴史について、笑いにおける洋の東西、または東京の笑い大阪の笑い、等々……。

当然中には〝笑い〟そのものについても論じられ、やれベルクソンの梅原猛の……とあるが私しゃ、それらは読んでないので、〝笑い〟を論理的に信用するという立場になれば岸田秀をあげる。私はこの先生を信用していて、岸田論理でいくと落語の全ての状況を見事に説明出来る。

そりゃそうで、岸田論理……というか理論は、全ての事柄に当てはまらないのは論理とはいわない、という論理なのだからである。

彼は、いや岸田先生は……もうひとついうと岸田秀は私の友人である。友人でおこがましいとなりゃ、知人でもいい……これなら文句はないだろう。

笑いは〝余剰エネルギーの放出〟という。その通りだろう。何せ、私は岸田論理を信用しているのだから……信用はしていてもこちとら落語家で、あまりにも論理と縁の無い世界で育ったから、その論理の是非は判らナイ、くわしくは知らナイ、つまり何となく、この先生は信用出来る、ということで、その根底には、岸田秀は若き日に、彼の育った家が映画館であり、興行の世界に住んでいた、ということがあるのかも知れナイ。

だから彼の論理が判らなくてその論理を信用するのか、といわれれば困る。つまり、いま書いた如く……何となく……なので、しかし私は己れの直感で今日まで生きてきたし、それらは私にとって〝正しい〟ということの基準になっている。

ま、いいか。

つまり〝笑い〟の分解、〝笑い〟とは何だ、〝笑うのは人間だけだ〟〝いやそうでない、猿も笑う〟〝そう犬も笑った〟なんざあどうでもいいし、もしどうでもよくないという立場ともなりゃあ、精々そうさ〝馬も笑わあ……ネ〟のほうである。

＊　　＊　　＊

〝お前かあ、馬を怒らせたり、笑わせたり泣かせたり出来る、という奴は、〟
〝そうだよ〟
〝本当かい〟
〝本当だよ〟
〝なら、怒らせてみろよ〟
〝蹴っとばしゃあ馬は怒るよ〟
〝そら、そうだ。ぢゃあどうやって笑わすんだい〟

〝いいよ〟

〝出来ないのかい〟

〝出来るよ〟

〝そして泣かせることも……〟

〝出来るヨオ……そんなこたァ……あんたは出来ないと思《い》うのかい〟

〝当り前だ、そんなこと出来っこあるもんか〟

〝なら賭けようか〟

〝いいとも〟

と、この二人、金え賭けたとサ。

馬ァ〝笑わせ〟たり〝泣かせ〟たり、出来るという奴ぁ、馬の処にいくと、耳もとに何かコソ〳〵喋ったネ、すると馬の奴は、〝ウヒヒィヒィヒィ――ヒーン〟と……。

〝ホラ笑ったろ〟

〝……ウーン……成程、ありゃ笑ってるなァ、今度は馬に向って、何かしたネ、いえ、馬には手は掛けなかったけど……。

〝馬の奴ァ今度《こんだ》ァ泣きやがった。エヒェーン、ウヒィーン、エヒィーン〟とネ。

〝どうだい泣いたろ〟

〝……泣いたなあ……〟

〝ぢゃあこの賭けは俺の勝ちだ、この金は貰うよ〟

〝それはいいんだけど、いま馬に何ていったんだ、何ていったから笑ったんだ、で、その後《あと》何をしたんだ、どうやったから泣いたんだ〟

〝それはいいやな……〟

〝よくないよ、教えてくれよ、金ァ倍出すから、頼むよ、どうやって笑わせ、何をして泣かせたんだ……〟

金ぇまた受けとった奴ァ、いったネ。

〝いえネ、どってことはないんだ、最初馬《はな》を笑わせたいときは、こういったんだ、俺の「モノ」はお前の「モノ」より大きいよ、で、次はそれを見せてやったんだ……〟


つまり、この世界で〝笑い〟を受け止めてきただけだから、本来この企画なんぞに入れるべきではないのだ、編集者がバカだから何も知らずに私を入れちゃったのだろう。

＊　＊　＊

落語家は、ま一応は笑わせるのが商売だから観客を笑わせることに気を入れる、考えをめぐらす、つまり、笑いのネタを探し、技術《テクニック》を勉強し、研究する。

しかし、その昔は〝笑わせ〟という方法を強く出す落語家を嫌った。〝下品〟だとした。それらは明治、大正、昭和の初期まで続いた。だが、その期間にも爆笑王と称せられた一般大衆向きの売れっ子はいて、明治の円遊、大正の三語楼、昭和の金語楼、戦後の三平と日本中に爆笑をまき起こし、寄席への新らしい観客を動員した過去がある。

私が落語家として育って今日までの四十四年間においても、〝笑わせないことを上品〟とする落語家は〝笑わせる〟落語家に追いやられてしまった感があるが、しかし、そこには、また〝聴かせる〟という部分を〝笑わせる〟ということより〝佳し〟とする芸人、とそれを支持する〝通《つう》〟とか〝常連〟とかいう観客も確かに存在していて、その中には作家・ジャーナリストという職業の人がいて、彼等の趣味で〝笑わす〟ことより〝聴かせる〟ということの出来る落語家を〝上《うえ》〟としたから、笑いの落語家は大衆に支持されてはいても、その落語家は〝二流〟である、ときめつけられて、逆に勝手に彼等から本流、本道《ほんどう》という処から追いやられた歴史がある。

確かに、私が聴いていても、〝嫌だナァ〟〝何もそれ程までして笑わせなくてもいいのに〟と感じたが、そう感じた私も〝聴かせる〟ということを一義とする、という妙な伝統に染まっていたのかも知れナイ。

でも、例えそれが伝統という世界に染まったのだ、としても私の基準でいえば、ムリに笑わそう、笑って貰おう、というのは嫌だ。

何故ならば、そんなことをしなくても観客は笑うし、ちゃんと聴く……。

ところが、その昔は、ムリに笑いを作り、ムリに笑って貰おう、とする落語家の（だけどそれ〴〵笑って貰おうとしているのだけどネ）セコなギャグと違って伝統の技術には欠けるものの（何を伝統というのが大変むづかしいが）こっちにとってたまらなくおかしいギャグを放った人達までも同様に「ポンチ絵派」といわれ「本道」からは切り離された、それらの犯人の中に久保田万太郎とか安藤鶴夫などがいるし、それらの残党は現在《いま》生きてる奴等の中にもいて……、もういいや『談志独り会』の五巻に書いたから……。

その奴らの名前《こと》は書かないが、クボマン、アンツル等に嫌われた落語家は故・柳家権《ごん》太楼、鈴々舎馬風、春風亭柳好などもいて志ん生すら、この対象に入っていたのだから基準というものは怖い。私しゃ、この人達のファンであった。こよなく彼等の芸を楽しみ尊敬した。でも一方に文楽、円生、三木助、小さん、というラインを支持していたが、それは別に〝聴かせる〟からということより〝面白かった〟からである。

＊　＊　＊

落語家として、その落語家は、私の人格の代表であるのだから当然、いつも、相手を笑わせてやろう、と意識している。つまり高座という名の舞台《ステージ》だけではなくして、常日頃の生活の中でこれをやる。

判りやすく分類しちまえば、普段の会話はステージ用の稽古みたいなものである。けど、何でこれらは、つまり受けた咄は面白いのか、という分解はあまりしない。いや、ほとんどしない。〝受ける〟か〝受けない〟か〝受けた〟か〝受けなかった〟の予想と結果だけである。

早い話、予想なんぞしたって駄目だ、勿論経験《キャリア》としての予想は出来るけど、笑いの〝分解〟、〝分類〟としての予想は立たない……。

アノネ、笑いの分類者よ、学者よ、オッサン達、例えば私が〝ギャグ〟を作ってそれを学者に聞かせたら、笑いの反応の結果が出せるのかネ、出せたら出してみせて貰いたい。いえ、皮肉でも何でもない、教えて欲しいネ。そのときの観客の状態、相手の様子を教えますからサ……。頼んまさァネ……。

コンピューターなら出来るかネ、出来そうだなァ……。困ったネ、いや面白いネ。

＊　＊　＊

どうやったら観客という相手は笑うか、どんな話なら笑うのか、そして嬉《よろこ》ぶのか、のべつ家元は考えている。ま、商売柄当り前なのだが、伝統芸能の世界にいると、つい〳〵その伝統を守るほうが優先をしてしまって、下手ぁするとその為のチョイスを間違えて、郷土芸能にもならない荒れ方をしてしまっているのが現代の落語家、いえ〝咄家〟と彼らは己《みずか》らいう、その咄家になってしまっている。

ま、それはいい、他人のことだ、それ〴〵の世界で、〝それが良し〟としたものをとやこういっても始まらナイ。手前ぇの話をする。

どうやって笑わすかと、笑いの大きさを求めていけば、当然過激にもなろう、ゆるやかな、ゆったりとした己れの好む世界に入りたい人は、私にとって不満でも、その世界に居ればいい（私もその世界はそれなりに好きだがチョイスを誤った世界ではゆるやかさだけではそれは只の冗漫であって興味の対象にはならなくなった）。

私は、技術的にはその双方は出来るが性格上、ゆるやかさが立川談志のゆるやかさ、となる。

ということはいくら昔流にやっても立川流家元立川談志というイメージが、もう聞き手にとって違ってくるのだろう。

話を戻すと、笑わせる為にはいろンな手段《て》を使うのは当然で、私の場合もしかり、古典落語の中から〝人間の業を肯定〟する部分の抽出、また強調。現代を喋るときは、ニュース性、そのものの本質を私なりの分解、つまり解説か、ときには罵倒、これが受けるのだ、タブーを喋る、バカバカしい話、くだらない洒落、つまり駄洒落、うまい洒落、つまりウィット、ナンセンス、パロディ、シニック、等々……。

それらを含めた己れを、ピエロにして観客に晒す、また人生そのものを同様に扱う、つまり立川談志そのものがドキュメントとしての落語、落語家としての存在を示しているつもりなのである。

とはいえど、それとて、所詮己れの勝手であって、それをまた勝手に芸術的良心などといい訳をしてみることがあるが、過去に〝笑わせた〟事実があり、それは現在に通用し観客にも〝笑う〟という自信は充分あっても、次の笑いを求めていく。その笑いはマニアックとなり、少数の対象でしかなくなるが、それを多数にした時、または、とても不可能である常識の世界を超えたところで創り上げた笑いがある日、ある時多数に信頼を受けたとき、私はこれを芸術と呼ぶことにしているから、挑戦しては退ぞけられ、過去のキャリアに安住しに戻って来てはまたまた不快となり、その連続の日々が私の落語家人生で、それは死ぬまで続くのだろう、所詮人間、安住なんてない、うーん。

よく仕事をしてると休みたくなるし、休んでいると仕事をしたくなるもんだ、というけれど、形式は同じでも、その内容は私の勝手だが、壮絶な闘いの日々である。

よそう愚痴ったって誰ぁれも救けにくるもんか、救けられる程度の苦悩ならたいしたこともあるまいに、つまり立川談志、落語に対して情念がキツすぎるのだ。

自分でみても呆れるくらいだ。でももはやこの歳、あと数年か、とりあえず芸人の性は、己れの芸を正当化するその存在を他に示し、認めて貰う訳だが、私の笑い、落語に対するファン、仲間との一つのラインは厳然としてあって、それらはアメリカ映画でいうと、あるときはルビッチであり、ワイルダーであり、時にはキャプラ、ワイラーでもあるしそれらのエッセンスをマルクスブラザーズでカクテルにしてやるようなものとうぬぼれている。つまりこういういいかたはそれが判断《わか》る人にしか分らないのである。ズバリいやあ〝談志がいい〟という笑いがいい笑いなのである。

〝文句あるかよ、あるハズぁない〟と青島の無責任数え唄の如くである。


書いてて何だか判ンなくなってきた。もうお終い、ヤーメた。俺は書き屋に非ズ、喋り屋である。立川談志は落語家でござーい。

＊　＊　＊

唯お終いに一言、落語家てなあ、世の人達が作った人間の暮らしのためのルール、つまり常識というムリをしても作らにゃあ生きていけない人間達の、またそれを学習している世間というものに、それらは、基本的にいやあ無理をしているのだから、たまにゃあ、それを無視したり、反発したり、非常識を推めて、〝人間勝手に生ろい〟といい、〝人生なんざぁ所詮成り行き〟と居残り佐平次に云わせているのである。

おまけにもう一つ。子供心の体験にこんなことがあった。

近所に住むおぢさん、これは遠縁に当るから近所のおぢさんでも本当の叔父さんに近い人なのだが、その叔父さんにいぢめられたか、撲られたか、つまりヤラレて〝ワーン〟と泣いた。すると何と泣かせたこの叔父さんはガキの私にこういった、いえ、こう唄った、何とも妙なリズムとメロディで

〽鬼婆ァ屁した　ヘッヘラヘッと笑え

このフレーズのくり返しをやられた、サア堪ラナイ、笑いが腹の中からこみ上げてくるのだ。こちらはその状況からしてイヂメられ、撲られたンだから泣いて相手の不正をまわりに知らせなきゃあならないのに、いやはやオカシクッておかしくって我慢も何もあるもんぢゃない。涙ぁグシャ〳〵にした顔で笑い出したのだ。

この記憶があって、やがてこちとらも大人になって、こんな場面になったとき、ふと思い出してこれをやった。見事に私のガキ時代と同じ反応をするのだ。それを確認するために、泣かさなくてもいい子供をムリにイヂメ、泣かせてこれをやった。百発百中当るのである。

何なのだろう、これは……。やはり秀さんのいう如く余剰エネルギーの放出かも知れナイ……。

嘘だと思ったらやってごらん。誌面ではニュアンスがつたわらないだろうが、文句は先に書いた。

〽鬼婆ァ屁した　ヘッヘラヘッと笑え

である。

その昔TVで「笑点」（いまも続いてると聞く）という番組を作り、司会をしていたときの主題歌はこの詩？　を入れたっけ。

懐しいから書いて置く。

〽笑いのポイント・笑点だい
　アリャアリャ　コリャコリャ　キンカイナ
ジョークを飛ばせ　笑いを振り撒け
泣かせるなんて　流行らナイ
それ行け今日《こんち》笑わせろ
鬼婆ァ　屁した　オヤ　ヘッヘラヘッと　笑え
鬼婆ァ　屁した　オヤ　ヘッヘラヘッと　笑え

＊　＊　＊

〃かこいが出来たよ〃
〃ヘエー〃

ってのもあるよ。

（『imago』'95・3月号）

創刊のことば

昔の人は、人生嘘が八分で本当《ほんと》が二分で……といったもんだ。

落語も〝お前は嘘ばっかりいってるな〟〝いえ、たまにゃあ本当《ほんと》もつきますさぁ〟という。

人間なんて嘘という名の虚の中で生活《くら》しているのだ。

それに耐えられなくなって何とか二分の本当を探そうとするけど、所詮は無理。

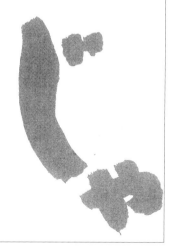

ないか

無理を知っての挑戦なら、ま、仕方もない
と許しはするが、この現代、この「無理」を
平気で「正義」と決めてかかる馬鹿さ加減。
その最たるものが新聞であり、準じているが
如き雑誌の数々……。
〃もう、いい加減にせい〃である。

なら、本当《ほんと》のことを知らせてやる。
人生なんて、人の世なんざあ、所詮
いい加減で、『えぢゃないか』

えぢゃないか編集長 **立川談志**

▶対　談…………

オレが「天下とっちゃえよ」と発破かけたんだよ

太田　光　Ohta Hikari
立川談志　Tatekawa Danshi

――お二人による落語DVD『笑う超人』は、どのような経緯で作られたのですか？

太田　うちのカミさんが言い出したんですよ、談志師匠と一緒に何かできないかって。そりゃもう、やれるものならって、ぜひにと師匠にお願いしたんです。

談志　オレは彼を信用している。単にそれだけですよ。落語ってのは、己の持ってるいろいろな部分を役に投影した自分そのもの、分身みたいなものですからね。それを好んでくれた彼の感覚をありがたいと思います。オレとオレの作品に目をつけてくれたってことは、オレにとっては力強いことですよね。太田の才能は、前からわかってましたけどね、会った瞬間にね。

――初めて会ったときに見込んだ太田さんの才能とは？

談志　「自分と共同の価値観を持ってるんだろうな、こ奴らは」と思ったということですね。特に太田にね。彼の私生活のことはまったく知らないけども、それらを含めて、太田光という人間の、芸能の価値基準が似ているというか同列にあるという判断をしたんでしょう。その頃の太田の漫才の技術は、拙劣とは言わないまでも、それほどのものじゃなかった。だけど無意識のうちに共同価値観があるように感じて、「天下とっちゃえよ」って言葉になって出たんでしょうね。やみくもにはそんなこと言わないよね。

――「天下をとる」とは？

談志　日本一の人気者になっちまえってこと。もちろんオレと共同の価値観を持って、なおかつナンバーワンであるということで、だからそうは言ったものの正直難しいと思ったね。オレを含めて、太田のものの捉え方ってのは大衆に不向きであってね、わかりやすく言えば売れないんじゃないかと。だからこそ天下をとってこいと託したのかもしれないな。つまり、超二流っていうのは天下をとれない。ところが彼は、超二流じゃなかったんですね。三流の部分も入ってた。ばかばかしいこと、よくこんなことをやってられるなってことも平気でやるしね。最初はそれを感じなかった。感じていれば「おい、天下とれるぞ」って言ってたかもしれない。疑問符がだいぶ入ってたから、「とっちゃえよ」って言ったのかもしれないな。

太田　師匠にそう言われた頃、僕らは仕事がない時期を耐え、ようやく仕事を再開できたっていうときでした。高田（文夫）先生に紹介してもらって、談志師匠の落語会に出て、師匠と間近に同じ舞台に立てたってだけですごく感激してた。ネタもいい具合にウケましたし。で、その後の食事会で「天下とっちゃえよ」と言っていただいて、ああ、やめないでよかった、救われたっていう気持ちでした。

談志　天下とっちゃえって、わかりやすくていい言葉でしょ。偶然に当たっちゃったのかもしれないけど、言った通りになったってのは非常にうれしい結果ですよね。疑問もあったけど、自分の見る目が間違ってなかったって、オレにとってもうれしいことだよね。「どうでぇオレは。人を見る目があらぁな」ってね。

鬼才二人がともに惹かれ合う瞬間

――太田さんのことを自分の子供だとまでおっしゃってますね。

太田　師匠が昔「太田は外でつくった子供だ」って。そしたらマスコミの人から「太田さんは談志師匠の隠し子なんですか」って事務所に問い合わせがあった。一番怒ったのはうちの親父です。お袋に「お前、やったのか」って聞いたりして（笑）。

談志　「やられちゃった」って言えばいいのに（笑）。うちにも同じこと言ってきたやつがいるんだよね。爆笑問題って師匠の子供だそうですけど、丸いほうでしょうって（笑）。

太田　最近、談志師匠にしゃべり方が似てきたとか、表情まで似てきたって言われるんですよね。憧れから真似してるところもありますけど。でも芸の遺伝子という意味では、僕は本当に受け継いでいるつもりです。

談志　自分の歴史、生きてきた集大成みたいなものを、愚痴を含めて彼に残したつもりです。彼にしか残せないだろうと自分で判断したものですから。迷惑かもしれませんけどね。

太田　田中を選ばないでいただいたことに感謝しています（笑）。

談志　どっちにするかさんざん考えて、最後はサイコロを振ってね（笑）。

――DVDの演目に「黄金餅」と「らくだ」の二つを選ばれたのは？

太田　古典落語には、何が言いたいのかどうにも解釈できない、何なんだこの話はって思うようなものがいっぱいありますけど、この二つは特にそういう噺です。現実の出来事って、そういうもんじゃないですか。それを作品化できてる芸能とか芸術ってあまりないと思うんです。ドラマや映画だと、この話はこういうことだっていう意味、ある枠があって。人間は素晴らしいとか、どこかに落ち着けるじゃないですか。落語でも、他の人たちだと教訓になったり、いい話になったりしてしまうけど、師匠の解釈はそうならない。そのリアリティっていうのは他ではちょっと出合ったことがない。

談志　人間ってのは不完全な生き物だから、どこかでまとめなきゃいけないと思ってしまう。それを常識と言いますけどね。落語は、その不完全なところを素直に出すということです。本来、芸能の本質ってそれなんですけどね。非常識なものが存在するからそれをどっかで解消しなくちゃいけないということで生じたのが芸能とスポーツ。殴っちゃいけないってところで、殴りたい衝動をボクシングや格闘技ってもので解消する。芸能もそうです。殺人ってのは映画や芝居の中にいくらでもありますよね。ただ、ちゃんとした意味があって殺す。浮気を隠すためとか、くだらないことかもしれないけど、意味があって殺す。落語は、なんで殺すのか、なにがなんだか訳がわかんないんだよ。非常識なものを常識で判断してんじゃないんだよね。非常識なものを非常識なままに出す。なんでこうなっちゃってるのかってのはオレも知らねえよっていうとこまで、恥をさらすっていうか、己をさらけだす。そういうプロは、そうはいないと思う。だから従来の落語家とちょっと違うんじゃないかと自分でも思います。で、こういうことを平気で言うってのは日本教に反するんだよな。オレほどのやつはいないだろうとか、そういう言い方をするってのは。それらを含めてね、全部さらけだしちゃってます。

——演目のまくらとして、お二人の対談を収録されてますよね。

太田　演目の候補をいくつか考えて、師匠と会って相談したときに、その話の前に師匠が芸能はどこから始まったかって話をされて。芸能が先なのか、それとも人間の欲望とか暴力性とかってものが先なのか、最近はずっとそのことを考えてるっておっしゃったんです。それで、師匠にとってタイムリーなことを話してもらって、それと落語とを合わせてみたらどうだろうって考えた結果です。

北京原人をリアルに
演じることが〝芸〟

談志　それは難しい問題だよな。例えば祭りで踊ったり唄ったりするにしても、羽目をはずしたいって欲望があって、それが歌や踊りになったりしたわけだから、同時発生なのかなあ。わからんけども。常識という絆ができたときに芸能は始まったんじゃないかなあ。

太田　そのとき師匠がおっしゃったのは、北京原人はどうだったかってことでした。北京原人は現代の我々より本能に近いわけじゃないですか。言葉も持ってないだろうし常識もないだろう。じゃあタイムマシンで北京原人をここに連れてきて舞台に乗せてみたときに僕らが感動できるかっていったら、おそらく感動できないと思うんです。だとするならば、常識や言葉を持ってる人が北京原人をリアルに演じるほうが、北京原人そのものを見るよりも感動するだろう、それが芸なんじゃないかっていう僕なりの解釈があって。それが古典落語だろうと思うんです。

談志　落語的な生き方って、オレはしてないよな。俺んとこのブラック（快楽亭）のほうが北京原人に近い。めちゃくちゃだわなあ。落語に出てくる人間に近い。でも、それを肯定しちゃうとなあ。これは矛盾だかなんだかわからんけどね、自分はそうはなれないわな。なれないからの願望なのかな。だから知性を持っちゃったやつが、逆に知性を使ってその知性を嘲ったりやなんかしてんだろうな。

太田　犬を殺すとか子供を殺して首を校門に置くような事件を起こすやつらは、それを表現だと思ってるふしがある。パンクでも鶏の首を切って血をまいたりするのを表現だと思ってるやつらがいるけど、そういうやつらに、ちょっと師匠の落語を見てくれよ、人間が何も使わずに、動物の命も奪わずにやったことのほうがよっぽど凄いじゃんって言いたい気持ちがあるんです。その場で首を引き裂いても、びっくりはするけど、それは表現じゃなくて動物が死んだことにびっくりしてるだけで、そんなのは芸でも何でもない。そこがこのDVDで見せつけたいことのひとつなんです。落語はなんの小道具もなく、ここまでのことができる。ピカソが使ってる筆は誰でも使ってる筆で、道具が凄いから絵が凄いわけじゃない。それを使って何をするかが問題なわけで、そういう意味で、落語は究極だと思うんですよ。

（おおた　ひかり・爆笑問題）
（『SPA!』'07・11・13日号）

（C）2012「映画 立川談志」製作委員会

逃げもする。反撃もする。反則もする。でも防弾チョッキは着ない。なぜなら格好悪いから……

（『人生、成り行き』帯・太田光）

▶対　談……text 和田尚久

家元、教えてください！「笑い」っていったい何ですか？

三谷幸喜　Mitani Kôki
立川談志　Tatekawa Danshi

談志　おれ、あなたに質問したいんだけど、あんな面白いものが書ける作者が、どうしてつまらないものをこしらえるのかね。
三谷　それは……。
談志　あなたの『マトリョーシカ』を観て、感動したんだ。こんなにすごい作者がいたのかって。それで、DVDからビデオからあさったわけです。ところが、『新選組！』なんて観たって面白くもなんともねえ。自分の判断で、これはいいだろうというものが出来たわけでしょう？　おれは一本目の印象で三谷幸喜という作者を買っているけど、ほかの作品は、別の見地から見ればいい作品なんだろうか。
三谷　何でしょうか。ひとつひとつがもちろん真剣勝負ではあるんですけれども、僕なんかは自分の中で何が面白いのか、面白くないのか、何が自分に向いているのかどうなのかは、毎回試行錯誤みたいな感じで。実は僕の中で、みんなにどうだ、いいだろうと思えたものは一本もなくて……。
談志　そう？
三谷　はい。いつか、そういうものを作りたいな、と思いますけれども。
談志　じゃあ、他人のものならあるの？　ほかのものなら、これはすごいなというものが。
三谷　それはありますね。正直言うと、日本のものはないですけれども、やっぱり外国映画を観て、うわ、すごいなというのは、ビリー・ワイルダーから始まって、あります。
談志　ルビッチでも何でもね。
三谷　エルンスト・ルビッチは大好きです。僕は『生きるべきか死ぬべきか』が映画のお手本で、一回でいいからああいうものを、舞台か映画かで作ってみたいなとずっと思っているんです。
談志　すげえな。あれは。

三谷　あれはもう……。

談志　やりやがったというやつだよね。

三谷　すごく悔しいのは、僕の世代で言うと、ルビッチのオリジナルよりも先にリメイク版を見ているんですよ。『メル・ブルックスの大脱走』というタイトルだったんですけれども、そっちを観ちゃっていて、そこそこだったんですけれども、その後に本編を観たので、余計に……。

談志　悲しいことだね。

三谷　本編を先に観ておけばよかったな、というのがありますね。

談志　リメイクってのはたいていダメでしょう。名作に傷をつけるよね。

三谷　ルビッチは、シナリオはワイルダーの師匠なだけあって練られているし、撮り方とか、映画の全体的なトーンがすごく品があるというか、しゃれているじゃないですか。けど、なぜこの映画はすごく品があるように見えるのかというのが、分からないんです。その品がどこから来ているのか。僕がそれをやりたいと思った時に、どこを吸収すればいいのか。

談志　下品なのって嫌だね。どこかで分かる、ああ、品がねえなっていうの。おれは下品だと言われるけど、おれのは下品じゃなくて乱暴なだけの話でね。

しかしね、品位というのはどこで決めていいものか。別に数値で出るものじゃないから。

三谷　そうなんですよ。ルビッチの『生活の設計』という作品を観ていたら、主人公の男性の家にすごく好きな女の人が初めて訪ねてくるシーンがあるんです。ゲイリー・クーパーがすごくドキドキして待っているんですよ。で、トントンとノックをされて、あ、来たと思ってドアを開けたら近所の子供が立っているという他愛ないギャグなんですけれども、その子供の身長がすごく品がいいんです。ちっちゃすぎてもつまらないし、大きすぎると面白くない。まさにいい感じの身長なんですよ。この映画の、ここは絶対この身長じゃなきゃだめだ、面白くないというのが多分あると思うんです。けど、どういう感覚を磨けばそういうことになるんだろうかと。

談志　感覚で磨けるものかね。

三谷　持って生まれたものでしょうか。

談志　品性というのは持って生まれたものじゃないかな。だから、本来なら下品になるような状況にいても、ならないやつはならないし。品があるように見せても、ないやつというのは金が絡むとすぐに分かるでしょ。

三谷　ビリー・ワイルダーでは何が一番お好きなんですか。

談志　難しいね。よく出来ているという意味では『情婦』か。

三谷　僕は、リアルタイムではもちろん観ていないんですけれども、ワイルダーって結構シリアスなものも撮っていますよね。だから、コメディーの監督という認識は、最初はなかったようですね。

談志　そりゃそうだよね。レイ・ミランドがアルコール依存症患者役を演じた『失われた週末』、ハリウッドのバックステージものの『サンセット大通り』。

三谷　収容所ものの『第十七捕虜収容所』。これ以降はコメディー路線になってきていますけれども。

談志　コメディーの監督というよりは、何でもうまく撮れる人というようなイメージがあるな。

三谷　僕、一回だけビリー・ワイルダーに会う機会があったんです。テレビ番組のワイルダーを訪ねるという企画でアメリカに行って、そこでお会いしてお話しすることができたんですけれども。

談志　会ってきたのね。

三谷　はい。亡くなる二年ぐらい前だったんですけれども、ものすごく怖い感じの人で……。

談志　おれは会ってないんですけれども、ワイルダーに会った時の印象を自分で想像してみたんだ。そうしたら、乗馬ズボンを穿いて、鞭をもっていた。おれの頭の中でね。で、おそらく、こっちがワイルダーの深淵に触れれば触れただけで腹が立つだろうし、分からなきゃ分からないでとっとと出てけみたいなリアクションをするだろうと。どっちみち、おれのことを受け入れることはないだろうと思ったね。

三谷　でも、本当にそんな感じでした。最初から腹が立っているような雰囲気で、何で来たんだという感じでしたね。喜んでほしいという思いもあって、『あなただけ今晩は』を日本でやった時に、みんなもうすごい拍手で、すごく盛り上がりましたよ、という話をしたら、「あんな映画で盛り上がるやつの気が知れない」と。

談志　そんなことを、言うだろうね。おれの想像どおりだな、ワイルダー。

三谷　そう言われると、もう返す言葉がなくなって、あ、そうですかみたいになっちゃいました。

＊

三谷　インタビューなんかで「笑いとは何だと思いますか」と聞かれることがたまにあるんですが、僕の考えたひとつの答えがありまして、正しいかどうかをちょっと伺いたいんです。

僕が思ったのは、結局笑いというのは、人間を笑うことなのではないかと。人は人を笑う。動物が何か変なことをしておかしいと思うのは、やっぱりそれは人間に重なる動きをした時であって、植物とかを見ていても笑えないのは、擬人化できないからだと。と思うと、すべての笑いの基本は、それが人間であるからだという感じがしたんですけれども、この考え方は……。

談志　高橋義孝先生は「超自我の破壊」と言っていた。つまり立派な先生だと思っていたら、一発ぶっと屁をこいて「えへへへ」なんて言われて、そこで超自我——人間が持っている規範とか通念——が崩壊すると笑いになると。これ、緊張の緩和と言ってもいいのかな。桂枝雀も同じことを言っていた。

なにもそんなに入り組んだ状況じゃなくても、子供のお腹をぷーっと吹くと笑うでしょう。それからすると、人間は赤ん坊も含めて常にどこかで緊張しているんだと。その緊張の度合いを解いた時に、とりあえず「はひふへほ」という音に出るんじゃないのかなというのが、おれの意見なんですけどね。反論があればいつでも聞くし、間違えていれば正すけどね。

三谷　それをもっと突き詰めていくと、緊張が解けた時には、なぜおかしくなるんでしょうか。

談志　例えば、ここがベトナムの戦場で、自分が二、三人の小部隊のひとりで、敵の大隊から身を潜めていたとしようか。見つかったら殺される。当然、緊張は極限になるでしょう。で、敵はこっちに気がつかないで、過ぎ去っていったと。その時に、人間は笑うのかね。分からないな。ただ「はーっ……」て溜め息を漏らすだけかもしれない。

三谷　戦場で銃を構えている時に、向こうから敵がばーっとやってきて通過していく。そこにも笑いを生み出すとしたら、どういう手を使えばいいんでしょうか。

談志　映画で撮って、お互いがすぐ近くにいるんだけど、気がつかないですれ違う。それをうまくやれば、観ている観客が笑うかもしれない。

三谷　その場合、彼ら――兵士たち――に笑いはないですよね。

談志　ない。

三谷　観ているほうが笑うのはなぜなんでしょうね。例えば、銃を構えて、最高の緊張の時に誰かひとり、ぷっとおならをするじゃないですか。そうしたら、彼らは「このばかっ！」みたいなことになるじゃないですか。それかもう聞かなかったふりをするとか、心の中で「ばかやろう、あいつ」とか思って。

談志　おれなら、ことによると命を懸けて笑うかもしれない。

三谷　そこでですか。

談志　「おい、屁をこくな、こんな時におまえ、命を懸ける時に屁をこくばかがあるもんか」ってなことを言いそうだな。これは言わないと自分じゃないみたいな気がする。

三谷　そう言ったことによって、ほかのやつらが笑う可能性がありますよね。

談志　あとのふたりがな。

三谷　ええ。その笑ったことによって見つかるという、最悪の状況になりますね（笑）。

談志　そうそう。それで全員が犠牲になる。

三谷　面白いですけど、それってほんとに悪いのは、屁をこいたやつじゃなくて、みんな分かっているのに指摘した……。

談志　おれのせいだよ（笑）。

三谷　そうですね（笑）。

＊

三谷　笑いに関して、僕は誰を笑わせたいのかと考えると、それは正直言うと、できるだけたくさんの人を笑わせたい。じゃあ日本中の人みんなが笑える笑いをやりたいのかと考えると、確かにやってみたいし、仕事としてやっていくからには、たくさんの人に来てもらいたいというのがあるですけれども……。

談志　それは、三谷作品の中には、それができる可能性があるということ？

三谷　そこなんですよね。ただ、○○万人の人を笑わせるためには、やっぱり分かりやすくしないといけないというのが……。

談志　それはそう思うね。

三谷　だけど、その一方で、僕がほんとにやりたいのは、言い方はよくないですけど、分かってくれる人だけが分かってくれればいい。難しいものという意味ではなくて、僕自身が面白いと思うものをやりたい。ほかのみんなにそんなの面白くないよと言われても、僕が面白ければいいんだという思いも、ちょっと不遜な感じですけれども、あるんです。両方あるんです。それをどう自分の中で折り合いをつけていいかが、ずっと分からないで来ているんですけれども。

談志　おれはもっと不遜だから、こんな面白《おもしれ》えものが分からねえのかという態度に出るんだろうな、作った時に。

三谷　それはすごいな。

談志　もちろん誤認もあるだろうけど、分からねえやつはとっとと帰れみたいなね。こんな面白いのを作って与えてやって分からねえとは何事だと。てめえらはおれの落語を聴く資格なんざねえ、ものには資格ってものがある、ふざけんなと思うよ。

三谷　それだけの自信がある。

談志　だから世間一般で言う「落語」を求めている客と、おれの芸が合わないということはよくあります。落語家なら落語がうまけりゃいい、まずけりゃ反省して勉強すればいい。だけど、落語家の中に入っているんじゃないような気がしてきてね、ここ数年。

三谷　それは、どういうことでしょう？

談志　つまり、落語家に帰属しているんじゃないんだね。人間それぞれどこかに帰属している。会社員なら会社に、暴走族は暴走族に、そのくせうちへ帰れば家族に帰属しますよね。そう考えると、おれは落語じゃなくて立川談志に帰属しているんだ。だから、これは大変なんです。ただ落語をうまく語っていればいいというのと違うから。やればやったで、立川談志という存在は、すぐまた次のものを要求してきますから。この間なんか、「鉄拐」という落語をやっていて、おれに内緒で登場人物が動きはじめやがんの。

三谷　すごいことですね。

談志　すごいことだよ。年末の「芝浜」では、「今日は魚屋らしい女でやってみろ」と言っただけなのよ。それであのストーリーをやらなきゃならない女房は、しまいにどうやっていいか分からなくなって、狂うように泣き笑い、叫んで。終わって、ただ呆然として、おれも観客も立てないんだよ。

三谷　でもやっぱり、それだけ面白いものが出来たら、逆の意味ではほんとに大勢の人に見せたいですよね。

談志　そうです。

三谷　そのためにはどうすればいいんでしょうか。

談志　どうしようもないです。なぜならば、キャパシティーは決まっていますし、落語なんていうのは、どう考えたって三〇〇人ぐらいの芸でしょう。テレビや映画とはまた違うから。

三谷　それを思うと、映画はやっぱりすごいなと思いますね。僕がビリー・ワイルダーの五十年、六十年以上前のものを観ていまだに楽しめているということは。

談志　この頃の映画なんか観てるとね、変にリアルにやるより、昔の『愛染かつら』じゃないけれど、「ええ、あたしって、もうこれ以上あなたとはお会いできないんですね」「僕もつらいけど仕方がないのさ、これが人生さ」「人生ってつらいわね」なんて、ああいう作り、会話でやったほう、変にリアリティーでやるよりいいと感じる時がありますよ。

三谷　映画のリアリティーというのは何なんですかね。

談志　何なんだろう。

三谷　決していいことではないですよね。

談志　ない。ただ現実のものをそのまま見せるというのはね。ミュージカル映画にしたって、『ダム・ヤンキース』（『くたばれ！ヤンキース』）あたりまでは我慢しました。グウェン・ヴァードンとボブ・フォッシーの「マンボ」のナンバーはなかなかよかった。けど、群舞になると嫌でしたね。だから、『ウエスト・サイド物語』は観ましたけど、とてもだめだな。ああいう形の「リアリティー」はダメ。やっぱり（フレッド・）アステアとジーン（・ケリー）、あれがミュージカルというものだと思う。

三谷　そもそもミュージカルというのはミュージカルコメディーということですもんね。

談志　そうでしょうな。

三谷　だから、面白くなければ意味がないというか、ミュージカルですらないんですもんね、ほんとうは。

談志　こんな小咄《こばなし》があってね。ある男が闘牛をやっている町のレストランに入った。テーブルについていると、隣のテーブルにある料理が運ばれてきて、店中の客から歓声が上がるんだ。「うわー、来た来た」と。なんだろうと思って見ると、大きなお皿の上にアヒルの卵ぐらいなのがふたつ載っている料理でね、「ボーイ君、あれは何ですか」と言うと、「うちのスペシャルです」と。「闘牛場と提携していまして、闘牛があった日だけにしかないんですよ。だから新鮮で、料理法も一風変わっていて、大変人気がある、うちの特製メニューなんです」と。「食べたいね」「詰まっていますからね、リザーブが」「じゃあ、いつ頃空いてる？」「来月の二日なら」「いいよ、それでもう。おれ、約束する」と約束して翌月の二日、店にやってきた。「分かっているね、例のスペシャル、当店の」「ええ、存じてます」。で、待っていると「お待たせいたしました」「おい、ちょっと待てよ、ボーイ。これが頼んだやつか」と言うと、「そうです」「だけどおまえ、おれの言ったやつはアヒルの卵ぐらいのがふたつ載っているやつだろう。これ、梅干しぐらいのがふたつ載っているだけじゃねえか」「お客さん、闘牛というのは、いつも牛がやられるとは限りませんので」

三谷　いいですね（笑）。野暮を承知で伺いますが、この噺はどこが面白いのでしょうか。

談志　サゲが……、いや、起承転結の真ん中が抜けているからいいのかな。

三谷　それはありますね。ウソがないというか、会話がリアルというか。ほんとに人間同士のドラマになっているから。

談志　リアリティーというのはこういうことだろうね。現実イコール、リアリティーではなくて、本当のことを語っているのが真のリアル。落語にしても映画にしても。

三谷　今度の映画、ぜひ観ていただきたいんですけど。

談志　何ていう映画ですか。

三谷　『ザ・マジックアワー』という映画です。

談志　あなたの作品を観ているとね、いろんなシチュエーションが組み合わされて、最後にひとつに戻っていくというのを、ほかにもいたんだろうけど、あなたで発見したみたいなもんだったんだ。映画も今度観ましょう。また何かあったら呼んでください。伺いますから。

三谷　はい。その時は僕のほうから伺います。

談志　何かの時には。おれ金持ちだから、金は要らないからね。

三谷　分かりました（笑）。

（みたに こうき・脚本家、演出家、映画監督）

「BRUTUS」'08・6・15日号

対談…………

古今亭にはかなわねぇ。

美濃部美津子 Minobe Mitsuko
立川談志 Tatekawa Danshi

「談志君ね。俺はうまいね」
「うまいんですよ、師匠」。

談志 中学生くらいの頃ね、新宿末広亭の夜の部で志ん生師匠が「らくだ」やったのを見たんですが、そのすげえのなんの。それまでは柳好師匠（春風亭・四代目）のファンであり、金馬師匠（三遊亭・三代目）のファンだったんだけど、それ見たら他の人はもう駄目。志ん生一本になっちゃった。

美濃部 私はね、お父さんの高座は心配しながら聞いているから、あまり中身のことは覚えていないんですよ。「らくだ」は可楽さん（三笑亭・八代目）が稽古に来てましたね。それからは、お父さんはあまり「らくだ」をやらなくなったんですよ。人に教えた噺はやらなくなるんですよ。

談志 それは、エチケットであると同時に余裕だな。志ん生師匠は、いくらでも噺を持っていましたものね。

それで、その「らくだ」なんですが、噺のあたまでらくだというあだ名の男が死ぬでしょ。で、死体をらくだの兄貴分が見つけたときの台詞を、たいていの落語家は「おう、どした……。死んでやがんなこいつは」とやる。ところが志ん生師匠は「おう、なんだ。死んじゃったァ。起きろい」。リアリティから考えたら、死人に起きろなんてとても言えませんよ。そんなジョークにもならないことを見事にやる。これは誰にも真似できないと思ったね。

それでも、売れない時期は長かったんでしょうな。お姉さんは、その貧乏の盛りを知っているわけですか。

美濃部 知ってますよ。お父さんは、売れないから寄席に出られないでしょう。出たって、もらえる額はたかが知れてるし、そのお金は自分で飲んできちゃう。だから、お母さんがお裁縫やクレヨンのペーパー巻きなどの内職をして、食いつないでいたんです。

談志 自分の子どもをひとり、文楽師匠（桂・八代目）の養子にしようとしたこともあったんですよね。

美濃部　次女の喜美子が五つくらいの時ですね。文楽さんのほうがいい生活していたから、自分の家にいるより幸せになれると思ったらしいの。でも、お父さんが喜美子を連れて、文楽さんが住んでいた上野に着いた瞬間に、彼女がワーワー泣き出しちゃって。そのまま家まで行かずに帰ってきたんです。

　あの頃はね、一番のごちそうといえばコロッケ。「今日はコロッケね」ってお母さんが言うと、私たちが喜んでね。まだ志ん朝が生まれてなかったから、兄弟三人で手をつないで、歌いながらお母さんと四人で買いに行くんですよ。あと、ハジパンっていう、食パンの耳ね。あれにお湯で溶かした砂糖をつけて食べるのがすごくおいしかった。

談志　やっぱりね、「日本の母ベストテン」なんてことをやったら、おりんさん（志ん生の妻）がトップですよ。

美濃部　私もね、自分の親ながら本当にそう思いますよ。お母さんがよく育ててくれたから、貧乏でも恥かいたことはなかったし、兄弟げんかもなかった。親に怒られた記憶もないんです。

談志　売れてきてからの志ん生師匠はどうだったんですか。やっぱり大酒飲みだったの。

美濃部　お酒は好きでしたけど、それほど大酒飲みでもないですよ。家で飲む時は、冷やでコップ三杯くらい。つまみは豆とお刺身。

談志　家で、他の芸人の批判をすることはないんですか。

美濃部　しませんでした。楽屋の話は家では全然聞きませんでしたね。人の悪口は言わない人だし、社会の出来事にもあんまり興味持っていないというか、わからないみたい（笑）。

談志　じゃあ、趣味は将棋だけ？

美濃部　そう、将棋だけ（笑）。馬風師匠（鈴々舎・四代目）がよく将棋差しに来ていて。後になって、馬風師匠は私に「お前はな、子どもの頃、俺が膝に乗せてやったんだぞ」って言ってました。

談志　毎年暮れに落語協会の寄り合いがあって、幹部が挨拶をするんですよ。文楽師匠などは、ちゃんと話をするんですが、志ん生師匠は「え〜、将棋はいいよ。将棋はいいねェ」だって（笑）。なんだかわけがわからない。

　色事のほうはどうだったんですか。

美濃部　あんまりなかったみたいよ。お金もないし、いい男じゃないんだから（笑）。着ているものだって、決していいものじゃないし。

談志　昔の写真にね、若くてやせていた志ん生師匠が出ていたんです。その横に落語評がついていて、「ガサガサしていて、ウケてはいるけれど、本格の芸とは思えない」って書いてあるんですよ。その頃の〝本格の芸〟ってのは、安藤鶴夫さんたちが言っていたようなものですけど。

美濃部　皆さん、さかんに文楽さんのことをほめていたでしょう？　文楽さんピシッとしていましたからね。

談志　楽屋でね、文楽師匠が椅子に座って志ん生師匠の高座を見ているんです。その姿には「悪いけど、俺のほうが上だ」という余裕が感じられたね。

　ある落語会で圓生師匠（三遊亭・六代目）が「包丁」だか「三十石」かを、それは見事にやったことがあるんですよ。

で、次の出番が志ん生師匠。その時、志ん朝も一緒にいてね、圓生師匠の高座を見て心配になってきたらしいんだよね。「父ちゃん、大丈夫」って聞いた。そしたら「え〜」っていつもの調子で上がっていって、やったのが「富久」。これが、もう……。

確かその時の「富久」を、テープに録音して志ん生師匠に聞かせたんです。そうしたら「う〜、談志君ね。俺はうまいね」「うまいんですよ、師匠」。

つまりね、志ん生は〝おもしろいけどうまくない〟と言われていたことがあったけど、俺にしてみれば〝冗談じゃない〟と。

美濃部　なんだか、その時のお父さんの顔が目に浮かびます。

談志　志ん生師匠が売れるようになったきっかけはなんだったんだろうと考えると、ラジオかもしれませんね。落語の本質が一般大衆に伝わるようになってきた。志ん生師匠には、落語の本質というか、娯楽の本質があるんです。もっと言うと、落語という作品をやっているんじゃなく、人間を追求している。常に発見がありました。

美濃部　お父さんの落語って、本当にくだらないことも言っているんだけど、なんかおかしいのよね。

談志　「二十の扉」というクイズ番組があったでしょう。答えが隠されていて、解答者が「それは植物ですか？」「日常生活で使うものですか？」などといろいろ質問をして、司会が「はい」「いいえ」と答える。それをヒントにして解答を出す、というものだったけど、その番組に志ん生師匠が出たんですよ。ところが、志ん生師匠の質問は「あー、それは卵の殻ですか？」「それは竜のヒゲですか？」（笑）。そんなんじゃ当たるわけがないんだ。ああいうのは意図的にやってるんですか？

美濃部　いや、本当にクイズのルールがわかってなかったんだと思う（笑）。そういう時はね、あまり怖がらないんですよ。また、お父さんを好きな人は、そのとぼけた具合を見ているのが、たまらなく好きだったんでしょうね。

談志　落語家が集まって川柳の会をやったときにね、みんなうまい川柳をつくってくるんだけど、志ん生師匠のはひどいんだ。「ふんどしでズボンを履くとコブができ」だって（笑）。

美濃部　ある意味、あの時代の奇人でしたよ。

談志　俺はね、馬生師匠には稽古をしてもらったけど、志ん生師匠にはないんですよ。

稽古っていうのはね、内容ではなくルーツなんですよ。たとえば「火焔太鼓」をやるのであれば、それを持ちネタにしていた志ん生師匠に教わったという事実がなければできなかった。俺も「源平盛衰記」をやる時、自分のやり方とは全然違うんだけど、三平さん（林家）のところに行ってルーツをつけてもらってきましたよ。

美濃部　そうなのよね。今は、そういう稽古の仕方もなくなってきちゃっているみたいですけどね。

談志　でもね、志ん生師匠の稽古は、ある意味で危険。志ん馬（古今亭・六代目）がね、前座の時に志ん生師匠に稽古してもらったんですよ。それを志ん馬がやってるのを聞いてたら「ぅあ〜ぁ〜え

〜」って、何の落語だかわかりゃしない（笑）。ちゃんと、柳枝師匠とか基礎がきっちりしている人に教わってから、志ん生師匠のところに行くならともかく、いきなり志ん生師匠に稽古してもらったら、えらい目にあうよ（笑）。

美濃部　やっぱり、稽古する人と聞く人って別なんでしょう。志ん朝だって稽古は文楽師匠や林家（正蔵・六代目）に行っていたしね。

馬生、志ん朝。名人の息子に生まれた明と暗。

談志　昭和二十年に、志ん生師匠は慰問で満州に行きましたよね。あれも仕事がないから行ったんですか。俺は、師匠がずぼらだから、家族の面倒を見るのが面倒くさくなって逃げたんじゃないかと思ってんだけど（笑）。

美濃部　本当はね、たいして行きたくはなかったと思うんですよ。ただ、空襲で本所一帯が丸焼けになった話を聞いてから、すごく臆病になっちゃってね。空襲警報が鳴ると一目散に逃げ出しちゃうの。

談志　自分だけ逃げちゃって家族のことは考えないんですか。

美濃部　考えないの（笑）。戦争中は駒込の神明町に住んでいたんですが、ある時、遠くの空が燃えて赤くなっているのが見えた。昼間ですよ。そしたら「大変だ！　あれがどんどん来ちゃって火の海になる前に早く逃げなきゃ」って大騒ぎ。焼けているのははるか向こうなのに。それで、縁側に置いてあった空っぽのヤカンを持って、とっととっとと駆け出していっちゃった（笑）。仕方がないから「お父さんが迷子になっちゃう」ってみんなで追いかけてね。

　そんなんじゃ困るでしょう。だから、東京にいてもお酒もないし、満州に行ってるうちに戦争も収まるだろうから、一ヵ月くらいなら行ってくれれば、という話になって。

談志　ところが、戦争が終わっても帰ってこなかった。

美濃部　そう、お父さんがいない間、馬生がずいぶん苦労をしたんですよ。もともと志ん生の息子ということで仲間うちでは風当たりが強かったところに、志ん生は満州に行って死んじゃったという噂まで流れましたからね。

　お母さんが持っていた手帳を、亡くなってから見たら「今日も、馬生が寄席に行ってみんなからいじめられた。くやしい」って書いてあった。馬生は私たちには何も愚痴らなかったけど、お母さんには言ったんでしょうね。

談志　俺は、馬生師匠がすごく好きだったの。でも、寄席にもあまり出ていないんですよ。仲間うちでは、親の七光りだどうのって文句言われてるしね。でも、俺にとってはうまいし、おもしろいし、きれいな師匠だった。

　馬生師匠のネタ帖を見せてもらったら、ありとあらゆる噺に挑戦していましたよ。「俥《くるま》屋」とか「四宿の屁」とか、それこそ全部の噺に挑戦していたんじゃないかなあ。ある時、稽古に行ったら「支那の野ざらし」という噺を教えられましたよ。そんな、誰もやり手のないような噺を覚えたという、まずその了見がすごいと思いましたね。「俥屋」も「自分はこの噺はやらないけど、先代の談志の売り物だったから」って馬生師匠が教えてくれたんですよ。

美濃部　馬生はよく勉強していましたよ。談洲楼燕枝さん（二代目）や林家など、ほうぼうへ稽古に行ってました。帰ってきても、一人で稽古をしていたみたいですね。

談志　それはそうですよ。あれだけ風当たりが強かったら、落語やめるか何も言わせないほどに抜きん出るかしかないですもの。

馬生師匠は絵もうまかったですね。

美濃部　絵はお母さんが教えたの。

談志　そうか、志ん生師匠の絵はひどいもんね。楽屋に志ん生師匠のファンが来てね、サインをねだったことがある。そしたら、「茶碗を持ってきて、茶碗を」。茶碗を紙の上に逆さに置いて、そのまわりを筆で丸くなぞってね。その上に、チョッチョッと線を描いて「火焔太鼓だ」だって（笑）。

それにしても、馬生師匠は惜しい。これからって時に、亡くなってしまいましたからね。

美濃部　五十四歳でしたよ。

談志　くれぐれも惜しい。馬生師匠も志ん朝も惜しい！

美濃部　志ん朝が亡くなった時は、馬生の時より、ショックでしたよ。志ん朝と私は十四も年が離れていたから、自分の子どものように育てたでしょう。でもね、死んだのが悲しいんじゃないの。くやしいほうが先なの。

あの子が逝く時ね、「お姉さん、危ないですからすぐ来てください」って言われて矢来町まで飛んで行ったら、もう志ん朝の目が開いちゃっててね。「強次！強次！　まっすぐ父ちゃんと母ちゃんのとこ行くんだよっ」って、二度言ったんですよ。そしたら、すーっと……。

談志　あの時、ＮＨＫに取材されて「いい時に死んだよ、見事に拍手喝采で送られて結構だよ」と言ったんです。だって、もう死んじゃったんだよ。なんか言ったって愚痴にしかならない。

美濃部　あと十年でも二十年でも私の年をあげたのに。あの子の出囃子聞くと、まだ涙が出ちゃうんですよ。

志ん朝はね、毎年四月に池袋演芸場でトリをとっていたんです。私、落語の世界で顔を知られているから、寄席や楽屋に行くのが嫌なんですけど、あの子が亡くなる年のちょうどその頃にね、なんだか急に志ん朝の落語が聞きたくなって、池袋に行ったんです。

談志　志ん朝は何をやってました？

美濃部　その日は「宿屋の富」。結局、その高座を見たのが志ん朝とのお別れになってしまったの。

談志　あれいいですよね、彼の持ちネタで。それから「愛宕山」「三枚起請」もよかった。

志ん朝は志ん生になるべきだった。

美濃部　一緒に暮らしていた時、志ん朝が毎日毎日勉強しているのを見ていましたよ。うちの子たちは、馬生も志ん朝もよく勉強しているなと思ってね。お父さんだって、貧乏だった頃、上野でも浅草でも、家から稽古しながら行ったもんだって。

談志　平成十三年の夏ね、志ん朝が住吉踊りに出てた時、久しぶりに飲んだんだ。それで俺が「金払って聞きに行くのは志ん朝だけだな」って言ったの。志ん朝は志ん朝で「俺、下手なやつは嫌いなんだよ」って。あの夜はね、「兄《あに》さん、久しぶりにいい酒飲んだよ」ってつぶやいてたよ。

美濃部　志ん朝、嬉しそうだったでしょう。

談志　その前に飲んだ時は、「飲むのもいいけどね、兄さんパーパー喋るから料理の味もなにもねえ」って言ってたけどね（笑）。

美濃部　私にとって談志さんは、〝志ん朝のお友達〟という存在だったのよ。

談志　彼がまだ獨協高校に行っていた時分から知ってましたからね。で、俺言ったんだ。「いいね、あんたは」「なんで」「親父が志ん生ってのはうらやましいよ」ってね。

　チームつくって野球やったり、一緒にプール行ったり、ウォッカの飲み比べしたりね、志ん朝とはよく一緒に遊んでいましたよ。

　三遊亭一派が落語協会を脱会する時（昭和五十三年の落語協会分裂騒動。真打大量昇進に反対した六代目三遊亭圓生とその弟子、同じ意見を持つ落語家たちが落語協会を脱会。志ん朝も脱会メンバーに入っていたが、周囲の説得などもあり協会に戻った）も、俺は今の圓蔵と円楽、志ん朝に四人はいつも一緒にいようねって言ったんだ。結果的にそれを裏切ったのは俺になるんだけど（笑）。

美濃部　あの頃のごたごたの話は詳しくは知らないんです。ただ、馬生がずいぶん骨を折って志ん朝をとどめた、ということは聞いていました。

談志　脱会した圓生師匠が新しい会をつくってやっていくということになって、俺たち四人もついていった。ところが、圓生師匠は新しい会のリーダーは志ん朝だって言うんだ。それはおもしろくないから、「俺にリーダー譲りなよ。俺を抜かしたらこの会つぶれるよ」って言ったら「兄さん、それはできないよ」って。で、ああそうかい、勝手にしろよと。俺は小さん師匠のとこに戻って、「どうも師匠、血のつながりは濃いですから」（笑）。今、考えれば俺も若かったんだよな。俺が志ん朝を補佐してやりゃよかったんだよ。

美濃部　だから、それからしばらくして談志さんが協会を脱会した時は、本当に残念でした。一緒にいたら、志ん朝はもっと勉強したと思う。そちらはのんきになっちゃっていいけどさ（笑）。

談志　志ん朝にね、志ん生になれよって言ったんですよ。そしたら「兄さん、口上やってくれる？」。俺は「喜んでやるよ、飛んで行くよ」って。

美濃部　私は、お父さんと約束したんですよ。「馬生は系統が違うから、志ん生は志ん朝に継がせてくれ」と言われて、「わかった、大丈夫だよ」って。でも、なかなか継がないから、「どうするの、あんた、志ん生継がないの？」「まだ、ちょっと」。

談志　まだ、ってことは可能性はあったわけですか。でも、俺から言わせてもらえば、まだ未熟だとかそういう問題じゃないと。親父に比べてどうの、芸の系統がどうのなんて関係なくて、志ん朝は志ん生にならなければならなかった。何よりも、名前を継ぐことが重要で、なってしくじろうと、それは当人の問題なんだから。

美濃部　本人にしてみれば、自分の力であれだけ大きくした志ん朝という名前がかわいかったとも思うんですよ。ただ、もっと年をとったら、志ん生になったでしょうね。

談志　俺は「志ん生になってもいいから、もっとうまくなれよ」って志ん朝に言ったことがあるんです。この場合のうまさ、っていうのはテクニックって意味ね。俺みたいな落語をやっちゃってるとね、ふと我に返った時に、近くにちゃんと伝統を守っているやつがいると、いい反省材料になるんですよ。あ、俺もこのままじゃいけねえな、いくらウケてるかもしれないけど、って思うんですよね。

　忌憚なく言えば、志ん朝の芸はメロディなんですよ。見事なメロディでもってウワーッと観客を渦の中に巻き込んでしまう。

　さあ、そこで落語リアリティから見るとどうかと考えると、志ん生師匠のように、かたちを崩して下手にやれるような域にまで行けるかな、という疑問があった。だからこそ「もっとうまくなれ」と言ったんですよ。下手になれなかったら、そうするしかない。

　ただ、晩年はだんだん志ん朝もかたちを崩すようになってきていたんですよ。惜しいことをしたなあ。また違った志ん生ができたかもしれないのに。

美濃部　そうやって談志さんに言ってもらえると、本当に嬉しい。お父さんの落語も深く聞いてくださってるし。

談志　志ん朝に言ったことがあるんですよ。「親父が倒れちゃって、高座に出られなかったら、こたつにあたっているだけでいいんだ。それでもみんな入場券払って見に来るよ。志ん生がいる、それだけでいいんだ」って。「よせよ」って笑っていたけどね。それだけの価値がありますよ。

美濃部　お父さんが昭和三十六年に脳出血で倒れた後は、言葉もはっきりしなくなったでしょう。でも、お父さんを好きな人は、それでも喜んでくれたんですよ。自分でも高座に出たくて出たくてね、さすがに「もう無理よ、やめな」と言いましたけど。

談志　そういう志ん生師匠をさ、まだ金が欲しいのか、なんて言うやつもいたけど、そんな話じゃないんですよ。落語がやりたくてしょうがない。落語への執念なんですよね。

美濃部　どうしても独演会やりたいって言うから、一回だけ人形町の末広でやったこともありましたよ。

談志　落語家を分類したら、俺はやっぱり志ん生師匠の部に入りますね。

　ズバッと言えば、志ん生賛美ですよ。だって、そのすごさは俺が実証しているはずですよ。志ん生師匠の集大成を自分の落語に持ってきて、現実に売れているんですから。

　古今亭志ん生、あれこそ落語家。具体的にはどういうことかって、人間を語っている。その一言に尽きますね。

　……粋なもんだ。

（『東京人』'03・12月号）

立川談志
愛吟柳歌

あっさりと恋も命もあきらめる江戸育ちほど悲しきはなし

対談……

危なすぎる時事放談

福田和也 Fukuda Kazuya
立川談志 Tatekawa Danshi

訴えた相撲協会がバカ

――まず最初に、大相撲の八百長問題の話題からお願いします。

談志　相撲に八百長があるのは当たり前ですよ。むかし大豪《だいごう》という相撲取りがいて、アイツはどういうわけだか、立ち合いで両脇を開けてさ、すぐに相手に双差《もろざ》しされちゃう。それでついた渾名が「バンザイ大豪」。それがある時、逆に双差しが入っちゃった。困った奴は、入れた両手を順に抜きやがった。普通の「バンザイ大豪」でいいのに、八百長やろうとするから、そんなことになる。逆に若乃花（初代）なんかは、ここで一番負けてやれば相手はカド番脱出というところでブン投げちゃったもんだから、非情なヤツだって言われたりね。相手は松登《まつのぼり》だ。

福田　これも昔話ですが、色川武大さんが書いています。歌人の斎藤茂吉の義弟が出羽ヶ嶽文治郎、通称「ブンちゃん」と呼ばれた力士で、身長二メートルぐらいある大男だった。そのくせ、相撲は滅法弱い。でも、大男だから見ているだけで面白いというので、無理やり幕内に残していたとか。

談志　懐かしいなぁ、ブンちゃん。美術商で院外団活動なんかをやっていた木村東介さんが、ブンちゃんを可愛がってたな。

福田　隻腕の元右翼ですね。あれ、どこかの大学の相撲部と喧嘩して、日本刀で切られたっていう。

談志　切られた自分の手ぇもって医者に行ったというから、すごいよ。オレもなぜだか東介さんには可愛がってもらいました。

　彼の弟が（後に建設大臣などを歴任した）木村武雄さんで、オレは武雄さんから「君は政治家になれるよ」って言われたんだ。

福田　木村武雄は石原莞爾の、の子分だった……。

――あのぅ、それで八百長なんですが……。

談志　そう、八百長だ。落語家が高座で手抜きするのも八百長になンのかね。

福田　それは違うんじゃないですか。たとえば今日はどうも調子が悪い、早めに切り上げるから、お前うまくつないでくれと、後から出る噺家におカネを渡して頼む。そういうのはあるみたいだけれど。

談志　そりゃないよ。だけど、よほどのバカじゃないかぎり、大相撲に八百長がないなんて思ってる日本人はいないよ。

福田　相撲協会は、八百長報道をした講談社を訴えて、ウソの証言までさせて五〇〇〇万円近い損害賠償をとった。あれがバカですよ。そこまでやられたら講談社も刑事告訴するという話になって、シャレでは済まなくなっちゃった。相撲協会にとっては五〇〇〇万円なんていう小銭で国技を潰していいんですかと、（当時の）北の湖理事長に進言する人はいなかったんだろうか。

談志　オレは相撲取りでは舞の海がいちばん贔屓《ひいき》だった。結構付き合いがあって、引退式に出たんだけど、土足のまんま土俵に上がろうとしたら怒られてね。だったら、塩を撒かせてくれって頼んだけど、それもダメって。仕方ないから、注意してくれた若い者に「あんたはもう自分の責任は果たした」とか何とか言って、断髪の前に塩撒いて帰ったことがあった。

あれも困った男でね。いつだったかテレビの取材で岐阜の金華山へ行ったとき、長良川で泳ごうかということになったら「じつはボク、泳げないんです」と言いやがった。だから「バカヤロー、てめえの四股名は何て言うんだ」って。

福田　でも、今は相撲取りにとって本当にダブルパンチですよね。この不景気で御祝儀は集まらないうえに、八百長問題で大相撲の存続すら危うくなって。

談志　いっそ、八百長やりそうな力士ばかり集めて、別の一派を作っちまえばいいんじゃねえか。そういうの、やっちゃいけない規則もないだろうし。

いっそカンニング自由に

――ところで、京都大学などの入試で携帯電話とインターネットを使いカンニングした予備校生が逮捕されました。これも試験で八百長をしたようなものです。

談志　インターネットとか、携帯電話とかよくわからねぇんだけど、早い話が、昔は隣のヤツの答案を覗き込んでたのが、もっと複雑になったってことですか。

福田　そうです。昔の官僚の回顧録などを読むと、一高とかで非常に勉強ができる人が二人いて、一人は自分が解答し終わるとパッと提出するけど、もう一人は自分の答案を他のできないヤツに回して見せてやってから提出する。それで、その後、官僚になって出世したのは、やっぱり答案を見せてやったヤツだったというような話が出てきます。

入試と定期試験では性格が違いますが、困っている人にネットで答えを教えて助けるのは美徳という見方もできる。教員やってる私が言うのはマズいけれど。

談志　その新手のカンニングを防ぐには、教室を見回っている教官が「てめぇ、（携帯電話を）持ってたら出せ」って、それしかないね。インターネットが出るまでは、そういうカンニングはなかったんでしょ。

自分はパソコンの使い方がわかんないもんだから、頭の記憶を掘り起こすしかないんだ。最近は寝る前に洋画のタイトルで漢字だけのものを思いつくだけ挙げたりしている。「鳥」「第十七捕虜収容所」「十戒」「黄金」とかね。あと「白熱」「子鹿物語」に「若草物語」……。

福田　私は酒の飲みすぎか、どうも言葉が出てこないです。

談志　小咄があってね。「先生、あっしの病気の原因は何ですか」「酒だよ、酒に決まってるじゃないか」「えー、酒?　あ、そうか、なんだ酒か。おれのせいじゃないんだ」

福田　いい話ですね。

談志　いっそカンニング自由にしたらどうなの。オレは早稲田大の西原(春夫)っていう総長と一緒に釣りをしたりして遊んでいた時があって、一度聞いたんだ。「スポーツ選手なんかが早稲田に入るのは、大学を有名にしたいからでしょう」と。あれも試験しないんだから一種の八百長みたいなもんでしょう。

福田　いや、あれはスポーツ推薦という別の枠がありますから。

談志　だけど、あれだね。田舎の山奥に行くと、学年に生徒が一人しかいないなんていう学校もあるじゃないですか。ああいうところは横のヤツ見るっていっても、カンニングのしようがないもんな。

総理なんて誰でもいいんだ

――　話は変わりますが、家元の目には今の菅政権はどう映っていますか。

談志　よく言えば、可もなし不可もなしみたいな感じがするね。彼には何かやってやろうという気もないんでしょう。

だいたい言葉が統一されていて、地続きの国境がない国で政治がうまくいかないとしたら、政治家がよほどバカだというでしょう。誰でもできるんじゃないかって。オレはそう思っている。日本には内乱もないし。いっそ、どこかで内乱が起きないかね。石原(慎太郎都知事)的発想だけど。そうすりゃ、政治がもう少しマシになるかもしれない。北方領土でも返ってくれれば、みんな驚くのだろうが。

福田　でも、ロシアはいずれなくなると思います。だって、あの国は世界で一番セックスしているのに、男の平均寿命が六十歳を切って、どんどん縮んでいるんです。あんなに死亡率の高い先進国も珍しいんじゃないですか。だから、あと三十年もすれば人口が減って、国そのものが存続の危機に瀕するんじゃないか、と。

談志　どうしてそんなに早死になの?

福田　ウォッカと麻薬のせいだと思いますね。だから、北方領土を取り返したかったら、国後島あたりにでっかいウォッカ工場をつくって粗悪なウォッカをどんどん流通させればいいんですよ。それと、ロシアはたしか死亡者における水死率が十五年連続で世界トップなんです。酔っ払って川や池に落ちて死ぬ人が多い。

談志　オレも一度、国後島に渡ったことがあるけど、なァーんにもないところだったね。寒くて地面が凍っているようなところなのに、小さな女の子が裸足で歩いていた。娯楽といったら、ラジオと自家菜園ぐらいしかなくて、日本の戦時中のような感じ。

福田　ロシアは今も物騒な国ですけど、

何年か前に岡野雅行さんという墨田区の町工場のオヤジさんが痛くない注射針を開発して話題になりましたよね。あの注射針を最初に欲しがったのはロシア人だったそうです。なぜかというと、痛くない注射針なら暗殺がやりやすいからだとか。

談志　なるほど、そいつぁいいや。まあ、ロシアなんぞに比べりゃ、日本はまだ大分まともだ。だいたい総理なんて誰でもいいんだ。オレが国会議員だったとき、角さん（田中角栄）の後の総理を誰にするかって、派閥の偉い連中が集まって話をしても全然決まらない。仕方なく「角さん、誰がいいですか」と聞きにいったら、角さんは「いいよ、こんなの誰でも。斎藤（邦吉）でどうだ」って。斎藤さんってておとなしくて何もしない人でね。本当に誰でもいいんだと思ったもんです。最後は椎名裁定で三木（武夫）さんになったけど。

福田　でも、このままでいいんでしょうかね。菅は絶対に総理を辞めませんよ。戦前は総理大臣を辞めさせるのは簡単で、内閣改造のときに閣僚が一人でも辞表を出さなければ、総辞職するしかなかった。東條英機ですら、戦争中に岸信介の閣僚辞任拒否によって内閣総辞職に追い込まれていますから。けれど、今は総理大臣が閣僚の罷免ができるから、原理的には総理大臣が辞任しないかぎり、辞めさせることができない。

談志　宇野宗佑みたいに、（小指を立てて）コレで辞めた総理もいたけどねえ。

福田　菅も一度、女性スキャンダルがありましたが、最近は何もなし。かといって、何か悪いことをやらかすような器量も料簡もないし、そういう意味では面白くもなんともない。

談志　そうねえ、もっといろいろやってくれたほうがヤジ馬としては面白いんだけど。今の政界には、ハマコー（浜田幸一）みたいなのもいなくなったな。

――　個性的な現役政治家では、お二人とも石原慎太郎都知事と長年の親交がありますね。

談志　例の「たちあがれ日本」を作ったときも、石原から「応援に行ってやってくれ」って言われてね。「やだよ、声も出ないし」と言ったら、「日教組の悪口言ってくれりゃいい」って。「たちあがれ日本」たって、あんなもの、どこまで本物だかわかんないやね。

福田　石原さんには大胆な反面、すごく細やかなところもあります。

談志　たまに会うと、とろけるような笑顔で迎えてくれる。三年くらい前かな、石原が新橋で誰かの応援演説をしたことがあった。夏だからオレはシャツに短パンで鉢巻き巻いて、「おい、石原っ！」って何遍も叫んだ。あっちもまさかオレが来るとは思っていないから、オレだとわかった途端に「なんだバカヤロー」。変な格好しやがって。またゆっくり話をしようや。今日は演説だから」って別れたことがありますがね。

おまえの病気治してやるって言われて、変なところに連れて行かれたこともあったな。

福田　以前に聞いたことがありますが、あれはいい話ですね。目黒の……。

談志　いい医者のところへ連れてってや

ると言うから、行ってみたら、目黒の権之助坂のところで、ひとりで傘を差して立ってた。雨の日でね。そりゃ悪い気はしないやね。天下の石原都知事がひとりでそうやって。それで一緒にくっついていったら、変なのが出てきてちょっとオレの顔見て「全部わかりました。この紙を、胸ポケットに入れといてください、治りますから」って。そんなもんで治るわけねえじゃねぇか。

福田　いや、折角いい話なんですから。

談志　あいつはえらく真剣なんだよな。

福田　私は俗物なので、そういう石原さんのオカルト的な思考は理解できませんが、ご本人は本当に信じておられる。環状八号線の工事でも、一ヵ所、寺があってそこの工事をすると祟りがあるとかで、手をつけなかった場所が存在するという話もあります。

談志　あれは、そういう男なんだよ。石原さんは今度の都知事選は出ないんでしょう。他にどんなのが出るんだっけ。

――　東国原前宮崎県知事とか、松沢神奈川県知事、ワタミの渡辺美樹前会長などが挙がっています。

談志　あの、ピョンピョン跳ねるヤツ（ドクター・中松氏）も出るんだろ。石原さんが出ないなら、誰が出てても興味が沸かないね。

テレビはオカマばかり

――　最後に、もう少し大きな観点で日本を見たとき、いまは不景気だといわれ、就職難で自殺する大学生が前年比で二倍になったと報じられました。

談志　くだらないよ。死にたいやつは死にゃいいんでね。だけど、ほんとにその気になれば食っていけるよ。だって、パンの耳なんか、頼んだらタダでくれるでしょ。我々ガキのころ、パンの耳なんて貴重品だったんだから。みんな大企業に行こうってなら話は別だけど、とにかく職にありつこうというなら、どうにでもなるんじゃないのか。オレん家の三、四軒先の薬局のオヤジは東大出だよ。

福田　私のゼミの学生たちはちょっと変わっているというか、みんな物書き志望だったりするから、メディアで言うほど、就職難と言われてもピンとこない。あまりテレビも見ないですし。家元はテレビはご覧になりますか。

談志　見ないね。たまにスイッチを入れると、ほら、オカマのこんな太ったやつが出てるじゃない。

――　マツコ・デラックス。

談志　気持ち悪いよ。オレ、オカマの外国人に一回、睡眠薬飲まされて、目が覚めたらボコチン触られてたことがある。ただ、それがいい気持ちなんだよ。なんか女になった了見でさ。

あ、そうそう、おれが好きなテレビはあれだ。北朝鮮を宣伝する年増のアナウンサーのやつ。「キムジョンイル、マンセー」とかって。あれはいいね。

ニュース見て、いくら日本が不景気だって言っても、世界的に見れば日本なんてまだまだ豊かでしょう。日本の領土なんてモノの数じゃないんだから、尖閣諸島でも北方領土でも、欲しいって言うならくれてやりゃあいい。要らないよ、あんなもん。

（ふくだ　かずや・評論家）

〔『週刊現代』'11・3・26日号〕

資料◉ブックガイド

立川談志が書いた本

原 健太郎
Hara Kentarō

『新釈落語咄』（中公文庫）

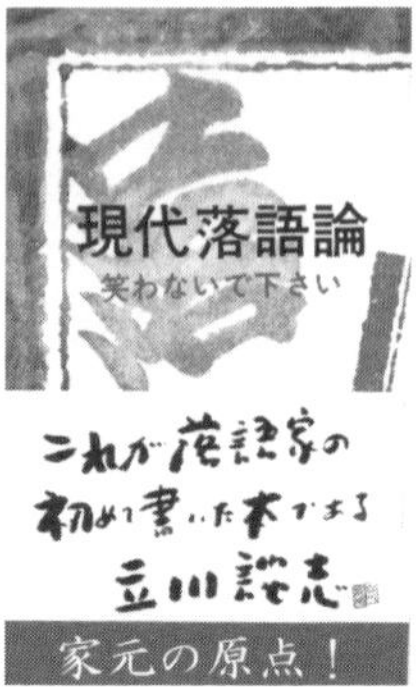

『現代落語論』（三一新書）

立川談志の著書は、共著や文庫で再刊されたものをのぞいても、その数五十を超える。著述を得意とした芸人では、マルチタレントの先駆けというべき徳川夢声の約八十冊（やはり、共著や再刊ものをのぞく）に次ぐ、膨大な量である。むろん、問われるのは量ではなく、質であろう。今回、著書の大方にあらためて目を通し、その質の高さに唸った。

たくさんの著書を、内容でジャンル分けしてみると、

1落語論…『現代落語論』（65年・三一書房）ほか。

2根多および根多論…「立川談志独り会」（全五巻・92〜95年・三一書房）ほか。

3芸人論…『談志楽屋噺』（87年・白夜書房／文春文庫）ほか。

4自伝…『人生、成り行き―談志一代記』（吉川潮＝聞き手・08年・新潮社／新潮文庫）ほか。

5評論…『談志絶唱昭和の歌謡曲』（06年・大和書房）ほか。

6ジョーク・ギャグ集…『家元を笑わせろ』（99年・DHC）ほか。

7小説…『談志受け咄』（97年・三一書房）ほか。

8その他…「談志人生全集」（全三巻・99年・講談社）ほか。

といったことになる。当然のことながら、もっとざっくり分けることも、細分化することも、アレンジはいかようにも可能である。芸人・立川談志の「書き物」における守備範囲の広さを、俯瞰するための試みであり、どの本の底にも、「落語とは何か」というテーマが横たわっているのがわかる。その意味で、五十冊余の著書みなを、「立川談志の落語論」といってもよいかもしれない。

紙数の関係で、そのすべてを紹介することはできないが、このジャンル区分にしたがって、個別に見ていきたい。

〈落語論〉のジャンルでは、やはり、「落語が『能』と同じ道をたどりそうなのは、たしかである」という衝撃的な言葉で結ばれた、**『現代落語論』**にふれないわけにはいかない。真打昇進から二年半、二十九歳のときに著した本であり、

おそらく、もっとも多くの読者を獲得した著作であろう。団塊の世代に該当する落語家たちの多くが、高校生時分に本書と出会い、将来の指針を定めたと聞く。

志ん朝、圓楽、圓蔵（当時圓鏡）との真打昇進の順番をめぐる顛末が、落語協会の分裂騒動と無関係ではなかったことを、後年、私たちは知るわけだが、本書には、「この時、志ん朝が先きに真打になるというので、おもしろくなかった」と、正直な気持ちが記されている。

落語立川流創立後に著した**『あなたも落語家になれる』**（85年・三一書房）と、病を得て現役続行を逡巡していたころに書かれた**『談志最後の落語論』**（09年・梧桐書院）を加え、談志落語論「三部作」と呼んでみたい。

〈根多および根多論〉のジャンルには、立川流古典落語九十席を収録した**「立川談志独り会」**（全五巻）と、これ以降、新たに書き下ろした根多を含めて再編集した**「立川談志遺言大全集」**（全十四巻・CD付き・02〜03年・講談社）の中の九巻がある。後者の文庫版が**「談志の落語」**（全九巻・09〜11年・静山社文庫）というわけだ。いずれも、作品ごとに自ら解説を添えている。

『鉄拐』の項には、「この落語に興味を持たない落語家に、私は興味はない」とある。こうした物言いが、読者にはたまらなくうれしいのだが、プロの落語家にとっては、鋭いナイフにも似たメッセージであったにちがいない。

世に伝えられる古典落語を、著者がどのように解釈し、いかに新しい息吹を注いだかは、**『新釈落語咄』**（95年・中央公論社／中公文庫）と続編の**『新釈落語咄パート2』**（99年・中央公論新社／中公文庫）を読むとよくわかる。どんなに優れた古典落語でも、新しい解釈なしでは、現代とくみすることはできないのだ。**『談志最後の根多帳』**（10年・梧桐書院）は、この種の本で最後に出版されたものである。

〈芸人論〉には、不遇であった同時代の落語家や、ギャグマンとして知られた泉和助などを論じた**『談志楽屋噺』**のほかに、志ん生から爆笑問題まで、百組の芸人への恋文集ともいえる**『談志百選』**（山藤章二／画・00年・講談社）、圓生、三木助らの先輩落語家を論じた**『談志絶倒昭和落語家伝』**（田島謹之助＝写真・

『談志楽屋噺』（文春文庫）

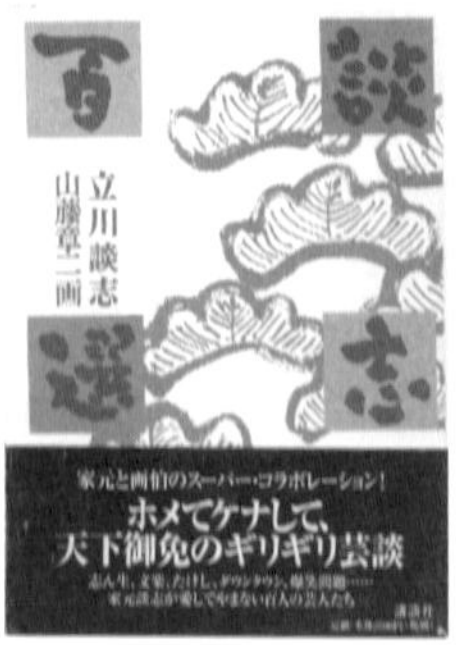

『談志百選』（講談社）

『談志絶倒昭和落語家伝』（大和書房）

07年・大和書房）がある。

　また、「立川談志遺言大全集」（全十四巻）にも「芸人論」が二巻収められている。第十四巻**『芸人論二　早めの遺言』**の「小さん師匠へ」からは、談志落語の矜持と師への敬慕の念が、表と裏の関係であることが読み取れる。

　色物への目配りにも定評のあった著者だが、南博・永井啓夫・小沢昭一編「芸双書」（全十巻・81〜82年・白水社）の第四巻**『めくらます　手品の世界』**には、アダチ龍光との対談が収録されている。「奇術と話芸」と題されたこの対談では、ふたりの信頼関係あってこその言葉の交換が、なんとも素敵である。

　龍光「なんだかしらんけども、戦争でしょう。負けるか勝つかわかんねえでしょう。だからやっぱり芸人でも兵隊みたいな気だったよ。死んだら靖国神社に祭られるなんて、ばかはそんなあさましい考えだったわな」

　談志「緊張感があったっていうのはうらやましいよな。平和のありがたみだけど。こんなこと言ったらバチあたるけど」

　次に**〈自伝〉**のジャンルだが、著者はこれまでも、さまざまな場面で生い立ちを語り、時代を書きとめてきた。しかしながら、いずれも切れ切れで、思考の流れまではとらえられなかった。**『人生、成り行き―談志一代記』**には、落語家・立川談志の半生があざやかに描かれている。ちょうどアダチ龍光との対談で、著者がになった役回りを、立川流顧問の作家・吉川潮が、「聞き手」としてきっちりつとめているからであろう。落語に興味を持ちはじめた戦中の少年時代から、立川流を創設して二十年余の時点（二〇〇七年夏ごろ）までの出来事や、それにともなう心持ちが、ていねいに綴られている。

　ところが、これだけの「一代記」を物しながらも、なお談志は、自らの手で己の人生を書き残したかったらしい。死後一年近くたってから、遺族らの手で世に出された**『立川談志自伝　狂気ありて』**（12年・亜紀書房）には、死を現実のものとしてとらえた最晩年の著者の、諦観と未練が静かに流れている。巻末に付された詳細な年表「立川談志七十五年の軌跡」が、ずっしりと重い。

　〈評論〉のジャンルでは、歌謡曲や流行歌手についての蘊蓄満載の**『談志絶唱昭和の歌謡曲』**が楽しい。三橋美智也『星屑の町』の冒頭の歌詞「両手をまわして……」の意味合いを、直接作詞者から聞き、意外な答えに呆れ返ったというエピソードなど、歌謡曲研究における一級の資料ともなろう。昭和という激動の時代が意義深かったことを、歌謡曲を通して確認できた、と「あとがき」で述べている。著者にとって歌謡曲は、まさに「青春」そのものであった。

　歌への関心が、童謡・唱歌にもおよんでいたことは、**『童謡咄』**（00年・くもん出版）で知ることができる。かつて『あの町この町』（野口雨情作詞・中山晋平作曲）を出囃子に使っていたほど、著者は童謡が「バカ好き」だった。しかし、それに対する意識や愛着は、各地で盛んにおこなわれている童謡の懐古イベントとは、一線を画するものだ。

　談志ファンを公言する松岡正剛氏は、書評サイト『松岡正剛の千夜千冊』に『童謡咄』を採り上げているが、そこで、「本書には、童謡をめぐりながらも童謡の奥にある日本人の心情をなんとか伝えようとする責任感のようなものを、感じた。それを一言でいえば『はかない自然』『せつない童心』というべきか」と述べている。

　実はこの本、私が勤務先の出版社で編集を担当したものなので、あえて松岡氏の言葉を引かせてもらった。執筆の準備に向けて、打ち合わせを重ねているさなか、食道がんが発覚した。だが、それから三年という時間をかけて、著者は原稿を完成させた。仕事に対する誠実きわまりない姿勢にふれ、私は頬を叩かれる思いだった。

『人生、成り行き』（新潮文庫）

『立川談志自伝 狂気ありて』（亜紀書房）

　食へのこだわりも並大抵のレベルではなかった。もちろん、「グルメ」なるものとは立場を異にしている。『**食い物を粗末にするな**』（00年・講談社）と、半年後に出された同書の限定私家版『**秘蔵版 談志喰い物咄**』（00年・講談社）では、のっけから、「戦中、戦後の、あの物質の無かった時代、芋と水ばかりの中にわずかに米の浮いていた『雑炊』を、命を賭けて奪い合ったあの頃と、図式は一つも変わっていない」と、今日の食の在り様を断罪する。

　最終章「この世の終わり、最後の晩餐」に、現在服用している健康食品が、三ページ余りにわたって掲げられている。肝油や朝鮮人参の粉、うこん、熊の胆などなど。そして、「人間最後にゃ末期の水を飲む」。

　フレッド・アステアとジェームズ・キャグニーが御贔屓だった著者が、書くべくして書いた『**談志映画噺**』（08年・朝日新聞出版）には、外国映画にまつわる想い出があふれている。なぜか「西部劇イコール三流映画」と決め込んで、ミュージカルとコメディを夢中になって観ていたようだ。マルクス兄弟を語ったその勢いで、『Mr.ＢＯＯ！ミスター・ブー！』のホイ三兄弟までほめそやすとは、あたりまえの映画評論家にはできないワザである。「映画論」でも「映画を通じての文明論」でもなく、肩の凝らない「映画読み物」としてまとめられているが、それは、著者自身がこうした本を読みたかったからだろう。

〈**ジョーク・ギャグ集**〉では、まず、『**笑点**』（66年・有紀書房）をあげなければならない。今もつづくテレビ番組『笑点』（66年〜・日本テレビ系）が、立川談志の企画によって生まれ、自らが初代司会をつとめていたことは、ファンならば知らぬ者はいないはずだ。

　本書は、当時流行していた「ギャグ本」の体裁をとっているが、今読んでもかなり笑える。現代人に「笑い」のセンスを磨いてもらいたいという、若き談志の心意気が伝わってくる。例の回文「談志が死んだ」は、すでに本書で披露されている。

　一般から募ったお題に対する回答を、談志が採点する**『大笑点vol・1「北か朝鮮、待ってたホイ」の巻』**（02年・竹書房）とその続編**『大笑点vol・2「顔が偽証罪」の巻』**（同）は、いわば『笑点』の紙版である。ゲスト投稿者の高田文夫やさだまさしらが、コテンパンにのされているのが楽しい。この二冊の合本増補版**『完全版 大笑点』**（11年・竹書房）も出版された。

　番組降板以降の『笑点』には、納得がいかなかったらしく、晩年には、「今では題名を聞くだけでゾッとする」（『談志映画噺』）などと形容してもいる。裏返せば、それほど大きな愛着があったわけである。

　四十年以上にわたりメモをとりつづけた外国ジョークの集大成**『家元を笑わせろ』**は、内容・ボリュームともに、文字通り圧巻である。収録ジョーク数一〇一二話。だが、メモの量はこの二倍か三倍はあるという。「ユーモアは不幸を忘れさせる」と頭辞にあるが、病との格闘の中で、本書の執筆・編集作業は、さぞや救いとなったことだろう。

　『あらイヤーンないと 笑う楽しさがいっぱい』（65年・有紀書房）にも、たとえば、先輩落語家が漫談で演じたジョークなどが、事細かに記されている。聞き知った優れたジョークやギャグを「記録する」努力を、地道につづけていたわけだ。「笑い」を提供する者として、当然の勉強ともいえようが、はたして現代の若い落語家や芸人たちは、これをどのように見るのだろうか。

　ちなみに、『現代落語論』を、立川談志の初めての著書とする向きがあるが、同じ一九六五年に発行された『あらイヤーンないと』の奥付発行日は、『現代落語論』の十二月六日より十日ほど早い十一月二十五日である。細かなことだが、面白い事実ではある。

〈小説〉には、三本の短編よりなる**『談志受け咄』**がある。著者の分身と思しきインテリ・ヤクザが主人公の「任侠受け咄」など、何度読み返しても面白く、しかも胸に迫る。このまま演じても、立派な「新作落語」となりえよう。けれどもそうはいわず、「受け咄」と称したところが、立川流というべきか。

「一寸法師」や「花咲か爺い」などの昔話を、現代風にアレンジした物語集**『眠れなくなるお伽咄』**（96年・DHC）も、このジャンルに入れてよさそうだ。やはりこちらも、著者自身、「落語」ではない、といっている。談志にとっては、巌谷小波も太宰治も、べつだん超えなければならない相手ではなかったのだ。

〈その他〉のジャンルには、本人いうところの「昔の原稿」を編纂した**『談志人生全集』**（全三巻）のほか、師と敬愛した元紀伊國屋書店社長・田辺茂一氏との交友を綴った**『酔人・田辺茂一伝』**（94年・講談社）、桂米朝らとの対談を収めた『**家元談志のオトコ対決十一番**』（86年・ABC出版）など、バラエティー豊かな作品がある。「談志人生全集」では、国会議員時代の会議録も読める。

　ひとり会のプログラムを集めた『**談志ひとり会　文句と御託**』（00年・講談社）や、二〇〇九年八月に長期休養を発表してから、八か月ぶりに高座復帰するまでの間の日記を収録した『**談志が帰ってきた夜**』（その高座『首提灯』を収めたDVD付き・11年・梧桐書院）、純然たるエッセイ集として『**世の中与太郎で、えじゃないか**』（92年・青春出版社）、『**ナムアミダブツ**』（98年・光文社）、『**世間はやかん**』（10年・春秋社）、さらに、「週刊現代」に連載した「立川談志の時事放談『いや、はや、ドーモ』」をまとめた『**遺稿**』（12年・講談社）などもある。今となっては、せつないほど美しい『**立川談志　橘蓮二写真集　噺家**』（09年・河出書房新社）と、もうひとつ、こちらは談志の日常をみごとに切り取った『**談志写真帖**』（ムトー清次＝写真・12年・彩流社）も、このジャンルに加えたい。

『遺稿』（講談社）

　『**まんが学校　だれでもかけるまんが入門**』（やなせたかし共著・66年・三一書房）は、NHK総合テレビで放送されていた子ども番組『まんが学校』（64〜67年）の活字版。児童書である。司会の談志と、子どもたちにまんがの指導をほどこすやなせたかしのコンビが、いかにも仲がよさそうで、当時、まんが家志望の小学生だった私は、この番組が大好きだった。『笑点』が放送される前のことでもあり、私が立川談志という人を初めて知った番組ということになる。ただし本のほうは、まんが家になるための心得などを記した指南書で、やなせたかしの独擅場である。共著者としての談志の関与は、ほとんど見出せない。

　二〇〇二年十二月、日本橋・三越本店で開催された、全盲のイラストレーター、エムナマエ氏の展覧会のオープニングで、談志・やなせのツーショットを目の当たりにできたのは幸せだった。両氏もひさしぶりの再会を喜び、いっぱいの笑顔であった。二人を師と敬愛するエム氏のことを、両氏もまた深く尊敬していることが、スピーチで述べられた。どこまでもやさしく、誰よりも凛とした立川談志が、そこにはいた。

　一九九七年九月に食道がんが見つかり、それからは病と向かい合う毎日だった。落語どころではない、まして、本の執筆どころではない、と考えたこともあったと思う。それでも、これだけの本を残した。

　八代目桂文楽のような幕の引き方も、選択肢の中にあったにちがいない。しかし最期まで、芸人として、その姿を、その声を、私たちに晒してくれたことに感謝したい。残されたすべての本に、今も、立川流家元・立川談志の魂が息づいている。

（大衆演劇研究家）

薄《すすき》野《の》心中《しんじゅう》

新選組最後の人

船山 馨
Funayama Kaoru

一

開拓使が札幌に吉原《よしわら》を模した遊廓《ゆうかく》づくりを計画して、街衢《がいく》の南端二町四方を卜《ぼく》して土塁工事を始めたのは、明治四年五月のことであった。後年薄《すす》野《きの》遊廓と呼ばれたのがこれである。

なにしろ開拓使が置かれてまだ二年、当時の札幌は周囲を未開の原生林に囲繞《いにょう》された、薄や酸漿《ほおずき》のむらがり繁る渺茫《びょうぼう》たる草原である。

夜は名も知らぬ野鳥の叫びにまじって、熊の咆《ほう》哮《こう》が人家の間近に聴え、昼も野鹿が群れをなして町なかを駈《か》け渡る。町といっても、僅《わず》かに点在する板囲いの仮小屋が二百余戸、総人口六百二十余人にすぎない。しかも一年の半分が深雪と酷寒に閉じ込められるのだから、腰が落ちつかないのは徴募の移住民だけではなかった。肝腎《かんじん》の開拓使の官員たちが在住を嫌って仕事も手につかない。遊郭の官製くらいしか、慰留の方策がなかった。

土塁の構築作業にかり出されたのは、おもに移住民だが、家禄《かろく》を失って流れてきた東北諸藩の旧藩士も尠《すく》なくなかった。

旧佐幕派諸藩の失業武士たちには、新政府も開拓使も必要以上に報復的であった。生れながらの百姓ですら、蝦夷地《えぞち》の開墾には血の涙を流すのに、鍬《くわ》ひとつ握ったこともない侍崩れに、わざと斧《おの》の入れようもない山腹の密林地帯や、何年経っても蕎麦《そば》も実らない荒蕪地《こうぶち》を割当てる。一律に支給されるはずの食糧や農具や奨励金にも、露骨に差をつける。堪えきれなくなって、開墾地から町へ狂い出てくる者は後を絶たなかった。

彼らは乞食《こじき》のような姿で町を彷徨《ほうこう》し、その日の飢えをしのぐためにはなんでもやった。荷揚げ人足や漁場の鰊《にしん》運びなどは、仲間同士が眼の色を変えて先をあらそった。茅葺《かやぶ》き板囲いの掘立小屋ながら、雨露をしのぐ御作事小屋もあり、稗飯《ひえめし》と煮汁だけにもせよ、食事もあてがわれる土塁工事は、そんな彼らには割のいい働き口と云ってよかった。

六月に入ると、土塁工事と併行して廓内《くるわうち》に揚屋《あげや》が建ちはじめ、そこから遠くない創成《そうせい》川畔に小屋をならべていた曖昧屋《あいまいや》から、白首女たちが半出来の揚屋へ分散して収容されて、工事場一帯が急に色っぽく活気づいた。俗に御用茶屋と呼ばれる開拓使の官員専用の揚屋も、あらかた竣工《しゅんこう》して、そこには近く品川《しながわ》、根岸、内藤新宿などの江戸の岡場所から、鞍《くら》替えの女たちが開拓使の御用船で運ばれてくることになっており、もう品川を出帆したとか、いや箱館まで来たそうだとか、賑《にぎ》やかな噂でもちきりであった。

開拓使八等出仕伊牟田《いむた》与市郎が、土塁工事の人足のなかに、五稜郭《ごりょうかく》の脱走者が二、三まぎれ込んでいるという報告を受けたのは、江戸の遊女たちを載せた御用船が、小樽《おたる》を経て石狩川の河口へ向った日のことである。しかも、そのなかの山口五郎と名乗っている男は、新選組の残党らしいという。

密告者は旧庄内《しょうない》藩士の和知庸助で、ひそかに手なずけて旧幕派の侍崩れを監視させている連中のなかでも、よく鼻の利く男である。捨てておけぬと与市郎は思った。

伊牟田与市郎は開拓使のなかでも非情な酷吏で通っている。それだけに冷静で、ものに動じない性質《たち》でもあったから、いつもなら箱館戦争の脱走兵の一人や二人、歯牙《しが》にもかけなかったかもしれない。だが、この時は警戒を要する事情があった。

九月早々に新政府から西郷隆盛《たかもり》の名代として、陸軍少将桐野《きりの》利秋《としあき》の一行が派遣されてくる予定になっていたからである。西郷の提案で札幌に鎮台を新設する計画があるので、その実地調査のためであった。

桐野は旧姓中村半次郎。渾名《あだな》を人斬り半次郎と云われたほどの過激派だから、旧幕派の怨《うら》みは深い。

旧幕派といっても、土運びの人足にまで墜《お》ちてしまった今では、大抵の者は意地も張りもとうに失せてしまっているが、五稜郭の脱走人となると、どうだかわからない。彼らは最後まで官軍に抵抗した揚句、一昨年の五月、榎本武揚《えのもとたけあき》や大鳥圭介《けいすけ》ら幹部の降伏を怒って脱走し、奥地に潜入した一徹な連中である。そこへ新選組生残りなどという物騒なのがまじっていたのでは、この機会に桐野襲撃を企てないものでもなかった。煽動《せんどう》して徒党でも組まれては、容易ならぬ事態にもなりかねないのだ。

与市郎は小樽の開拓使出張所へ使いをやって、海関所の使丁林某の本庁出頭を求めた。

林は五稜郭の降伏組だが、土方歳三《ひじかたとしぞう》の配下だった男である。下総流山《しもうさながれやま》で近藤の募集に応じたのだから、全盛期の新選組についての知識はないにしても、土方らと一緒に流山から会津《あいづ》戦争を経て、箱館に籠《こも》った仲間のことは知っている筈《はず》であった。

二

その朝早く、御作事小屋裏の雑木林のなかで、人足のひとりが草刈鎌で屠《と》腹《ふく》しているのを、仲間が発見した。浜尾という旧二本松《にほんまつ》藩士で、五十をいくつか越えた年配であった。息子は二本松で討死をし、妻も落城の折に自害したとかで、ひとり死に遅れた自分を恥じていたのは事実だが、前の日作事場で、組頭の阿武松という博徒あがりから、悪態をつかれたうえに足蹴《あしげ》にされたのが、直接の原因のようであった。

阿武松は無頼の徒にすぎないが、役人側の人間である。彼の背後には開拓使の威光があった。彼に楯突《たてつ》くことは開拓使に反抗することになる。堪えるより仕方がなかった。

開拓使からは下役人が来て、簡単な検死をしただけであった。もちろん阿武松にはなんの咎《とが》めもなかった。

死体は数人の所謂《いわゆる》「賊崩れ」仲間が、林のなかの笹藪《ささやぶ》に穴を掘って埋葬した。播州《ばんしゅう》浪士の山口五郎と石坂保もそのなかにいた。石坂は旧会津藩士であった。

「虫けら同然のならず者までが、薩長《さっちょう》の威光を笠《かさ》に着て無法をはたらいても、黙って堪えているしかないのでは死にたくもなりますよ」

若いだけに、石坂は怒りを抑えかねるふうであった。

「もう沢山だ。冬が来ないうちに、私はどんなことをしても江戸へ帰りますよ」

　石坂保は江戸藩邸で育った。藩主松平容保《かたもり》が領国で抗戦するために帰国したとき、彼もそれに従って、はじめて会津の土を踏んだのである。だから彼の実感では、会津よりも江戸が故郷であった。

「住みにくいことでは江戸も同じですよ。新政府のお膝元《ひざもと》東京というわけですからな」

　山口はなだめるように云った。

「だが、浜尾さんのように、こんな北の果ての荒野で土饅頭《どまんじゆう》になるよりはましです。いのちのあるうちに、あの人の消息だけは確かめたいんです」

「志津という人のことですな。しかし……」

　石坂が肌から離したことのない古代錦《にしき》の小袋に、琴爪《ことづめ》が一個秘められているのを知っているのは、山口だけであった。

　森村頼母《たのも》という六百石取の旗本の娘だということであった。最後に逢《あ》ったのは、彼が会津へ発つ前夜で、その時、彼は銀の鈴のついた愛用の矢立と、彼女の琴爪を交換した。形見のつもりではなく、再会の誓いの印であったという。

　だが、官軍の手に落ちた江戸で、徳川の直参《じきさん》の境遇が明るいものであろう筈はなかった。逢わぬが情けという場合もあると、口には出さなかったが、山口は思った。

　山口五郎は三十を越えている。石坂とは五稜郭以来の仲だが、会津の籠城《ろうじょう》が初めての実戦だった彼にくらべて、山口は蛤御門《はまぐりごもん》以来戦塵《せんじん》に身を挺《てい》してきていた。失意と幻滅の重さは、若い石坂の比ではなかった。

　二人が開拓使本庁へ呼び出されたのは、その日午後になってからであった。浜尾の自決について事情を聴取されるのかと思ったが、そうではなかった。

「両人とも五稜郭脱走人であることは判明しておる」

　伊牟田与市郎は椅子に腰を落すなり、そう云った。袴の膝のあいだに佩刀《はいとう》を立て、柄頭《つかがしら》に両手を重ね、その上に細い顎《あご》を載せるようにして、二人を見下ろしている。表情の見えない暗い眼の色である。

「御一新の御世《みよ》であるから、あえて旧罪は問わぬとしても、降伏人の榎本や大鳥らも今もって処分未決のまま入牢中《じゅろう》じゃ。まして、おぬしらは逃亡中の者であるから、一応取調べる」

「御尤《ごもっと》もです」

と、山口は平静であったが、石坂は端整な貌《かお》に薄嗤《うすわら》いをつくった。

「先《ま》ず訊《き》くが、この際改めて新政府に恭順を誓うつもりはないか」

「女郎屋の普請場で、畚《もっこ》を担ぐまでに墜ちてしまっちゃア、謀叛気《むほんぎ》もなにもあったもんじゃありませんが、そうかといって、今更薩長の成上りに尻尾《しっぽ》を振ってみても始まらんでしょう。これ以上恥はかきたくありませんな」

石坂は跳ね返すような云い方をした。江戸育ちらしい伝法《でんぽう》な口調で、浜尾の自決に触発されたせいもあって、敵意が剝《む》き出しになっていた。

「山口。おぬしも薩長の成上りに尾を振るのは厭《いや》か」

「世の中が変ったのですから、強《し》いてこだわるつもりはありません。ですが、私のような鈍い頭では、そう右から左へ考えの切り換えが利きません。厄介な話です」

山口の応《こた》えは他人事《ひとごと》のようであった。

赧《あか》ら顔の額が面摺《めんず》れで禿《は》げあがり、鼻や口の道具立てが大振りでいかつい風貌《ふうぼう》だが、腫《は》れぼったい細い眼に妙な愛嬌《あいきょう》がある。

継ぎだらけの刺子《さしこ》に膝下までの股引《ももひき》、帯がわりの荒縄を腰に巻きつけた恰好《かっこう》で、板敷に端座している二人を、伊牟田は椅子のうえから暫《しばら》く黙って見下ろしていた。石坂の敵意は若い。だが山口の茫洋《ぼうよう》とした印象には、したたかなものが感じられた。

「おぬし播州明石《ばんしゅうあかし》の浪人であったな」

「はあ」

「官軍とのいくさは会津が初めてではあるまい」

「伏見でしたかな」

「伏見では奉行所に籠った。それから甲州勝沼だろう」

「さあ、どうでしたかな……」

「新選組ではなんと名乗っていたのか。会津でも箱館でも、土方歳三と一緒だったことはわかっているのだ」

「あの人は陸軍奉行並《なみ》でしたから、指揮下に属していたのは当然です。だが、かりに私が新選組ゆ

かりの者だとしても、死に遅れて生恥を晒《さら》してい
る身で、今更隊の名を口にはできませんよ。志に
殉じて死んでいった多勢の同志を、辱《はずか》しめるよう
なものですからな」
伊牟田の下僚に伴われて、林が部屋へ姿を現わ
したのはその時であった。
林は事前になんの説明も受けていなかったので、
本庁へ呼び出された理由を知らなかった。だから、
山口を見て不意を衝《つ》かれた。
「斎藤先生……」
戸口に棒立ちになった彼は、思わず声をあげた。
山口は振返って林を見たが、やがて無精髭《ぶしょうひげ》の顔
が人なつかしげにほころんだ。処置なし、といっ
た微笑にも見えた。
「林君か……。よく無事だったね」
「知った顔らしいな。誰だね」
伊牟田に訊かれて、林は狼狽《ろうばい》した。ようやく自
分の役目を悟ったが、後の祭りであった。彼は答
に窮して眼を伏せた。
「もとは斎藤一《はじめ》と云っていました」
山口がぽつんと云った。
伊牟田の頬に痙攣《けいれん》に似た表情が走った。その眼
が、はじめて蒼《あお》い炎のような表情を宿した。
「そうか……。おぬしが斎藤一か」
斎藤一は並みの隊士ではない。新選組結成当初
からの副長助勤《じょきん》で、三番隊長と剣術師範を兼ねて
いた大幹部である。
残賊であっても新政府への逆意が明らかでない
限り、既往は問わない方針である以上、表立って
は処断の理由がない。だが、文久《ぶんきゅう》三年以来、京都
で新選組の凶刃に斃《たお》れた同志は枚挙に遑《いとま》がない。
斎藤一はその元凶のひとりである。遺恨は深い。
まして郷党の先輩桐野利秋の来道を控えてもいる。
この男だけは生かして置けぬ——伊牟田はそう
思った。

三

品川、根岸、内藤新宿など江戸の岡場所から、
強制的に鞍替えをさせられた三十人余りの女たち
を乗せて、御用船が小樽の港へ入ったのは六月の
末であった。
乗員はここで一日の休養をとったが、女たちは
上陸を許されず、長い船旅のはてに辿《たど》り着いた朔《さく》
北《ほく》の港町を、世界の果ての眺めのように、甲板か

ら遠望したにすぎなかった。

　翌日、御用船は小樽をあとに石狩湾を北上して、石狩川河口の石狩港に到り、そこからは川舟に乗換えて、篠路《しのろ》まで川を遡行《そこう》した。そのあたりは、まだ和人の足跡もない。札幌まで徒歩で三里余の全行程が、昼なお暗い原始の樹海である。ようやく札幌に辿り着いたとき、女たちはあらかた半病人になっていた。

　廓内には土塁工事と併行して進行中だった妓楼の普請があらかた出来あがって、近くの創成川畔の曖昧屋にたむろしていた白首たちが、それぞれの店に分散して収容され、はやくもなまめいた活況を呈していた。江戸下りの女たちは、数人の例外を除いて、その一等地の中央に竣工した開拓使専用の揚屋、所謂《いわゆる》御用茶屋に収容された。官員が江戸女を独占したわけである。

　甚だしく容色の劣る者や病身の者が六七人、例外的に一般の妓楼に廻《まわ》されたのだが、もと品川花月楼の小春もそのなかにまじっていた。小春は芳紀二十一歳、容姿が劣るどころか、愁いを含んだ気品のある美貌《びぼう》は、女たちのなかで際立っていたし、むろん病気持ちでもなかった。

　江戸の楼主たちは、官命で女を供出させられたかたちであったから、店でももてあましているようなのばかりを選んで、因果を含めて差出したのだが、小春だけは違っていた。

　小春は座敷が淋《さび》しいという難はあったが、花月楼でも指折りの売れッ妓《こ》で、抱え主は手放すつもりはなかった。それを小春のほうから蝦夷ゆきを志願して、楼主が躍起になって引留めてもきかなかった。

　彼女らにとって、蝦夷送りは、異国の無人島へでも流されるような、絶望的な思いがあった。どんな片田舎の宿場女郎に鞍替えさせられても、蝦夷送りだけは免れたいのが人情である。まして小春のような売れッ妓が、自分から進んで志願したのだから、誰の眼にも奇異に映ったし、誰もがそのわけを知りたがったが、小春は持前の淋しげな翳《かげ》のある、はにかんだ微笑を泛《うか》べるだけであった。その、誰もが当然御用茶屋のお職に据えられるとばかり思っていた小春が、御用茶屋どころか、海《かい》燕楼《えんろう》という二流の店へ廻されたのは、遊女受取護送方役人の憎しみを買ったからだという噂であった。

溝淵《みぞぶち》佐平治という、その開拓使の下僚にとって、護送中の女たちを愉《たの》しむのは当然の役得であった。女たちも彼の要求に逆らう者はなかったし、先のことを思って、進んで彼にとり入る女も多かったなかで、小春だけ頑として応じなかった。薩摩芋は見ただけで胸が悪くなる性分だと、佐平治を面《めん》罵《ば》したともいう。溝淵も旧薩摩藩士であった。

薄野に江戸の女たちが着いたというので、札幌中の男たちは、役人も移住民も商人や職人や土方たちまで、みんなぞめき立った。ましてその薄野の廓内にある御作事小屋はなおさらである。当分は夜になると、小屋がほとんど空《から》になった。

「山口さん、おひとりですか」

ある晩、そんな小屋で斎藤一が、藪蚊《やぶか》を破れ団《う》扇《ち》で追《わ》いながら寝転んでいると、和知庸助が貧乏徳利を提げて入って来た。

「恰度《ちょうど》いい。あんたに是非相談に乗ってもらいたいことがある」

和知はそのへんから罅《か》け茶碗《ぢゃわん》を二つ拾ってきて、持参の酒を注ぎながら云った。

「近いうちに桐野利秋という陸軍少将が札幌へ来るという話を、あんたは知っているか。そいつは薩摩の中村半次郎なのだ」

「人斬り半次郎が陸軍少将か。それにひきかえ、こっちは土方人足とは、どうもパッとしませんな」

斎藤はちょっと会釈をして茶碗をとりあげると、細い眼に笑いを溜《た》めた。

「山口さん。これは絶好の折ですよ。いくら石が浮んで木の葉が沈む時世でも、このままじゃ死んでも死にきれん。薩長の成上り政府に一矢酬《むく》いてやろうじゃありませんか」

「どうしようというのです」

「中村を斬るんです。すでにここの工事場だけで十人ちかい同志があります。みんな死花を咲かせる気です。あんたが同志に加わってくれれば、みんな百万の味方を得た思いで、ふるい立ちますよ」

「およしなさい。十人や二十人のもっこ担ぎが集まったって、なにが出来ます。いまさら中村を斬ったところではじまらんですよ」

「半次郎ひとりを斬ったところで、薩長の政府がびくともしないのは仰有《おっしゃ》るまでもないが、おとなしくしていたって、どうせわれわれは蝦夷の果てでもっこを担いで終るのです。それならせめて怨みの万分の一も報いて、侍らしく死ぬべきでしょう。あんたは新選組で鳴らした斎藤さんだというじゃないですか。あんたが先頭に立ってくれないでどうするんです」

　和知はつめ寄ったが、斎藤は破れ団扇の先で鼻の頭を掻《か》きながら、

「いかんなア、和知さん。気持はわかるが、そんなつまらんことを煽動して廻って、もし開拓使の役人の耳にでも入ったら、あんたばかりじゃ済まない。無益の犠牲者が出る。どうしてもやりたかったら、ひとりでやるんですな。だいいち、そのほうが潔い」

「つまらんことですと？」

　和知は気色ばんだ。

「煽動《せんどう》してまわる、とはなんです」

「気にさわったら失礼。とにかく、私は断わる」

　和知はなおも喰い下ろうとして、膝を乗り出してなにか云おうとしたが、恰度そのとき入口の垂れ筵《むしろ》が手荒く跳ねあげられて、石坂がただならぬ気配で入ってきたので、和知は云いかけた言葉を呑みこんだ。

「お帰り。どうです、一杯。和知さんのおごりだが……」

　斎藤が声をかけたが、石坂はものも云わず、板壁の隅の自分の荷物の底から、油紙で包んだ刀を引張り出すと、そのまま、また小屋を出てゆこうとする。斎藤は立ちあがった。

「まあ、待ちたまえ。どうかしましたか」

「放っといてください。薩摩の芋虫を一匹ぶった斬るだけです」

「だれを？」

「伊牟田与市郎です」

　斎藤は土間へ降りていって、押し戻すように石坂の肩に手をかけた。

「なにがあったのか知らんが、そんなものを持ちだすのはよくないですな。君は江戸へ帰るんでしょう」

「もう、そんなことはどうでもいいんです」

「どうでもよくはないでしょう。江戸であの人を捜すんじゃなかったのですか」

「志津には会いました」

　石坂は唇を噛んだ。

「会った？　どこで」

「薄野の海燕楼という家で……」

今夜はじめて登楼したその家で、小春という敵《あい》娼《かた》がきた。それが森村志津であったという。流石《さすが》に斎藤も言葉を失った。

「上野のいくさのすぐあとで、残敵詮議《せんぎ》と称して邸《やしき》に押入った薩摩の錦布《きんぎれ》どもの隊長に、森村さんは殺され、志津さんは手籠《てご》めに遭った揚句、雑兵どもが寄ってたかって……それから品川へ叩き売られたそうです。そのときの虫けらどもの隊長が、開拓使の役人になっていると知って、ひと太刀でも怨みを報いたい一心で、自分から志願してやって来たというんです」

「そいつが伊牟田なんですね」

和知が激昂《げきこう》した面もちで口を挟んだ。石坂はそれには応《こた》えず出てゆこうとしたが、斎藤は彼の肩から手をはなさなかった。

四

伊牟田与市郎が厳重に身辺を固めだしたのは、それからすぐであった。彼は滅多に工事場の近くへは姿を見せなくなったし、稀《まれ》に現われても、腕の利きそうな下僚たちに取巻かれていた。薄野の廓通いにさえ、護衛の人数をひき連れてゆくという噂であった。

ある日、仕事に出た斎藤が作事場の脇の酸漿《ほおずき》の藪なかで小用を足していると、突然鉄砲を撃ちかけてきた者があった。弾丸は左腕のつけ根をかすめて、僅かな肉をそいだだけであったが、もう少しで心臓を撃ちぬかれるところであった。

藪の奥で背丈ほどもある酸漿の茂みが鳴り動いて、誰か逃れ去ってゆく頭の先だけが見えたが、追って追いつく距離ではなかったし、捕えてみたところで無駄なことは、斎藤にもわかっていた。

銃声を聴いて石坂や和知たちが駈けつけて来たときには、斎藤は手拭《てぬぐい》で傷口を巻いて、平然とした様子で仕事に戻るところであった。

「撃たれたのですか」

石坂が血まみれの腕に驚いて云うと、

「藪から鉄砲でしたよ」

と、斎藤はとぼけた表情になったが、狙撃者が伊牟田の輩下であることはわかっていた。

このところ、斎藤はたてつづけに危ない目に遭っている。創成川の畔《ほとり》で数人の無頼漢に囲まれたかと思えば、小屋を出た途端に二人の壮漢に斬りつけられたり、そうかと思うと寝酒の徳利に毒を仕込まれた形跡もあった。しかし、白昼の襲撃はこれが初めてであった。

「山口さん。あなたはここにいては危険ですよ。こう執念深く狙われたんじゃ、とても避けきれません」

その夜、小屋で石坂が囁《ささや》いた。

「私もそう思っているところです。どうせここの仕事も、あらかたお終いですからな。君はどうします。一緒に小樽へでも行ってみんですか」

「私は残ります」

「琴爪ですか……」

と呟いて、斎藤は石坂を見まもった。

「くどいようだが、君もその人も敵討ちなんてことは忘れたまえよ。もうわれわれは侍じゃないんだし、そんな世の中じゃなくなったんだから」

「心配なさらんでください。志津の年期のあけるのを待って、なんとか二人で生きてゆくことを考えます」

「それがいい。それから、和知には気を許さんほうがいいでしょう」

斎藤はそう云うと、懐ろをさぐって汚れた袱紗《ふくさ》包みを石坂の前に置いた。

「軽少できまりが悪いが、五稜郭のときの肌付金です。野垂れ死にをするにしても、あかの他人にタダで死骸《しがい》の始末をしてもらうのは、気の毒だと思って、持っていたのですが、お別れに進呈しましょう。使ってください」

石坂が小春に会いに通う金に窮して、無理を重ねているのは斎藤も知っていた。

石坂は言葉もなく、ただ床板に両手を突いた。

斎藤の姿はその夜のうちに作事小屋から消えた。

彼は小樽へ走った。

ここは港でもあり漁場でもあるので、荒い仕事は札幌よりはるかに多く、労賃もわりによかった。ここにも東北諸藩の旧藩士がだいぶ流れてきていたが、斎藤はなるべく近寄らないようにしていた。伊牟田から手配が廻っているかもしれなかったし、根っからの人足たちといるほうが、じめじめした敗者意識に触れずにすむだけでも気が楽であった。

それでも、彼は小樽に来て間もなく、なつかしい朋友《ほうゆう》の消息を耳にすることが出来た。新選組の草創期から苦楽をともにした永倉新八が、松前《まつまえ》藩に帰参が許されて、その江戸屋敷に健在だというのである。路用をためて、新八に会いに行ってみようか、と斎藤は思った。それに永倉が公然と江戸の街を歩いていられるとすれば、江戸も案外住みにくくもないのかもしれない。

　桐野利秋の一行が開拓使の御用船で小樽に着いたのは、秋色の深まった九月半ばであった。そこからは騎馬をつらねて、札幌まで陸行した。一行のあとからは多勢の荷駄人足がつづいたが、そのなかに斎藤も大山酒の二斗樽《だる》を担いでまじっていた。彼が札幌の土を踏むのは、作事小屋を抜け出してからほぼ二カ月ぶりであった。

　薄野遊廓の土塁は工事が終って、作事小屋は取払われていた。石坂保はどうしているだろうと思ったが、まさか荷駄人足の恰好で海燕楼へあがるわけにもゆかないので、廓うちの居酒屋へはいった。小春の消息でも訊《たず》ねようと思ったからであったが、そこで彼は思いもかけない話を聴かされた。

　小春が侍崩れの若い人足と心中したというのである。居酒屋の主人は男の名を知らなかったが、もと会津の侍だったそうだというし、二人が死んだ海燕楼の小春の部屋の小机に、銀の鈴のついた矢立と琴爪がならべてあったというから、斎藤にはそれで十分であった。

　前の晩、十人あまりの作事小屋の侍崩れが、小屋の裏に集まっているところを捕吏に襲われた。心中した男もそのなかにいたが、いったんは逃れて小春の部屋にひそんだものの、所詮《しょせん》逃げ切れぬと観念したのだろうという。それに小春には身請け話が起っていた。相手は開拓使の伊奈田八等出仕であった。

「その男はなぜ役人に追われたりしたんだね」

　斎藤は胸の底からこみあげてくる怒りを抑えて、さりげなく訊いた。

「それが、今日お着きになった桐野様とかいう偉いお方を襲う相談をしていたってことですが、そんなことは出来ることじゃないからやめようと話合っていたんだって話もあります。だいいち、その計画にいちばん熱心だったたってえ和知とかって人だけが、捕まってすぐ、なんのお咎めもなしに帰されたんですから、なんのことやらよくわかりませんよ」

　と、居酒屋の主人は曖昧に笑った。

　男と小春の最期は見事で、男は作法通り腹を切ったうえ、頸動脈《けいどうみゃく》を切断していたし、小春も死化粧を整え、しごきで堅く膝を結んで咽喉《のど》を突いていたという。検死の役人も、廓の心中沙汰《ざた》とは思えない端正な自裁だと、感嘆したという評判であった。

五

御用茶屋で桐野利秋とその随員の接待の宴席に連なって、伊牟田与市郎が従者とともに帰路についたのは深更であった。

官邸の近くまで来たとき、ふいに物陰から黒い人影が道の中央にあらわれたので、先に立った従者が提灯《ちようちん》をかざして確かめようとした。その途端、従者は提灯を持ったまま、低くうめいて路上に悶《もん》絶《ぜつ》した。当身《あてみ》である。

「何者だ」

伊牟田は飛び退って佩刀に手をかけた。酔いが消し飛んでいた。頬かむりの人足ていの男だとは、闇のなかでもわかった。

男が無言のまま平然とした歩調で寄ってくるので、伊牟田は抜打ちに斬りつけたが、それが空を斬ったと思ったときには、彼は磐石《ばんじやく》のような力で利き腕を抑え込まれ、刀はもぎとられて相手の手中にあった。一瞬の間に男がどう動いて、そんなことになったのか、伊牟田にはわからなかった。

「私はもう生涯こういうことはしたくないと思っていたが、あんただけは我慢がならなくなった。お互いにもう侍じゃないし、あんたには刀よりもあんたらしい死に方がある」

男はそう云うと奪った刀を遠くへ抛って、懐ろから短い縄をとりだした。

「さ、斎藤だな。なにをする……」

「石坂君や森村志津さんのような行儀のいい死に方は、あんたにはできない。このへんが分相応だと思うね」

縄が伊牟田の頸《くび》に喰い込んだ。

つぎの日、桐野利秋は札幌の西郊にある藻岩山《もいわやま》へ向って本陣を出た。

藻岩山はたいして高い山ではないが、その頂に立つと札幌の周辺はもちろん、石狩平野の中心部が一望に見渡せる。そこから地形を観望して、鎮台の設置点を思案するつもりであった。

家なみはすぐ切れ、茫々《ぼうぼう》たる一面のすすきの原野になった。

「中村さん。しばらくでした」

そのすすきのなかから、人足ていの男が現われて、馬上の桐野を見上げた。

「おはん、おいを知っちょるのか。誰じゃったかのう」

「お忘れですか。もと新選組におりました斎藤一です。すこし申しあげたいことがあって、お待ちしていました」

新選組の斎藤と聴いて、桐野の随員も開拓使の役人たちも顔色を変えて、彼のまわりに殺到しかけたが、桐野がそれを制した。

「これは意外じゃ。おはん、生きちょったか」

彼は一種なつかしげに云い、馬から降りて斎藤とならんだ。そうして、肩をならべて歩きだしながら、離れていろというように、随員たちに手を振った。それで随員たちには、斎藤がなにを話しているのか聴きとれなくなったが、ときどき桐野が「ほう」とか「そぎゃんこッしおたったか」とか、大声で云うのだけがわかった。

しばらくすると、二人は立ちどまった。

「捕えられたもんは、すぐみんな放免する」

桐野はそう云って、ふたたび馬上の人となった。

「それで安心しました。私の御処分はご存分に」

「おはんは首くくりの役人を見つけただけじゃ。褒美の出しようもないが、処分のしようもないわ。じゃ、壮健でな」

と、桐野は鞭《むち》をあげて会釈した。

斎藤は長い騎馬の列が、いちめんのすすきの穂波を渡ってゆくのを見送って、しばらくその場に立ちつくしていたが、やがてその一本を折って、それを肩に担ぐようにしながら、桐野たちとは反対の方向へゆっくり歩きだした。


（ふなやま　かおる・作家）

（『幕末の暗殺者』現代書房、'67・5）

❖対談………

談志が選ぶ寄席「夢のラインアップ」。

吉川　潮　Yoshikawa Ushio
立川談志　Tatekawa Danshi

吉川　立川談志師匠が、落語から講談、色物、映画、アメリカのスタンダップ・コメディに至るまで、膨大なテープ、ビデオ類を愛蔵されていることは、意外と知られていません。今年六月に「席亭立川談志のゆめの寄席」（日本コロムビア）として、そのコレクションの一端が世に出たのを機に、思い出の、そして理想の寄席について、談志師匠にお話をうかがいたいと思います。

　師匠が今回プロデュースされたこのCD全集、顔ぶれもすばらしいですが、組み合わせがたまらなくうれしいですね。たとえば第二集では、九代目桂文治（一八九二－一九七八）の時事落語「岸さん」の後に、柳家小半治（一八九八－一九五九）の音曲がヒザ代わりで入って、トリが八代目文治（一八八三－一九五五）の十八番「夜桜」だったり、各巻が寄席形式になっている。今度の場合はラインアップする上で何か基準があったんですか。師匠ご自身が、師匠連の現役時代を見たうえでの……。

談志　そういうことです。やっぱり、いい芸人というか、俺が見ていいと思う芸でないと……。

吉川　師匠は昭和二十七年に（柳家）小さん師匠のところへ入門されました。楽屋内に入り、実際に前座として働いていた当時の寄席はどうでしたか。

談志　有名な人に会えたっていう感慨はあったな。「八王子の奇人・橘家円太郎、久しぶりの出演」なんて書いてあって、ああ、これが有名な円太郎（一九〇二－七七）だなあと思った。見たら、たいしたこたぁねえ、小汚い人だったけど（笑）。

吉川　この「ゆめの寄席」のラインアップを見ますと、名人、上手ばかりでなくて、先代（鈴々舎）馬風（一九〇四－六三）みたいな本格派ではない色物的な落語家を入れてくれてるじゃないですか、ふつうの傑作選だったら入るわけがないようなのを。それがうれしいんです。これが寄席なんだと。
談志　（桂）文楽〔一八九二―一九七一〕とか（三遊亭）円生〔一九〇〇―七九〕が本格だと言うけど、そう言わないともたないからですよ。
吉川　一時期評論家の間で、（林家）三平師匠〔一九二五―八〇〕の評価がきわめて低かった。文楽や（古今亭）志ん生〔一八九〇―一九七三〕がいいという人が、なんで三平で笑うんだっていうような。
談志　三平さんは笑えたよ。まあ、ひどいのもあったけど。最初の頃は破廉恥以外のなにものでもなかった（笑）。でも、あそこまでばかばかしいと、笑えますよ。
吉川　三平師匠が病気から復帰した時に、「今、談志、円楽、志ん朝、円鏡が四天王って言われてるけど、あたしはそれより上の〝つけ麵大王〟です」だって（笑）。このくだらなさ、おかしさたるやなかった。
　この「ゆめの寄席」のなかにも、師匠は三平師匠の「リズム落語」を入れてますが、その後に談志師匠自身による「三平の思い出」が収録されています。三平師匠が死んだその晩に、鈴本演芸場で、師匠が三平師匠の思い出を語ってくれましたね。ものまねまでやってくれて、客が大喜びしていたのを思い出します。
談志　あれは感動的だったろ？
吉川　はい。あの時の寄席にいた客にとっては、とってもいい場面に遭遇したという感じでした。師匠は、三平師匠に対して思い入れというのはあったんですか。
談志　うん、あれだけ愛され、人気を集めた人ですから。その時は、ただ思い出を語ってやろうと。本格じゃないなんてよく言われたけど、考えてみれば、あの明るさが寄席をどれだけ救ったか。

何度でも見たい思い出の寄席芸人たち。

吉川　三平同様、本格じゃないけど客に受けている芸人への師匠の愛情を、このラインアップを見て強く感じました。
談志　みんな、よくあんな低い評価のとこで甘んじてたなと思うよ。アダチ龍光先生〔一八九六―一九八二〕が、かぶってたシルクハットをとって、（アダチ龍光のものまねで）「あんたがたね、これがコトーン、コトーンと音がしとるがね。中に入っとるか、入ってないかって、それが問題だわな」なんて、もぞもぞ言ってるところがなんともおかしくてね。
吉川　ホール落語にない、寄席のおもしろさって、そういう笑いなんですね。
談志　「東横落語会」や「若手落語会」だけが演芸じゃないよって。寄席だと、客が来ない時の、全力でやってないおもしろさってあるじゃない。（柳家）つばめ師匠〔一八九[illegible]―一九六[illegible]〕なんか「じゃあ、寒さしのぎに踊りまーす」なんて言って（笑）。
　前に早稲田でゲテ物五人会とかいうのをやったんだよ。（先代桂）文治、小半治、（古今亭）志ん好さん〔一九〇〇―九四〕もいたかなあ、それと（桂）伸治さんも入れたんだ、今の文治を〔一九二四―二〇〇四〕。そしたら、伸治さん「俺はゲテ物じゃあねえ」って怒って、帰っちゃったんだよ（笑）。伸治さんて人は、変な甲高い声出してたけど、いい芸人になっちゃったね。
吉川　カタチもいいですし、ある程度の年齢になっても、おさまりかえらないのがいいんですね。先代文治もそうでした。師匠だって、「談志ひとり会」の漫談のなかで時々ばかばかしい冗談《シャレ》を言う。「家元立川談志たるものがこんなくだらないことを言ってくれた」という観ている側のうれしさがある。

談志　いつも言われてるよ、あれは落語家のシャレじゃないって（笑）。

吉川　今の寄席には、そういう楽しさが、あまりないんですよ。落語家が世情のアラで飯を食ってない。

談志　（先代）馬風さんのなんか、おもしれえもん。（馬風のものまねで）「こないだも安全地帯で轢かれちゃったやつがいたよ。後で書いてあったよ、安全地帯は危険なり」とかね（笑）。ちょっと前に、上野で地下鉄の入口の中に入っちゃった車があったね。もし馬風さんがあんなのを見たら、「ありゃあ、立派なやつだよ、なかなか車に乗ったまま地下鉄に乗ろうなんてやつはないよ、えらいね」なんて、言うでしょうね。馬風さんは最新の事件もやるけど、入学式が近づけば入学式のネタ、台風が近づけば台風でやってましたよ。今の俺と観客にとってお互いのマイナスは「こういう事件があると談志ならなんて言うだろうな」っていう楽しみが少なくなったことだって。今の寄席に出てたら、野村のおっかあ（沙知代夫人）なんか、論理分解してボロクソに言ってやる。

吉川　今はそういう機会が、月に一回の「ひとり会」だけになってしまったでしょう。月に一回しか師匠のコメントが聞けないのは淋しい。昔は、三平師匠が亡くなったっていえば、その晩に談志師匠が思い出を語ってくれる。それが当時のぼくらにとっては夢の寄席だったんですが。

談志　寄席はそれができるところだからな。

吉川　寄席の色物が十年一日で同じことをやってる、それを何度も見に来て、ああ今日も同じ物を見られたって喜ぶ心理。あれは何なんですかね。

談志　俺は、毎日聞いてりゃ飽きるから見なかったけど。落語も、文楽師匠の「明烏」を二、三回聞くと、もう飽きちゃいますよ。せいぜい十回も聞いてないんじゃないかね。あとは頭に入っちゃうから。ただ、ひとつは、「火事と喧嘩は江戸の華」じゃないけど、あんだけ火事があると華にしなきゃどうにもなんねえのと同じように、毎日聞いててあれをいいとしないと、こっちがたまったもんじゃあねえ（笑）。もうひとつは、やっぱり、中毒になっちゃうというのがありますね。

吉川　ええ、あります。退屈しながらも中毒になる芸が。寄席ってのは、師匠、そういう芸を楽しむ場所じゃないですか。

談志　だと思うね。だから、色川（武大）先生が言ってたけど、寄席はこよなく退屈なとこだったって。その、こよなく退屈なところであえて見ている人たちがいる。そんななかから中毒になったりするんでね。

現代の「寄席ドリームチーム」は実現するか。

吉川　師匠、もしこのさき、夢の寄席のプログラムが組めるとしたら、どういうことになるでしょうか。以前に師匠がおっしゃってたテレビに出ている芸能人も巻き込んで、とにかく何でもやらせてしまおうという「雑・エンターテインメント」なる構想が、すごく面白くて、それが未来に向けての夢の寄席じゃないかと思ったんですが。

談志　ただそうなると、いろんなもんが入ってくるんです。さて、その時に落語家が対応できるのか。俺は大丈夫。受けとめてやる。爆笑問題が前に出てこようが、志村けんが出てこようが、驚かない。逆に食ってやるくらいの自信がある。俺の後に上がってみろ、てめえら、っていう了見だから。落語はそれをやらなきゃいけないんですよ。爆笑問題がズボーンと入ってきても、いきなり、（「夢金」を本寸法の口調で）「冬の柳橋でさぁねえ、船宿で、ひゃーくりょーぃ、にひゃくりょー」ってやって、そこで客を摑めるんです。

吉川　前に誰がやろうと、落語というのはそれだけの力がある。

談志　たとえば、三平さんが客を沸かすだけ沸かした後で、俺なら俺、円生師匠なら円生師匠が「今のは三平ざんしょ、この後はあたしが」って、平気な顔してビシッと演《や》る。本来寄席には、そういう落語家がいなきゃいけない。

吉川　今、テレビで売れている連中もそれぞれ自分でライブをやってます。古舘（伊知郎）がトークライブをやったり、さんまがコントをやったり、小堺一機と関根勤が芝居をやったり、ライブに対しての思いはあるわけです。一度たりともイタ（舞台）を踏んだ芸人には、もう、出たくてしょうがない部分がある。だから、一度同じ土俵で落語と勝負させたい。彼らもおもしろがって出るんじゃないかな。

談志　客が嫌がるだろうなあ、それは（笑）。俺が場内を沸かしてやって、後を古舘に渡して楽しくするんじゃなくて、「この野郎、食っちまおうか」という了見になっちゃったらね。たまには、俺がライブに出てジョークをやってやるか、すげえジョークを。

吉川　そのへんが、師匠、まだまだ若いところですね。天下の立川談志が、そんな若い連中のなかに入って、同じ土俵でやろうという気持ち、若さがある。

談志　寄席の楽屋でも、俺がいりゃあ、いろんなやつが来る。下手すりゃあ、総理大臣もふらっと来るかもしれねえ（笑）。「小渕です」なんて言って。

吉川　いわゆる昔の「東宝名人会方式」というのがありますね。協会の枠を取っ払ってビックアップメンバーで顔付けする（番組を組む）やりかたです。あれを今やるのはどうなんですか。

談志　不可能ではないでしょう。だって、そこに栄光があるとすれば出るでしょう。とりあえず、十人くらい並べますか。七組でも、五組でも（テレビの人気者を）出して、その間を落語家が埋めていけばいいんです。「笑点」に出てるやつだったら、ことによったら客は聴くかもしれないし、文治さん結構でしょう、（三遊亭）小遊三、やるでしょう。爆笑問題がいくらうけようが、（桂）文珍は文珍の世界を作るでしょう。文珍の後に（桂）

三枝〔現・文枝〕をあげてやる、これは兄弟子だから、しゃかりきにやるでしょう。そこにケーシー（高峰）や、やれ海砂利《かいじゃり》水魚《すいぎょ》〔現・くりぃむしちゅー〕だなんだって――結構、いい才能してますからね、あいつらも。当然（立川）志らくだって、映画なんか撮ってる場合じゃなくなるし、（立川）志の輔も出てくるだろうし。古舘だって、漫談やらなきゃどうにもなんないってことになりゃあ、（ビート）たけしだって出てくるだろう。気になりゃあ、確認のためにも出てこないとサマになんないって、十日間くらい出るようなことになるでしょう。そういう方法で、やれないことはないですよ。

　あと、高田（文夫）でもミッキー（カーチス）でもいいでしょう。それから小朝を入れるか。（三遊亭）円楽でもいい。志ん朝もね。前に二人で話したことがある。「おい、志ん生になれよ、志ん生に」。そうしたら「アニさん、口上言ってくれよ」って。「言ってやるよ」「アニさんが言ってくれるんだったら、なる」「おお、いいよ、その代わりもっと上手くならなきゃあダメだ」（笑）って。

吉川　志ん生の襲名披露に談志師匠が並んで口上を述べた上に、新・志ん生の前で一席演《や》るというのは、二十一世紀の夢の寄席かもしれませんね。師匠、今度はCDで現役版の「ゆめの寄席」を一緒にラインアップしてみませんか。

談志　いいよ。話をしているだけでも夢があるじゃないですか。

吉川　野球ファンが「阪神タイガース歴代ベストナイン」とかやるのと同じで、今回の「ゆめの寄席」は談志師匠が選んだドリームチームなんだから、今度は現役のドリームチームを作りましょうよ。

談志　できるでしょう。あとはジャンルをどこまで広げるかという問題。広げなくてすむんなら、広げないけど、広げないとダメな場合もある。小松（政夫）と伊東（四朗）のコントは入れておこうか、とかね（笑）。

吉川　ああ、入れてほしいなあ。

談志　こっちが上手く演出して、たとえば澤登翠の活弁や（小金井）芦州の講釈のいいとこだけを入れるとかね。基本は芸人個人ですけど、この場合はこのネタを入れてくれということになる。だから、（柳家）紫朝の場合でも、「両国」だけはどうしても欲しい。

吉川　海老一染之助・染太郎だって、「おめでとうございます」って、叫ぶだけなら入れたい（笑）。

談志　台詞だけ入れて、「あたしは肉体労働なんですから」ってね（笑）。

吉川　落語家でも寄席でよく、つなぎで短く演ることがありますが、こんな出番に談志が出て軽く演る贅沢さというのがある。寄席というのは、そういうアンサンブルのおもしろさだと思う。

談志　前に、俺が「文芸寄席」というのをやったことがある。永六輔が講談をやったり、清川虹子と宮城千賀子の座談があったり、手塚（治虫）先生が漫画描いたり、あと、俺とマエタケ（前田武彦）が漫才やったり、はかま満緒が変な手品みたいのやったり。その時に、前座に円生師匠を使ったんですよ（笑）。「師匠、前座をお願いできますか」って言ったら、「ようがす」って（笑）。贅沢だよね。

吉川　そのへんの冗談《シャレ》はわかる人ですね、円生師匠は。

談志　たしか、洋服を着て出てきたなあ。さすがに、一席やるわけにはいかないんでね（笑）。おそらく、円生師匠は乾杯の音頭だと思ってくれたんでしょう。またある時、前座を集めて鳴りものを教えて、「芝居風呂」という噺をやってくれたり。己の歴史に対する郷愁を込めてね。

吉川　その円生師匠の了見は、今の談志師匠にもあるじゃないですか。だから我々談志ファンは、寄席のなかで、ほかの出し物の間にはさまった時の談志師匠の「松曳き」や「まんじゅうこわい」も聞きたいわけです。同時に若手の落語家たちに聞かせたい。だからもう、寄席の席亭は、三拝九拝して師匠に出演を依頼すべきだと思いますよ。

談志　俺ね、一昨日、田植えに行ってね。有名人で田んぼを持ってるのは、ほかに天皇くらいしかいないんだけど（笑）、そこに、俺が書いたやつを貼ってあるんだよ。ギャラリーも来るから。これがいい文章なんです、みんな、俺なりに。まあ、自分の文章だから、これはセコイ（拙い）と思う時もあります、でも、ああ俺はやっぱり、寄席芸人を愛してるなと。愛してるがゆえに、ときどき入れ込みすぎて頭にきて、こんなとこになんで来たのかってのはあるんだけど。

吉川　ほんと、愛し過ぎてますよね。僕もそうだけど、愛し過ぎちゃうと、時々やんなることがあります。

談志　なんだ、この野郎ってね（笑）。

（よしかわ　うしお・作家）
（「東京人」'99・8月号）

『席亭 立川談志のゆめの寄席』
（CD10枚組、日本コロムビア、1999）

❖咄……

人を殺したら、即死刑

立川談志
Tatekawa Danshi

隠居「オイ〳〵八公《はちこう》、何ィ考えて歩いてんだ。家《こっち》ィお上りよ」
八公「お邪魔していいですか」
隠「いいさ、こっちにきな。お坐りよ。八公《おまえ》でも何か考えることがあるのか。借金か……」
八「いいえネ、人間は何故《なぜ》他人《ひと》を殺しては不可《いけ》ねえのかってえことなんですがネ……」
隠「何ィ言ってやがる。〝人殺し〟がいい訳がねえ。当たり前の事を何で考えるんだ。この馬鹿野郎」
八「馬鹿野郎はとも角、何で人を殺して悪いのか……」
隠「ぢゃあ聞くが、俺が〝いい〟〝人を殺してもかまわない〟って答《い》ったらお前どうする。何と答《い》う……」
八「よくないでさァ」
隠「それでいいぢゃねえか」
八「でもネ。仮にネ、仮にですよ、誰だって〝あの野郎殺してやりてえ〟と思うことがあるでしょうに……」
隠「だってお前、人殺し《それ》を〝いい〟と認めたら、お前だって誰かに何日《いつ》殺されるか判らないだろう。それに文句もいえなくなる。つまり〝人殺しがいい〟としたらよ……」
八「ああ、そうか。人殺しを〝いい〟と決めたら〝自分《てめえ》も殺《や》られる〟からか……」
隠「そうだよ」
八「でも御隠居さん、戦争の場合はどうなんです。あれも人殺しでしょうに……」
隠「だから戦争はイケナイんだよ」
八「ぢゃあ戦争のことは、別に置《こっち》いといて、つまり、何だ、その、普通の人殺しネ、〝人を殺していい〟とすると自分も殺される……と。なら〝殺されてもいい〟と自分で決めたら殺ってもかまわない、ということか」
隠「まァ、そのォ、何だな、基本的というか、そういうこったがな。しかし殺される相手は可哀相だろうに。ぢゃあ聞くが、お前ならどんな奴を殺すんだ」
八「立川談志……」

隠「なにィ……」
八「いえ、あの野郎生意気だし」
隠「オイ〳〵、〝生意気だ〟の〝金ぇ返さない〟の〝嫌なことをする〟の〝イジメる〟の、といい出したらキリがないよ」
八「フウーン、キリがないか。でもネ、先刻《さっき》御隠居さんがいった、〝人を殺していい〟と決めると手前ぇも殺られる、ていうが現代《いま》の世の中ァ殺られねえよ。たいがい死刑にゃならないよ。あんな残酷な、無惨な殺し、殺さなくてもいいと思うのに殺しやがる。とても人間とも思えない奴も殺されないぢゃないですか。〝人を殺したら、自分も殺される〟からイケナイったって殺されないんだから始末に悪い。腹が立って堪らねえ。何であんな人殺しを殺さねえんですか。云ってることと世の中の規則《きめ》が違うぢゃないですか」
隠「なァ……」
八「〝なァ〟ぢゃないですよ。どうしますよ御隠居さん……」
隠「ぢゃあ、どうする八《はっ》つぁんよ」
八「あっしが聞いてるんでさァ。ハッキリしてくださいよ。あっしより余計に生きてるんでしょうから……」
隠「ぢゃあ……殺すか」
八「殺しましょうよ。それも人を殺した奴と世間にも〝見せしめ〟の為に。罪もなにもない人間を殺した奴ァ〝火あぶり〟〝鋸引き〟〝一寸刻み、五分試し〟それより何より、人を殺したら殺した奴の理屈も何もあるもんか、即死刑。家族も親類も一緒に殺す。またはネ、生きて世間に顔向けが出来ないように、人別帳からはずしちゃう。入れ墨を顔に入れる。ついでに人殺しをしたガキなら教えた教《せん》師《せい》も同罪にする」
隠「オイ乱暴だなァ」
八「乱暴にしなけりゃ、世の中ァ治まらない」
隠「でも世の中にゃあ死刑も残酷で、文明国は廃止論が多いし、現にそれを実行してる国もあるよ」
八「バカぢゃねえのかネ。俺文明なんてたいした事ァねえ、と思ってるし、その、何だ、死刑廃止論者ていう奴から見せしめの為に死刑にするべきだ」
隠「凄いネ」
八「だって〝人を殺すと殺されるからイケナイ〟とするなら、それを云っても判らねぇ奴が増えてるんだからそれしか仕様がないよ。それとも他に〝人を殺してはイケナイ〟という理由があるんですかい、御隠居さんよ……」
隠「……つまり、人間《ひと》の性は善ともいうし」
八「嘘だい。人間なんて放っといたら何ィするか判らない生き物だよ。いい歳こいてそれが判らねえんですかい。云ってることがコロ〳〵変る、つまり御隠居さんも今《いま》流行りの文化人ってえことですか」
隠「いやさ、物の根本はそうなんだが、それを何とか救う方法を……」
八「つまり〝教育だ〟っていうことですか」
隠「そうだ、それだ。〝人を殺してはイケナイ〟という教育をするんだな八つぁんよ」
八「もういいよ。サヨナラ」

「文藝春秋」'00・11月

●追悼

文治さんの落語には突き抜けた面白さがあった

立川談志
Tatekawa Danshi

文治さんが亡くなった。享年八十歳。小柄な人で、うちの女房は「可愛い」なんて言ってた。

戦争に行ってましまして、「銃剣で敵兵を突いた」なんて自慢してた。

親父も（柳家）蝠丸《ふくまる》という一風変わった落語家で、自分の倅を落語家にした。よくあるケース。ただ、なかなか子供に恵まれなくて、「もし子供が生まれたら、逆立ちして歩いてやる」って周りに言ってたらしい。それで生まれたのが、関口達雄こと桂文治。親父は逆立ちして歩いたのか歩かなかったのか……。

文治さん、どういうわけか、あたしとは気が合った。「合やしないよ、お前なんかとは」と言うかもしれないが。「米丸の野郎ぁ変わってるな」って言うんで、「兄さんの方がずっと変わってるよ」ったら、「ああそうか」。

文治さんにそんなことを言えたのは、あたしぐらいだろう。そのぐらい、どこか気心が合ってた。

あたしはあの人の落語を認めてましたからね。突き抜けた面白さがありました、先代の権太楼ばりの口調で。

あたしも近頃喋ってると、ふと文治さんの間になることがある、ちょっと右肩を落として「ねっ」っていう時なんか。歳を取ってきたせいかも知れないが……。

文治さんは仲治の頃、『お笑いタッグマッチ』で売れた。他に柳昇や柳好、小円馬、夢楽、馬の助なんかが出てた。あたしは当時見てて「セコいな」と思ったが、いまの『笑点』の方がセコい。

あたしが『笑点』を作った時は、「桁が違うだろ、どうだ」っていう気概があったし、対談や取材でそれこそ引っ張りだこ。吉行淳之介さんをはじめ、各界からの支持を得たが、『お笑いタッグマッチ』はそういうところではない当り方だった。ま、当らないよりはいいか……。

ちなみに、あの人も前座の頃は、あたしの前名と同じ柳家小よしを名乗ってた。それから桂小よしになって、仲治。

〝文治になれ〟と言ったのは、あたしなんです、「桂文治ってのは噺家で大事な名前で、それ継げるのは兄さんしかいない」って。つまり、きっかけを与えたというか、強引に推《お》したっていうか……。

ところが、「文治になったら仕事が来なくなっちゃったよ、伸治だったら来るんだけど」って。事実そうだったでしょう。

でも、文治になって良かったと思いますよ。

書が上手くてね……うちにも書いてもらったのがある、「鬼畜米英」だとか「今川焼」だとかネ。

明日、桂歌丸に会長職を譲るという一月三十一日に亡くなったのは、けりがいいっていや、けりがいい。そのつもりで死んだんじゃないだろうけども。

あたしの落語とは違って、あの人の落語ならまだまだやっていられたと思う。あたしの落語は、その都度その都度違う……。よほど精神と口調というか肉体を含めたバランスが、離れてもいいけれど、最終的にはバランスが取れてるという状況がないともたないところがあるから。

文治さんはあたしが一番好きだったんじゃないか。ほかの人間は非近代的であるとか、変わってるといって認めないところがあった。会うとヤレ〝言葉遣いが悪い〟とか、〝そういう喋り方をしねぇ〟とか、〝こういうことを言っちゃいけねぇ〟とかって、小言になるし。でも、それは悪いことじゃない。文治さんは、あの人が知ってる限りの江戸言葉に忠実でありたいというポリシーを持ってた。

反面、あたしみたいに、ヤレ映画がどうの、政治がどうのって、他の世界の連中とガヤガヤやってるのとは違って、どうしても己れがそれ本位の世界、自己の世界に入ってしまう。それが、若い人達にとっては煙ったいというか合わなかった。それを実力がある、売れてるということで有無を言わさなかったんでしょう。

余談だが、あたしの弟子で上納金を払いきれずに馘になって、文治さんのとこに行った志っ平というのがいたっけ……。

それにしても、いい死に方ですよ、一日か二日ぐらい患ってボンっていうのは。あたしも、そういきたいですよ。

関口達雄、享年八十歳。……そんなに上だったのか、兄さん兄さんっつってよく一緒に酒呑んだけど……。

変わり者って言われてたが、文治さんは、変わっちゃいない。落語家として、文治さんの方がよっぽどまとも。他のやつらがサラリーマン化しちゃっておかしくなってるんです。

（「笑芸人」14号、'04・4月）

●エール！

死にぞこないのたけし、落語家になれ

立川談志
Tatekawa Danshi

今年の八月、ビートたけしがバイクで事故を起こした直後、あるテレビ局がコメントをくれというので、私は「いっそ死んじまったほうがよかったんじゃないかな」と答えたんです。そしたら案の定、多くの視聴者から「そんなこと言うもんじゃない」っていう反論が寄せられました。

そりゃそうですよね、人間一人、重体だってときに、まったく不謹慎だし失礼な言葉です。「かわいそうだね。早く良くなることを祈ってます」ってのが常識でしょう。ただ、「それがわかってて、なぜ言うんだ」ときかれれば、自分としては「おれ、落語家だもん」て答えるしかないんです。

●たけしは行き詰まっていた

常識というのは、必要だから作られたもので、みんながそれぞれ勝手に生きてたら、国や家庭のルールは、こりゃもう、めちゃくちゃです。で、やむをえず常識てなものを作ったのだろうが、作り物だけに、常識ってのは往々にして窮屈で、それを守ってばかりいたら息が詰まってしまう。

たとえば、おれと女房は、お互いの人格を尊重し合ってる理想的な夫婦だと思うんですけど、それでも時折、喧嘩をする。そこで考えるに、夫婦というのも一つのシステムだとすると、どっかで制度を作ったことに無理があるんで、してみりゃ、その無理を確認するために喧嘩をするんではないかって。

それと同じことで、常識や建て前の窮屈さから人間を解放してやる場、本音でもって世間の常識を笑い飛ばしてしまう場というのは、社会全体にとっても必要なわけです。いっぱしの常識人を気取ってる奴を「ウソこけ、この野郎」

って罵倒することも含めてね。私は、それが芸能であり、その最たるものが落語であると信じているんです。

いってみりゃ、落語（芸能）の本質は非常識。そしたら、それを演じている落語家というのも非常識でなくちゃならない。歴史的にみても芸能というのは、社会という常識の世界からドロップアウトした連中が興してきたんですからね。

話がそれましたが、要するに「死にゃあいい」というのは、おれのたけしに対する、芸人から芸人へのメッセージなわけです。当然、たけしもわかってると思いますよ。なんてったって奴ぁ、芸人の魂をもってる男ですから。同じ価値観を共有してるっていう思いがなきゃ、そんなこと言ったってはじまりません。

じゃあ、なんで死んだほうがよかったのかというと、もとより人間はいつかは死ぬわけです。そして死ぬときゃ誰だって未練があって、自分の功績を後世に知らせたい。名誉、お金、銅像と、それはさまざまなんだろうけど、芸人としては、自分の芸の延長線上で死ねたら最高だろうよ。林家三平さんなんか、死ぬ間際まで楽屋で冗談とばしてた。まさに「芸人の業《ごう》」というもんで、ああいいもんだなあ、と思ったね。

そして一方で、マリリン・モンローとかジェームス・ディーンがそうだったように、本人は不満だったかもしれないけど、輝きをもったまま死んでいく奴がいる。スコーンと、光を残したままいなくなる奴がいる。これはこれで芸人（芸能人）として正しい死に方で、今のたけしにはそういう最期が似合ってると思ったわけだ。

おれに言わせりゃ、たけしは行き詰まってた。奴が週に七本ものレギュラーもってフィールドにしてたテレビというのは、いくら乱暴ぶって毒舌とばしても、結局のところ常識のサイドにあるものだ。奴にはジャンルというものがないから、サメみたいにそこで泳ぎ続けなくちゃならなかったわけだけど、ジレンマという海のなかで溺れかけていたんです。

世間は彼を「常識をもった異端」としてもてはやしたけれど、確実に彼は気付いていたと思いますよ。常識のなかに身を委ねてしまったが最後、芸人としては死に向かって走るしかないことを。

それ続けるくらいだったら、輝き残してスコーンといっちまうほうが見事だし、本人も幸せかもしれない。「死んじまったほうがいい」ってのはそういうことなんですね。

●タケチャンマン？　笑わせるね

でも、退院の記者会見のときは立派でしたね。顔をひきつらせながらも、なおかつジョークを言ってる。たけしにとっちゃ、記者会見なんぞしたってたいして得にもなりゃしないし、またテレビに対する未練でもないと思いますよ。「逃げも隠れもしねえぞ」っていう芸人根性そのもので、こりゃすごいことです。

今回の事故は、テレビという常識の世界から、もともと奴がいた非常識の世界に戻ってくるチャンスでしょうね。人間、流産したと思やあ、顔がひん曲がったなんて屁《へ》みたいなものよ。だから数珠持って「悟りました」なんて、バカなこと言うんじゃねえって。そもそも悟りなんてあるわけないいんだから。

さっき、たけしにはジャンルがないと言ったけど、人間の生き様《ざま》において、己を委ねるものがあるというのは強いもんです。自分を投げきってしまう、任せてしまうのは快感ですらあるんですから。マゾヒストの気持ちって、わかりますね。

その点、おれには落語っていう拠り所がある。人から何を言われようがされようが、「あたしゃ所詮落語家でござい」って、伝統芸能の傘の下に隠れられるわけ。人は卑怯と言うかもしれないが、私は落語の内容を信じている。

そんなものあるかどうかしらないけど、もし世の中に真理というのがあるとすれば、それを追求するに、落語というのは絶対に間違っていないと思ってる。もしなんらかの誤差があるとしたら、それは自分の修業が足りないだけなんだな。

たけしには哀しいかな、その根っこがなかった。世の中の出来事や人物をスパッと切ってみせるにゃ長《た》けてたけど、基本的には常識の範囲内でしかなかった。

くどいようだが、テレビの世界で芸能をやろうっていうのが土台無理な話で、それらを芸だって言うなら、もはや芸能の危機だね、ホント。以前、戸塚宏さんがおもしろいことを言ってたな。曰く、

「テレビに出てくる連中は疑似友達だ」

確かにそれはそのとおりで、ブラウン管を挟んだ関係というのは、どんなに親しくなっても疑似は疑似。ほんとの友達じゃない。お互いの納得もない。

ウッチャンナンチャンなんていうネーミングは、そのへんをどっかで感じていてつけたんだろうけど、最近はみんな他人様を、友達気取りで「なんとかちゃーん」なんて呼びやがる。たけしだって、「たけちゃん」「タケチャンマン《オレ》」なんて呼ばれてる場合じゃないんだよ。少なくとも家元に対して「だんちゃん」なんて呼ぶ者はいないし、もしいたら、「ざけんな、この野郎！」てなもんでハッ倒す。

とはいうけれど、「ハッ倒す」という流行語を生んだ清

水金一は通称シミキンで、彼が舞台に出ると客は「キンチャン」「キンチャン」と呼んだし、エノケンも若いころは「ケンちゃん」だったな。

●落語はいいぞ、客くるぞ！

ま、そんなことは置いといても、たけしについては、基本的には理解し合える仲間、同じ非常識の城に住む住人であり、ただしランクは師匠の私がずっと上、そう思ってきた。ただテレビの王様でい続けていたのを見て、「アレ、間違いなのかな」「関係ないのか」と思いはじめた。そこに今回の会見だったたんだ。

談志になくてたけしにあるもの。それは暴発にまで行き着くクレイジーさだろう。なにせ奴あ、講談社を襲撃して逮捕された前科者。これにゃ、さすがの私もかなわない。ひょっとしたら、たけしは、おれよりもっともっとクレイジーで、その湧き起こる爆発へのエネルギーを抑えるために、テレビという常識のフレームにとどまっていたのかもしれない。してみりゃ、彼の毒舌と称されるものは、彼にとっての中和剤だったのか？

はたまた、抑えて抑えて、抑え切れなかったものが、時おり無意識に噴出するのだろうか。たとえば、自分でもなんだかわからない無意識の恥部みたいなものが心の隅にあって、それが何かの拍子に突然爆発する……。これは理解しにくいな。お茶飲んで楽しく話をしていた友達が、突然、無意識のうちに立ち上がってテーブル引っくり返すなんて、こりゃ、おれでもわからねえ。

意識的な非常識と無意識の非常識。たけしよ、いったいお前はどっちなんだ？

まあいい。とにかく死にそこなったことにゃ変わりはない。たけしよ、もしコレ読んでたら、いろいろ考えることもあるだろうけど、これまでのキャリアにとらわれずに、ほんとに委ねられるものを見つけて、そこでとことんやってみろ。そしたら一緒に酒でも飲もうぜ。お互い、新たにわかり合えることもあるはずだ。

だいたい人間なんざ弱いもの。自分の過去を肯定しなきゃ生きていけない。俺だって、落語にまったく意味がなかったなんてことになったら狂うかもしれない。ただ、自分の過去を洗い流して、新しい生き方を発見させてくれる機会なんて、そうそうあるもんじゃなくて、今回の事故なんか、たけしにとって、常識の世界から抜け出すいいチャンスだと判断するな、師匠としては。

たけしよ、一発、落語をやってみろ。ライブはいいぞ。顔が曲がってたってかまやしねえ。客くるぞ！　俺も聴きたいしな。

（「婦人公論」'94・12月号）

❖対談………

東の笑い 西の笑い

桂 米朝 Katsura Beichô
立川談志 Tatekawa Danshi

大阪で発展した落語が東上するに従って、噺《はなし》の内容まで変ってきたといわれる。江戸っ子気質がそれを要求したのだが、芸に対する観客の姿勢そのものが違うのかもしれない。東西を代表してご両人に笑いの本質を語ってもらった。

＊

米朝 東と西の笑いとか芸の違い、とかいうことは、もう何べんもいろんな機会にしゃべったが、なかなか気のきいた結論は出ません。じゃまくさいから、このごろ、違いなんかない、ということにしてるんです。

談志 じゃまくさいからって、ほんとうにないんですか。じゃまくさくなけりゃ、あるんですか。

米朝 そりゃ、結論まで持っていくには紆余曲折があるわけで、それを飛ばしていえば違いなんかないんや。お客の東、西の違いはあるかもわからん。

談志 そうかな。きょう、大阪で独演会をやりましたが、東京と同じような反応なんですね。むしろ東京のへたな場所よりいい。東京、大阪よりも、地方へ行ったらもっといい反応がくる場合がある。っていうことは、昔は地方っていうのは文化が離れているからわからないっていわれたが、今は文化は離れていない。逆にいうと、よすぎる客ばっかりで、おれたち、独演会してて、果たしていいのかと思うことがあるなぁ。

米朝 東と西とでお客が違うということは、落語だけでできている寄席（東京）といろんなものが寄りまじっているところ（大阪）の違いになるんです。それにこっちのお客は木戸銭だけのものを要求する姿勢がいまでもあります。アングラや前衛劇がこちらでうけない。東京でなんでこれがうけるんやろうと思うときがある。

談志　アングラはやれ既成概念をぶっこわせ、とかいろんなことといってるでしょう。冗談いうな。勧進帳をぴちっとやってるところへ、「ヤッホー」なんて入っていけるわけがない。芸がわかったらね。水も漏らさぬ芝居噺《ばなし》を円生師匠がやってるところへ「おい、おじさん」と入っていける道理がない。だから、あたしも信用しません。フィーリングだなんていったらきりがない。赤ん坊の泣き声だって、フィーリングあるっていうこと聞くけどね（笑）。

米朝　それは、こっちでは喜ぶやろうか。

談志　喜ばない方が健全だと思うね。ただね、新しいものに飛びつくっていうのは、ぼくは好きなんですよ。

米朝　芸人の立場からいうと、東と西は興行形態の違いも大きいです。東京はいわゆる席亭と芸人の協会とで成り立っている。が、こちらの寄席は明治の末に大資本にとられてしもうた。それも寄せ集め演芸場ですから。そうすると、昔と違うて、幕を引いて座る座を設定せんならん、その合いの時間の雰囲気づくりからせんならん。そこへやたらとマイクのボリュームが高い。あれが一番芸をだめにする原因といえますね。

談志　この間、角座に出てくれ、というから「トリをとらせるなら」といってとりました。ぼくが角座でトリをとれるということは、松鶴さんだってほかの人たちだってとれるはず。われわれの方からだんだん引っ張っていって、落語ベースの寄席にしたら……。

米朝　ところが、芝居小屋になってしもうた。つまり、はっきりいうて、儲けささないかんのや。

談志　劇場がそういいましたよ。落語並べても儲からへん。儲からんですか？　来ないですか。

米朝　一ぺんや二へんは来るけど年中は来ない。第一、噺家が常べったり出るだけおらんもの。東京の二十分の一ぐらいしかおらん。

西　二人寄れば漫才になる

談志　おれは、はじめて大阪落語を聞いたとき、これはおもしろいなと思った。大阪弁の方が日常生活には生きているし、面白味がありますわね。その言葉が残っている限り、おれたちにとって最高の娯楽の一つだと思った。

　秋田実さんが「関西人が二人寄れば漫才になる」という有名な言葉を残しましたけれど、たしかにそういう部分、見たり聞いたりしています。たとえば、ぼくがあるバーで、Ａという女に向かい「いい女だね」っていったことがあるんです。そうしたらＢという女が「どこに目ェつけてるの、あんた。これがええ思うの？　これ、うちで一番不細工やねん。この女のためにどれだけ客が減ってるかわからへん」てなことというんですね。ところがＡがまたＢに向かって「嫉妬や、嫉妬や、もてへんから嫉妬してんねん」といい、ぼくに「気にせんといて」というわけですね。

　こんなこと、東京のバーでやったらえらい目にあう（笑）。そういう会話がぽーんとくるのは東京にはない。

米朝　ああ、そう。

談志　あるもんか（笑）。

米朝　死んだ黒門町（桂文楽）が大正時代か、京都の寄席へ出てはった時に、上方の噺家が落語相撲をやった。

「これはうちの師匠に教えてもろうたネタやから間違いない」と客拾いをする。そうすると、片一方の拾われたやつがカンカンになって「だいたい、おまはんとこの師匠ちゅうのは、下手やないか。あんな下手な師匠に教えてもろうて……」。そうしたら、顔面蒼白になって「わしは下手でもかまわん。うちの師匠をそんなことといわれたんでは、おさまらん」とつかみ合わんばかりになって、「そんなら、あしたもう一ぺん対決しょう」と引っ込んでしもうた。

見てる人はどうなることかと思うたが、楽屋で黒門町は「これであしたは大入りや」（笑）というて喜んでいる。これ全部演技なんでね。それが打ち合わせなしにその時分はやってた。関西の芸人の商売上手に驚いたというのが、何かに書いてありますが、そういうところはあるかもわからん。

談志　でもねえ、それは現在の関西の落語家さんに対しては、ちょっといえないなあ。ぼく自身、大阪に対して外様というか客人なもので、そう感じるのかもしれないが……。東京では、あたし、うちの師匠（柳家小さん）にはいいませんけど、円生師匠に対して「よく死なねえで生きている」みたいなこと、平気でいうわけです。円鏡が落語やってるのを後ろからガタピシゆするわ、それでめちゃめちゃにしちゃう。円鏡もまた、それをやられる自分の役どころを知っているわけです。それは、あんまり関西の方はしないでしょう。

米朝　しない、というよりやる場所がない。つまり寄席というところは、約束ごとの通用するところなんや、それがこっちにないね。

東　客は聞こうと待っている

談志　大阪と東京と客に違いがあると仮定した場合、寄席の形が同じになれば、同じようになるか、おれはそうも思わないんですがね。経営者が違おうがどうしようが、観客に落語をわからせるにはいろんなテクニック、方法がある。あるときは涙をふりしぼってオーバーな演技をやり、あるときはおどし、助平な話をし、幕があいてもなかなか出ていかないってことも何度もやった。

とにかく客は聞きに来ているんじゃなく、笑いに来てるの。笑いってのは、生理的にいうと刺激を与える、気持ちよくくすぐりゃいいんです。

米朝　それがこっちは前にもいった通り、寄せ集め演芸場のマンモス寄席ですから、団体に頼らなあかん。

名人会で志ん生さんが出たとき、一分ぐらいで客席が静まると思うたら、団体客がトイレに立ち、二分たっても静まらない。面白いことというてくれたら聞こうと客は思うねん、こっちは静まったらしゃべろう（笑）。そのにらみ合いが六分ほど続いてね、「やれないよ、オレ」とおりてしまった。

談志　たしかに金の分だけ笑おうというのはいいやね。だけど、どうしてわからねえのかな、そこへ来る客が……。
米朝　一発、聞く気にさしたら笑う。ふっと瞬間、エロの考えオチをかます。そうすると、わかる客が手ェたたいたりする。そうすると、ほかの人も、これ、おかしいんかな、と思うんです。
　角座で、円歌が歌奴時代に「授業中」をやった。客席がざわざわしてる。そしたら奴さん、「チンポは悪いの」こういった。「チンポ」という言葉で客はびっくりするわけなんや。それから聞き出すわけやね。
談志　東京では、客は聞こうと思って待っているんですから、おれがどんなつまらない話をしたって、聞いてますよ。だからむしろ、どれだけ客が我慢するか、おれはつまんない噺をするだけするわけですよ。おれの人気のバロメーターと、おれの実力を試すために。まず何よりも客に聞く姿勢があるということですよ。大阪でそんなことやったら、えらいことですよ（笑）。
米朝　演題にしても、関西には怪談噺がひとつもない。「高尾」といった滑稽怪談はあるが、「牡丹灯籠」などに類する噺は少しも育たない。
談志　それを東京へ持ってきてやったことあるんですか。
米朝　やらない。考えてみると、こっちの合理精神は、お化けだ、幽霊がたたるって、おどろおどろしい噺をくそまじめな顔して言うのがいやなんじゃないかと思うね。
談志　きょうは「権助提灯《ごんすけちょうちん》」と「明烏《あけがらす》」をやりましたけれども、嫉妬のしっこと童貞破り、現代にも通じるものですね。東京の落語というのは、わりとテーマがはっきりしてますね。しかし、上方の「夢八」なんて聞いてますと、ナンセンス以外何ものもない。それから「船弁慶」だって、おかみさんと嫉妬のやりとりはあっても、最後は様式しかない。「軒《のき》付け」だって、そんな人情はないわけでしょう。
米朝　あれは大ナンセンスですよ。人情噺というのは、だいたい東京にあった。関西では人情噺系統のものは全部講釈師に任して、こっちはナンセンスです。権威を奉る噺もない。こっちには、中之島の蔵屋敷役人しかおらなんださかい、侍も大名もちっとも怖うなかったんや。みな商売人によいしょする役人しかおらなんだ。権威がないんですよ。権威がないということは噺にまじめさがないねん。これは、東西の噺やなしに落語の本質論になってくる。
談志　話をかえましょうか。昔から「東《あずま》男に京女」っていわれますね。その言葉が定着したところをみると、昔の東男はきっぷがよかったんだろうな。女もいろんな意味で京の方がよかったんだろうな。新選組の連中なんか、京女に狂いに狂ったわけだからね。
米朝　京女というのは、技巧の極致なんですよ。
　よくいわれるんやが、京都人は「どうぞ一ぺん来ておくれやす」というて、行ってみたら怒るという。あれに、梅棹（忠夫）先生だったかが、ええことというてた。
「ほっといてくれ、これは京都の習慣や。京都人は、そのときの言い方で、ほんとに寄ってほしいのか、儀礼でいうとるのか、わかるんや。それを東京人はまともに来る、これは困るんや。ほんとは来てほしない言い方してるのに、わからへんのや」

というようなことといってはったが、京都は王城の地で思い上がった土地ですから、超然とそういうことを言うんです。そやさかい、京都には京都のルールがある。

東西　薄くなった芸の違い

談志　でも、今は東男っていうのはいないよ。その証拠に、東京の地下鉄の中で、平気で大阪弁しゃべりおる。頭にくるよ、これは（笑）。「どないしてんねんや」ふざけるな、この野郎、東京に来やがって（笑）。昔は東京へ来たら、大阪弁を含めて田舎弁でしゃべったら、ばかにされ、笑われた。だから何とかして直そうと思った。直す、ということは江戸の文化におのれを投じるということですからね。

米朝　江戸っ子が減ったように、生粋の大阪人もおらへん。みな、郊外に家があるわけや。京都は焼けなんだからまだ古いものが残っているんで、「ノンノ」「アンアン」が京都、京都いうてるが、大阪は素通りや。昔の道頓堀いうたら、九時いうと宵の口ですわな。それがいまは恐ろしいほど静かで、ほんとに飲み屋以外だれもおりませんよ。

談志　東京だって、銀座なんかよりもまず早いうちにベッドタウンに近い、吉祥寺なんかへ行って、一杯飲んで帰る。小岩だ、横浜だ、藤沢だと散っちゃう。同じ現象です。

米朝　だから生粋の東京、大阪っていうところは、人のおらんところになりそうなんです。人の住んでないところにね（笑）。それで、われわれの芸も関西の味が希薄になり、東京も希薄になり、全国が平均化されてしまう気がする。

談志　日本が〝やまと〟という都市になっちゃうのかもしれませんなあ。

米朝　十五年ぐらい前までは、歌舞伎、舞踊、邦楽、能狂言にいたるまで、関西にびっくりするようなものが残っていた。八千代はんその他の上方舞とか、東は東、西は西と、超然とした存在があったわけです。しかし、上方舞でも、第一線クラスが過ぎたら、もう育ちが違う。テレビやなんかで標準語の方が耳に入るし、そうやって育ってくるから、そら、味が希薄になるのは当たり前や。

私は大希薄ですよ。希薄やから、私は北海道から九州までうけてくれるんです。

談志　そういえば、大阪落語の中で、最も大阪臭さのないのが米朝さんだな。

（かつら　べいちょう・落語家）

（『週刊朝日臨時増刊』'78・4・20日号）

落語家の政治

立川談志
Tatekawa Danshi

どうもこの落語家の政治家というヤツは世間にもあの中の連中にも理解しにくいらしい。

落語家の政治家、というより落語家も政治に一枚関りあっている、というだけのものなので、いつだったか、井上ひさしの文の中にオーストラリアでのハナシだが、役所勤めの女性が夜になるとヌードでかせいでいた……というのがあったが、今の世の中べつに二つの仕事をもったとて不思議でもなんでもないはずなのにドーモ、理解に苦しむらしく、

〝落語家の参議院議員ねえ？〟〝落語家の政務次官かァ？〟と……こうくる。物事解らなけりゃァ他人のことなんざァそのままにして置けばいいものを、なんとしても理解しようとあせるからヤッカイで、結局議員や次官になった奴もさせた奴も、「フマジメである」という答えを出して安心しているらしい。

もっとも談志《わたし》の行動と態度から判断するには、この「フマジメ」という答えが一番楽らしい。

そのうちに〝政務次官でボクシングのチャンピオンで夜になるとゲイバーに出て、暇な時はタコ焼きをやいている……〟なんてえのも出ないとも限らないのだが……。

しかしこのフマジメに映るということが皆々様にはドーモお好みになれないらしく、いわゆる建前論のお好きな国民の皆様に対して、当方は本音と本当の人間の生き方のすべてを晒して生きているから、のべつ幕なしにやられる。

それならいっそ、一票を持っている大衆相手には建前論が一番だから逆らっても大丈夫そうな権力者に楯ついて……、アメリカの、自民党の、韓国の悪る口を云っていりゃァ楽でよさそうなものだが……。そのようなことは談志《わたし》

にとって最もフマジメなことであり生涯出来そうもない。

　私が選挙に出る時に川内康範氏はいった。〃お前がどれだけ自分に対してフマジメになれるかで当落がきまるよ……〃と。

　康範先生さすが解ってらっしゃる。


　落語ってなんだ！　と聞かれたら形式的には答えられるが内容的に一言でいえる人は少い。今時、芸能評論家なんぞにゃァわからナイ、云われりゃわかるだろうが所詮、

〃ワカンねえだろうなァ……〃である。

　落語ってなァ「人間の業の肯定である」

　それを語る落語家がその業を隠したり、否定するような生活態度と言動は許せない……というよりゃァそ奴の落語は駄目なのである。

　それを業だといえばいえないこともないが、それはロジックだけのもので、

「理屈ととりもちはどこにでもつく」

　である。だから〃わたしは落語家でなく咄家と呼んで欲しい〃なんとイキがって、字面《づら》の「噺家」を喜んでいる手合が多くいるが、これ等もロクなもんじゃァない。

　その人間の業の肯定が売り物である落語家。

〃人間眠い時にゃァ、寝るのが一番〃であり〃惚れちまえば、どんな立派なことをいっている奴でもメロ〳〵になる〃であり〃偉らそうな奴にかぎってロクなものはいない〃であり、(別にワルイなんとは一言もいわないのが落語であり、人間所詮そんなものだといっているだけ)

　金を持って来りゃもらうもんだし、金を出されて怒る奴ァまずイナイ、むしろ怒っている奴が笑い出す……てなもんである、と八公熊公に代弁させている落語の世界。

　ところがドッコイ政治は違う、というより世間は違う。

(ホントは違わないのだがネ)

　一般に皆様は建前論がお好きであり、早いハナシがアマチュアリズムが支配しているわけだから、物事、出来ても出来なくてもマジメにやりゃァいいので、効果よりその行為行動のみがみとめられるのが世の中で、〃出来なきゃァ寝てろい〃は駄目なのである。ついでに云ゃァ、「二日酔いがなぜ悪い」では通らない。

　ならよしゃァいいのになんとかこの「人間の業」を認めさせようとするからトラブルは絶えないし、叩かれる。

　おまけに大衆は、よほど洒落れた大人以外は反権力であんなエリートであるから仕末が悪い。

　〃昔お世話になり友人として見舞いに……〃とやった小野NHK会長の言葉が通りっこないのがこの文化国家のルールである。

小野会長の実力なんざァどうでもいい、大衆がみてフマジメに見えたら、いえ、それをフマジメと見させるように、大衆のアマチュアリズムと反権力・反エリートの不満をあおり、それを正義に転化させて喜こんでいるだけである。野次馬的に物を見りゃァ権力者の失墜は楽しい。

すべての世界が弱者の天下であって、このままいくと最後にゃァ手前ェの国の、首を締めてオワリ、と先が見えている。

建前論を否定する訳にもいくまいから、これを肯定するのはしかたがないが、建前論を肯定した己れに対して、テレとギャップを感じ、これをユーモアでカバー出来ないものなのか。建前論にテレを感じない奴がペンを持ち発表出来る場所をもっていることは怖い。

建前論以外はすべて切りすてる。

それで自分を売り、記事を売る。

結果、大衆は己れの不満が正義になっているのを見て喜ぶ。

そのくせ、ペン氏はいう。

「国会にユーモアがない……」と。

……………○……………

人間の業の肯定を売り物にしている落語家が業を乗り越えて行こうという、世界に入って来て五年たった。

〝朝眠くても起きましょう〟

〝出来ないとあきらめないで努力をしましょう〟

の世界にである、もち論百も承知、二百も合点で……。

そのまんまに生きてみた、自民党という権力の世界にも身を寄せた。石原慎太郎のように体制内革新なんてえことは一言も云わなかった。ちょっぴりアマチュアにわかるように自民人党の理屈もつけてみたが、終いには面倒になって、〝ヘェ、ヘェ、わたしゃ権力が好きなもんで……〟とこう云った。

聞いた奴ァ半分笑いながら妙な顔をしてた。

〝わたしゃお金が大好きで、金のためならなんでもやる、親の首でも締めちまう〟

と寄席の高座で洒落とも本音ともつかぬ演りかたで喋りバカ受けしたが、時折時局講演でもこれに近い事を云ってしくじった。

わかっちゃいるけどヤメラレねえ、である。

しかし談志《わたし》は思う、落語家が政治に関り合った以上、この了見でいくべきなのだ、と。歌手や講釈師やアナウンサーとは主張すべき次元が違うのだ。

〝人間業を乗り越えて栄光があった〟と語り歌うことが仕事だった人達とはまったく逆なのである。

建前論の世界に疲れた人達が己れの業に忠実に生きた落語家（志ん生はその最たるもの）に身をゆだねて楽しむ寄席の世界。

その世界から建前論のみの政治の世界にやってきて、人間の業に忠実であることが今の政治に最も必要なのである、と今だに身体で云っているんだが……。

〝あまり怠けていると老人ホームへ行くようになるよ……〟といっただけで労働大臣がくびになり、憲法改正をちょいと口にしただけで法務大臣はサザエのように口を閉ざすことを内閣から要求されるこの世の中。

これじゃァ人間居どころがなくなってしまう。

ホントのことをいやァペンで書かれ大衆から干《ほ》されて、つまりは落選。だから建前論で「前向きの姿勢で善処します」とこうなるわけだ。前向きの姿勢で善処とは何もしないことだと子供達の会話にまでなっているのに……。

本当のことを云わねばいけない時期にきている。

国民の皆さんが甘ったれても政府はそう面倒は見切れません。

物価というものは上がるものなのです。それよりも収入とのバランスが問題なのです。

福祉々々といいますが、なまけ者のめんどうを税金でみる必要はないと思います、とやればいい。


いい政治とは反権力、反エリートである。一般大衆の不満を上手に煽り、分散させながら進めていくものだ……と誰かが云っていたが。

その犠牲に、ある時はチクロ業者が、塩化ビニールが、六価クロムが、酸欠住宅が、原子力船むつが、成田空港が、丸紅が、沖縄開発庁政務次官が？……なり、
そして常に時の政治権力者にその不満をぶつけ発散させている。

それで日本は過去、豊かになってきたのだが……。ならばギセイ者には申し訳ないが、それはそれで日本の国の運営の為には仕方がなかったのかも知れない。

しかしこの建前論が建前論を越えてもはや正論になり、すべて物事そこから発想するようになってきた。

さァどうしよう、もう一度、いや一生落語家で居る以上、人間の業をいくらかでもみとめさせるため、政治の世界で泥ンコになっていようか、寄席に帰って人間の業を聞きたい人のみに聞かせていようか。


……………○……………

大衆の欝憤をはらすために言葉だけで権力者に楯ついて受けて喜んで世間を騙していた連中に始めのうちは腹が立ったが（だましかたの上手さには敬服している）〝まァ、

それもいいやね、その人の生き方だ〃と思ってはいたが、大衆をだましたうえにあきたらず、本音で生きている私達にまで気が狂ったように歯をむき出してあらゆる場所で他人のマジメな生き方をフマジメと極めつけ書き喋った同期のタレント議員達と文化人と称するジャーナリスト達をみてると、あれらが政治を文化を悪くしているんだし、果ては落語家の職業的危機にまでなりかねないと考えるようになった。

　でもまァ、成るようにしかならない世の中で、だから逆らっているよりも不満はあおり屋にまかせて置けば、騒ぐだけ騒いで非道い目に遇って、最後に気は付くがそん時ゃァ遅いというおなじみの歴史のくり返しにして置くか、と思うが……放ってもおけない、この頃である。

〃えー、どうも世の中なんてェものは十人十色といって、色ンな人が居るもんでェ。その人達がそれ〴〵いろんなことをいいますな。それがいち〳〵気になったり腹が立ったりしていると身体に良くないもんで。〃

　そんな時ゃァ、

「どうもイキなもんだネ」といっているのが一番よろしいんだそうですな……ヘエ……。（落ちにならないネ……）

「藝能東西」'76・10月

立川談志
名言集

いっそ、一票を持っている大衆相手には建前論が一番だから逆らっても大丈夫そうな権力者に楯ついて……、アメリカの、自民党の、韓国の悪る口を云っていりゃァ楽でよさそうなものだが……。そのようなことは談志《わたし》にとって最もフマジメなことであり生涯出来そうもない。

❖対談………

どっちかてえとイロゴトより落語

田辺茂一 Tanabe Moichi
立川談志 Tatekawa Danshi

ときどき、強引な感じがする。この感じがつまり評価とそれに付随した悪口の生ずるユエンだろう。一瞬、ゼンガクレンを連想するが、これは見当ちがいだったか？

意外（？）に折り目の正しい人である。少量の酒でよろけたところを見ると、そっちの方はせいぜい二ツ目クラスか。

ただし、「イロゴトハ好キジャナイ」とのたもうたが、それは信用しちゃいけないかも知れない。（田辺茂一）

＊

田辺 あなた、この頃、二十歳以下のティーンなんとかという、そういうのが良い、なんて言っているようだけれど……。

談志 ええ。だけど、ぼくはあまりイロ事が好きじゃあないんです。ぼくはあまりソノ話をしないんで……先生もしないでしょう？

田辺 ぼくは、バーなんかで、わりあい上品だと言われているんですよ（笑）。

談志 そう、原語を使わないしね。

田辺 ナマの言葉を使うのは、あれはシロウトです。

談志 そのかわり、先生は手が速いね。とにかく手が良く伸びる。手が触角のごとく動く。スカートの下に入る。

田辺 なんにもしないと彼女たちが可哀そうだもの。マナーですよ。

談志 相手がイヤがってもマナーですか、あれは……。ところで先生、先生の三千人という数字は本当ですか？

田辺 しょっぱなから、立場が逆になりつつある（笑）。

談志 公称だから、実はもっと少なくて……。

田辺 もっと多くて、五千ですよ。

談志 五千ですか。本当かなあ。その数字はどうやってハジくんですか？

田辺 毎日一ツずつ足していけば良いんだ。ぼくの話を先にしちゃあ悪いかも知れないけど、この対談が第一回だから、ちょっとザンゲをさせていただこうか。

ぼくは童貞を失ったのが二十二歳の時でね。ダマされて童貞を失った。大事なものをなくして口惜しくてね（笑）。ようし、と心を決めた。いっちょうやれるだけやってやれ……。当時四谷の検番には二百六十何人かの芸者の札がかかっていた。それを片っ端からみんなやったわけよ。だいたい一日二人ずつだ。ちょっと我儘が出ると（笑）三人だね。だから二十三、四歳で、四、五百人やった計算になる。千人斬りが一区切りらしいけれど、ぼくは二十代でそこは突破したわけよ。当時は酒を飲むヒマもない感じでね。もっぱらサイダーでやっていた（笑）。

談志　それで、トラブルはひとつもなしですか。

田辺　昔も今もトラブルなしだよ。

談志　相手の女が先生に愛情を感じないからかな。愛情が湧けばトラブルになるけれども、愛情が湧かないからトラブルにならないんだな。

田辺　いや、人柄なんだよ、こっちの。だいたいむこうがフッたようなことになるわけよ。こっちがフッたらめんどうになる。

談志　同じ女にダブッたらどうなるかなあ。五千人の女というからには、一人一回というのが圧倒的に多いわけでしょう？

田辺　そうそう。だからサイズの検定をして歩いていたようなものよ。ただ、中には一回ではなくずいぶんやっているのもいますね。そうだな、いちばん長いヒトで十年ぐらいかな。このヒトとは、一緒にメシを食ったり町を歩いたりしたことはない。やるだけですがね。電話がかかって来て、何時だよ、と時間だけ連絡する。それでホテルで会ってやるだけ。

談志　理想的ですね（笑）。

頭を切られてもケンカする

談志　ところで先生、あれだけ飲んでいて、よくバランスがとれますね。社長業というのはそんなに金が入るわけじゃあないでしょう？　あれだけ引き連れて、ほうぼうでワアワア飲んで、それで文壇のパトロンと言われたりして。

田辺　このあいだ、「いのちがけで遊んでるね」っていわれたけれどね。遊んでいないと持たないんだな、ぼくの気持ちがね。

談志　体もよく続きますな。スタミナの根源というのは性欲ですか？　先生みたいに大勢の女とやっている人物は……ということになるのかなあ。いや、千人斬りをやらない奴でも、若い頃から数えれば、マスターベーションで千回くらいってるかも知れない。してみれば、そのぶんを女とハメただけですね。……たいして変わりはないんだな。

田辺　ぼくは、ただマン然と遊んでいるわけではない。

談志　でも、はたから見ていると、先生は同じテクニックで寝ているような気がする。毎日毎晩、その都度進歩して行ったら、変態になるはずだもの。先生は、ごく素朴なやり方でずっとやっているんじゃないかな、という気がする。

田辺　そうかも知れない。非常に低俗な言葉でいうと、ぼくはギリマンというのはやらない。

談志　非常に低俗な言葉でおききしますが、自分勝手にコトを完了するわけでしょう？　それで女も満足するのかな。先生は、そんなことは考えないんですね。

田辺　相手のことをいちいち気にしていたんじゃ重荷になる。先刻言った十年も続いているヒトとの場合は、一言も口をきかないことだってある。順序はわかっているんだし、何年もやっているんだから……いけない、どうもやりにくいよ。きき役はこっちだよ（笑）。あなた、バーでときどきホステスにむかって怒っているね。「キミたちは何だい。坐っているだけが能じゃあない」なんてさ。

談志　このあいだ、オレのことを「あんたっておっちょこちょいね」とヌカしたホステスがいた。ぼくも頭に来た。てめえにおっちょこちょい、といわれる筋合いはどこにもないぜ、ってね。だいたい、ぼくは、バーでは黙っているとモテる。モテないから何も言わないでいると「まあ、テレビと違ってすごくおとなしいわね」なんてガゼン調子が良いんだよな。どうもオカシいよ。バカバカしい。本当はぼくらがいちばんモテるべきですよ（笑）。そのいちばんモテるべき人間が、どうにもモテない。

田辺　バーでモテる、という人はめったにいないよ。

談志　先生くらいのものですか（笑）。先生は、あまり小言をおっしゃらないんですか。先生が怒ったのを見たことがない。いつか、ビールをかけられたことがあったけれど……。

田辺　そんなことがありましたね。「みんながいるから来てくれ」って言われて、そこへ行ったら、問答無用でいきなりビールをかけられた。ぜんぜんワケがわからない。どうも根拠がわからん。ただ、ぼくが何をする間もなく、テキはすぐ手をついたけれどね。

談志　その時にぼくは言ったんです。「先生、怒らなくちゃあいけない」ってね。事の理否がどこにあったか知らないけれど、先生はヘラヘラ笑っているんだから……そういうことは、どうですか？　そのほうが、無事で良いんですか？　ケンカして殴られても誰もホメてくれはしない。でも、ぼくだったら、頭を切られるだろうけれども、やっぱりケンカをする。ところが先生はケンカをしない。

田辺　ぼくは、母親の遺言を守っているんだ。これは、あっちこっちでしゃべっているけれどもね。「男は、おおやけのためにだけ怒れ、自分の感情で怒るな」とね。ぼくの怒った顔を見た人はないかも知れないね。ただし、今日は、場合によっては怒らしてもらうかも知れない。

談志　そろそろ酒がまわって来たらしいな（笑）。

好キナラバ取レで一緒に…

田辺　さて、あなたの番だ。'69年はこうしようとかこれをやりたいとか、なにか計画のようなものはあるんですか？

談志　寄席の雑誌を出したい、と思います。もう、どんな落語家がいてどんな会があるのかさえわからなくなっている。落語についての意見とか批判とかいうよりも、紹介だけで良い。それから、散らばってしまいそうな資料を集めて、そこに記しておくだけで良い。そういう雑誌、月々十万くらいの赤字を食うかも知れないけれど、やる予定です。それから、現在残っているハナシ家のハナシをありったけ録音テープに取る。とにかく、好きな人に言わせると、落語のなになに亭なになに、という名前を見るだけで良い、というんですから。

田辺　そういうものは、講談と一緒には出来ないのかな。
談志　しても良いんじゃあないかな。講談までは良いと思う。もう少し幅をひろげて、アダチ竜光の手品など、寄席的なものは含めても良い。あとまだ、いろいろあるんですよ。やってみたい映画もあるし、選挙はどうしようか、と考えてみたり、外国へも行きたいし。
田辺　映画は、何本出たんですか。
談志　四本かな。先生は？
田辺　ぼくは一本だ。またやりにくくなって来た（笑）。選挙はどうなの？
談志　いちおう頭の中に入れてある、ということです。やるとしたら、こうやろうああやろうというプランはいっぱいある。ただ、うちのオフクロが、ぼくにむかってこう言っているんですよ。「おまえみっともないから、それだけはやめてくれ」って（笑）。
田辺　外国はどこかな？
談志　あれ、イヤだなあ。これは先生が連れて行ってくれるはずだった。どこですか？
田辺　サンフランシスコだよ。あそこに紀伊國屋の支店が出来る。それはまあいいでしょう。そのほかにもまだまだありそうだな。
談志　華麗な恋をしたいな。
田辺　カレイね。ヒラメじゃなくカレイか……。あまり調子が良くないね（笑）。
談志　先生が反省しながらしゃべっているのは珍しいね。まだ酔っていないらしい（笑）。
田辺　ここでは談志さんが独身である、という誤解を訂正しておかなけりゃあならない。華麗な恋などというとさも独身であるかのようにもきこえる。談志さんの奥さんは賢夫人ですね。ぼくは、あの奥さんがあるから立川談志がある、と思っている。談志さんになにか差しあげようとする時、ぼくはそれを奥さんに差しあげようと思う気持ちのほうが強いんだ。
談志　いま、ぼくが勝手気儘だから、可哀そうだね。もっと平和な人のところへ行けば良かったんじゃあないかな。シャクにさわるのは子供が先生に似ていることですよ。先生と同じようにホッペタがふくらんで同じような顔をしている（笑）。それで、オレに刃向かって来る（笑）。
田辺　話が先へ行きすぎてるよ（笑）。ぼくはまだあなたと奥さんのそもそものナレソメをきいてないんだけどな。
談志　ぼくが出演していて、そこのホールに……。イヤだな、先生は。こんなことをしゃべったのははじめてだ。カットしてくださいよ。
田辺　いや、カットしちゃあいけない。それで、強姦とかなんとか……。
談志　ううん……好キナラバ取レです。

バカヤロオを分解してる

田辺　『笑点』は続く？　あの番組の発想は、いかにもあなたらしいけれど……。
談志　あれは、てめえがやっていててめえで笑えるんです。あれはもう一篇の落語だと思っています。
田辺　これからの演芸は、どういう方向に進むのでしょうかね。
談志　この一年くらい前から、どこへ行っても、同じ顔に出会うんだ。チック・タックだWケンジだ歌奴だ円鏡だ、どこへ行っても同じことですよ。もちろんいくらか新陳代謝はあります。でも全体的には同じだ。それが続けば飽きられるだろう。
とにかく、頭打ちの状態ですよ。そこでいろいろな趣向がこらされる。たとえば、かしまし娘とトップ・ライトの組み合わせだとか、藤本義一とぼくの漫才とか前田武彦とぼくの漫才、という趣向が出て来る。田辺茂一先生が司会をやることもそうでしょう。いま演芸のアマチュアに演芸のジャンルをぜんぶ荒らされはじめたわけでしょう。前田武彦とか大橋巨泉とかね。そうして、彼等のほうが、学問もあるし、行動力もある。まごまごすると先生あたりにまで、そのジャンルを荒らされてしまう。どっちかというと話術はあまりうまくないんだけれど、内容はちゃんとしているから、やられてしまうことになる。いまはちょうどそういう状態でね。いっぽう、コント55号が登場して、活躍している。しかしこれは、一つの典型か、というとそうではない。その証拠に類型が出て来ませんものね。それで、こういう状況は、しかしやがて、だんだん落ち着いて行くんじゃあないか、と思っているんですよ。あたりまえみたいだけれど内容の良いもので、それを快適に笑わせてくれるものに落ち着く、と……。ぼくは、「落語をもういっぺん一人称に戻せ」と言っているわけですよ。もういっぺん一人称に戻す、ということは、芸人の内面的なものがすごく要求されます。そうならなければいけない、というのが、ぼくの落語運動みたいなものなんですけれど……。でもこれは、いざとなるとたいへんに難しいことでしてね。

田辺 実験の時代ということかな。

談志 寄席というところは、実験の許される場所だ、と考えているんです。

田辺 いつかイイノホールでやった『品川心中』というのは良かったね。

談志 ホメられているわけですね。有難うございます。

田辺 あなた、ひところの年期奉公時代だな、あれはどんなふうでしたか。このあいだ、さるところで小さん師匠の奥さんに会いましてね。「おまえさん千人斬りだね」って言われたよ（笑）。はじめて会って五分とたたないうちだったな。ぼくは恐くなって逃げた。そうしたら追いかけて来て、「これから飲みに行こう」と誘われた（笑）。

談志 ぼくは、学校からいきなり落語家の家へ行った。つまりクッションがないわけでしょう。ですからとまどいました。いろいろなことをぜんぶこの身で受けとめなければならない。誰も教えてくれる人はいないし、友だちもいない。師匠もおかみさんも、良い人だけどその良さを教えてくれる人がいなかった、ということだと思います。いまなら野坂（昭如氏）の会話でも平気だけれど、当時はそうはいかない。師匠に「あした、おまえ来いよ」と言われる。「何ですか」ときくと「良いんだよ、来りゃ」とだけしか言わない。こっちはシクジッたと思うわけですね。その晩は眠れやしない。どうしてその場で言ってくれないのかなあ、と思ったね。いろいろな矛盾というかそういうものがあった。そういうものを通り過ぎることの意味を教えてくれる人間は誰一人としていない。ただ一人、寿司屋のおやじが慰めてくれてね。そのおやじの慰め方がまた、たいへんに抽象的な慰め方だったな。「一生懸命やってりゃ何とかなるさ」なんてね。

田辺 それが残っていて、あなた、寿司屋に行くと荒れるんだね（笑）。

談志　ぼくは、いまの弟子にはこう言っています。「オレの弟子であるということは、オレのペースに合わせて生活しているということになる。それは、オマエたちにとって、当然不愉快だろうし、健康上にも精神衛生にも良くないだろう。でも、それは、オマエたちが一度は通らなければならない道だよ」。これは、あまり良くないんですけどね。バカヤロオ、の一言のほうが良いかも知れない。バカヤロオってね、ウチの師匠はそれを言った。おかみさんも一緒にそれを言った。クッションがなかったからこっちは辛い。でも、わかってみればたいしたことじゃあない。もう少し早く紀伊國屋へ行けば良かったんだけれども……。だから、ぼくのいまの弟子は、逆に弱いのが出来あがるかも知れない。

田辺　それは、あなたの責任じゃあないよ。時代の責任だ。

談志　いや、ぼくらの世界はまだ、一喝、一刀両断が出来る世界ですよ。それなのに、ぼくは弟子にむかってバカヤロオを一句一句分解している。

田辺　親心だね。

談志　弟子に対するボクのような、こんなやり方は、芸人の会話じゃあないかも知れないな。

美人だったらナニもせずに…

田辺　あなた、頭を下げるのがキライだね。

談志　よく、落ち目になると頭を下げるようになる、といいますね。ぼくは落ち目になっても同じにしていたいよ。こうなりゃ意地だ。先生は、親切だけが人を説得する、と考えているんですか？　そうだろうな。しかし、先生は親切だけで人を説得出来るところに存在しているからいいよ……。忘れていたけれど、先刻のビールをかけられた時のほかに、似たようなことがもう一度あったな。先生が銀座のバーでピアノのところでなにか弾くみたいな真似をしたんです。それで誰かがなにか言うと、先生はカルくイナした。相手が本気で怒ったね。「茂一うるさい」ってね。でも先生は相手にしない。ああいうことは、どうしたら出来るのかなあ。あのほうが人間として大きいのかなあ、と思った。

田辺　あなた、今日は、わりに酒を飲んだね。酔いにまかせて、ぼくを料理している（笑）。ふだんの仇を討ってるつもりか。ところで、今日は、終わりに、また女の話をすることになっている。最近、コレと感心した女、サイズでもいいし、立ち居振舞いでもいい。談志さんを興奮させた女性の話をききたいね。

談志　いるにはいますよ。でもここでしゃべっちゃあまずい。ぼくは独身ではない、と言ったばかりだからね。ただね、北原武夫さんの小説を読んでいてピタリと来たのがありましたな。毛髪の細い、肌のキメのこまかい……ぼくはね、星由里子のファンです。美人が好きなんだな。美人だったら、半日でも、なにもしないでジッと顔を見ていたいだろうな。

田辺　なんだか中途半日だね（笑）。

（たなべ　もいち・紀伊國屋書店創業者
「週刊大衆」'69・1・9日号）

❖対談………

一芸に賭ける芸人たち

色川武大　Irokawa Takehiro
立川談志　Tatekawa Danshi

色川　談志さん、敗戦のときは幾つだったの。
立川　小学校三年かな。
色川　物ごころついて、初めて印象的だった世間の人というと、だれ？
立川　貸本屋の親父なんて印象的だな。まだ生きてるらしい。いや、亡くなったかな……。
色川　小学校の時分から貸本屋？
立川　うん。大田区、その頃は大森区かな、鶉ノ木の村上という貸本屋、ここで全部読んじゃったんじゃないかな、本を。
色川　じゃ、いまのテレビっ子と同じで、その辺のところでドラマツルギーの裏は知っちゃったんだ。
立川　そういうことだよ。「少年講談」では蜀山人が一番印象があったから、幾らかその気があるんですね。滑稽和歌なんていうのが好きだったりね。
色川　蜀山人というのは大スターじゃないね。
立川　うん。スターのなかでは塙団右衛門だ、後藤又兵衛なんかが好きだったが同時に、一番印象に残っているのが蜀山人。一休はきらいなんだよな。何なんだろうな。
色川　ちょっとしかつめらしい感じ。
立川　そうなんだね。洒落も大しておもしろくないしね。あるところでサインを頼まれると親死ぬ、子死ぬ、孫死ぬと書いて、これが一番いいんだ、順でいいんだというけれど——やっぱりおもしろくないね、そういうのは。
色川　説教混じりになっちゃう。
立川　やっぱり蜀山人とか、曾呂利がおもしろかった。だから、いまだに覚えてるよね曾呂利は。何で覚えちゃうんだろう。
色川　やっぱりちょっと知能派がいいんだな。
立川　そうかもしれないね。毛谷村六助が出てきて、太山伯耆という福島公の家来だかが相撲で投げ飛ばされちゃって、「ほうきなら土俵の砂を掃くものを、主を蹴るとはさても太山」とかね。可児才蔵が極め出されちゃって、「挟手を取られて可児の負け相撲、横に這うのを縦に這うとは」とか、そういうのをまだ覚えてる。

色川　記憶力がいいな。

立川　いまだに覚える力は衰えないね。すぐ覚えちゃう。そのかわり忘れるけどね。

色川　しょっちゅうその鍛錬をしてるからだろう。

立川　そうかもしれない。だけど、思い出さないとイライラするね。小便すると大概思い出すんだけどね。

色川　ああいうのはどう。たとえば南洋一郎とか……。

立川　南洋一郎はわりと好きだった。「吼える密林」とか「緑の無人島」、覚えてますよ。「緑の無人島」は、最初に島にたどりつくときに、黒い紙を捨てようとする子供に、何でもとっておけっていって教える。最後にその黒い紙にレンズで火をつけて紙が燃えるシーンになってくるというのがあったりね。

色川　ぼくなんか、全然そういう細部は覚えてないな。

立川　海野十三の「海底魔団」、それからやっぱり「怪人二十面相」の時代ですか。

色川　ほとんどぼくたちと違ってないね（笑）。

立川　「怪人二十面相」よりも「少年探偵団」が怖かった。もっとも相手は同じ二十面相なんだけど、あの黒い化け物が怖い。ある大学生が月夜に公園に立っているんだが、気がつくと自分の影が動かない。その内にその影の頭の部分がパクッと割れてゲラゲラっと笑う、のとか、それは怖かった。

色川　そうそう、そういうのが出てきたね。

立川　黒板塀が半分メリッと取れると、そこに真っ黒い人間が出てくるとか、船頭が船を漕いでると、船と違う何か黒いのが泳いでいるんだね、その「黒いもの」は怖かった。

色川　映画より本ね、その時代は。

立川　まず本。そのうち熱血小説の佐藤紅緑になっちゃった。佐々木邦は余り好きじゃなかったな。「愚弟賢兄」「全権先生」……。

色川　しかつめらしいところがある。

立川　ええ、あとは、漫画ですね。

色川　漫画だと……。

立川　「タンクタンクロウ」とか「カバさん」とかね、「チビワン突貫兵」とか「凸凹黒兵衛」……。

色川　同じだな。戦争中までは余り動かなかったんだね。

立川　動かないんですよ。落語も動いてないというのかな、「……人旅」を昭和十年なら十年でやってるんだよね。もう汽車が、それも特別急行列車が走っているのにネ。あとそのギャップはお客のみんなのイマジネーションで補っちゃったのかなあと思うネ。

色川　大体、文楽さんのなんか、大正から昭和にかけての空気でしょう。それがずっと昭和……、……十年代ぐらいまで通用したのよ。

立川　私は、それを講談の桜州さんに求めにいったんだ。文楽師匠には昭和の初めの大正の嬉しき連中の色があるでしょう。赤目合ってもしようがないでしょ、なんて言ってる。桜州さんには明治の色があったね。それを聞きにいったのよ。

桜州さんと邑井貞吉さんと松鯉先生、神田松鯉ね。

色川　服部伸は余り明治の色が少なかったね。

立川　ね、変に新しくて、おれ嫌だったな。浪花節（服部伸の浪曲師時代は一心亭辰雄）としてはうまいのかもしれない。だけど講釈師としては買わないね。だから、その好き嫌いというのですべてを判断してたんじゃないのかな。何よりも優先してたんじゃない。「言わなくたってわかるだろう、その芸人がいいか悪いか。このやろう」なんというところで。

この間も、高座で、少しそういうことを喋った。あいつは駄目だ……という言い方でやると、結局罵倒するようになりますよね。何故駄目なのか、論理を言わなくてただ、あいつは駄目だ聴けネェ、そう言ってやったら、喜ぶのがいるね。そこで生きていたいという客がいますね。

色川　おれなんかもそういう気配があるね。

受け役に回ると映えるかつ江

立川　想い出の芸人を片端から挙げていこうか。そのほうがいいかな。

色川　なつかしいというやつは、たとえば文楽、志ん生もなつかしいけど、ニュアンスで幾らかひねったところがまたなつかしいというのがあるでしょう。

立川　歌謡曲でも、ぼくはB面が好きだという部分があるんですよ。それと同じような感じで、当時、おれが追っかけてたのは、十返舎亀造だな。亀造、菊次……ですね。

色川　福丸は？

立川　福丸は知らない。

色川　そう？　亀造と福丸と同じような時期じゃなかったかな。亀造さんのほうがちょっと後かな。

立川　一緒だった時期はあったかも知れないが、私の聞いたころの亀造さんは全盛で、福丸さんはそのときは死んじゃってて、娘を二代目福丸にして福丸・香津代でやってたんですから。その福丸さんの何周忌かのとき楽屋で、だれかが「あいつはお香津ぁん、助平なやつだったね」なんてことを言ったらしい。そうしたら、香津代さん、つまりかつ江さんは「畜生、ひどいな。帰ってから仏壇目茶苦茶にしてやる」ってんで、みんな引っ繰り返って笑ったという話があるんですがね。福丸さんは都家を嫁にもらうについて、捨てたら承知しないぞという一札を入れさせられたらしいですよ。都家さんは、文楽だ、志ん生だ、貞丈さんだというところにいたでしょう。彼等よりはちょっと若い年代では紅一点で座持ちはいいし、かわいがられていたんだね。

色川　福丸とコンビを組む前は何をしてたの。女道楽だったの？

立川　女道楽というより、うちは元来曲芸師だって言ってたよ。

色川　丸一か。

立川　曲芸師か茶番師だか、そうらしいですよ。都家さんはとってもいい女なんですよ。お俠《きゃ》んな、親切な、みごとな江戸っ子。そのかわり、気分は変わりますよ。気分によって、きょうはばかに親切かと思うと、翌日になったら素っ気なかったりする部分はあるけどね。舞台への出し方が違った。鉄火じゃないほうがよかったんだな。

色川　ああ、そうか。

立川　うん。可愛い女のほうがよかったんだな。
色川　どこか神田のあたりで小料理屋をやってたことがあるでしょう。あのころ、高座より大人なんだよね。ちょっと変な言い方だけど、常識円満というか、いい女の人。
立川　うん、とってもいい。それで、昔ながらの寄席のルールに反する現実を嘆いた場合、「だけど、お師匠さん、現代《いま》はこうだよ」って言うと、「ははあ、そうかね。でも、いやだけど、なるほどね」って、そういう会話のできる人ね。
色川　高座のほうがちょっとしつこかったね。
立川　おれも高座で受けないと、自分が悪童になってみる。受けない。ますます悪童になっていっちゃうというのと同じようなもんで、あの人のネタは受けないんですよ。受けなくて、それにのめり込んでいくから、よけい受けなくなっちゃう。だから、もっと楽にやって受けさせるネタがあったはずなんですね。それを、玉川一郎がつくり間違えちゃったんじゃないですか、違うキャラクターを希《のぞ》んじゃった。
色川　福丸は、漫才のときはわかした漫才だったけどね。
立川　ああ、そうですか。
色川　福丸さんが羽織を裏返してマントのように羽織って「金色夜叉」をやる。そういう立体漫才風なね。だから、受け役があればかつ江さんもいいんだろうね。
立川　そうなんですよ。
色川　一人芸じゃないんだね。
立川　それが証拠に、死んだ円歌師匠がトリをとると、前に都家を使うんですよ。喋り終わると、都家が舞台へ出てきて、横で三味線を弾く。それで「こうもり」を踊ったり「奴さん」を踊ったりする。そのときのやりとりがおかしいわけよ。みんなかつ江さんに食われちゃうわけだ。引っ繰り返って笑う。しまいに、あんまりすごいんで、円歌さんが「まいったよ、かっちゃん」って。だからみごとに「つっこみ」であり、「ボケ」でありという相手の要る芸だったんでしょうね。
色川　一人になってから、最初のころはずいぶん何か迷ってたようでしたね、いき方を。
立川　ね。落語もそうだけど、特に色物というやつは、のべつ同じことをやってるわけでしょう。そののべつ同じことをやってる……。
色川　のが、またよくなっちゃうんだ。
立川　よくなっちゃうんだね。あれは不思議なもので。正治の春楽ね。
色川　あれが健在だというわさを聞いたよ。
立川　嘘だよ。
色川　葬式なんか知ってる？　誰か健在だって言ってた。
立川　エーッ。ほんとかなあ。貧乏で眼鏡買えないって言うから、おれ眼鏡買ってあげてね。その眼鏡をお弔の棺桶に入れましたよという話も聞いたがなあ。
色川　ああ、そうか。それじゃ……。
立川　美蝶さん（一徳斎美蝶）がこの間まで生きてたという話がある。
色川　そうね。楽屋に来たらびっくりしたって。
立川　来たっていうの。死んだ甚語楼さんが春楽さんに、「昔のはね、声色ていうんじゃないんだよ。これは台詞なんだよ」って言った。似てないからね。だけど、いまからいったら全く似てないみたいなものを、戦後みんな聞いてたからね。
色川　それだけ、歌舞伎が一つの常識になってたんだね。

フィーバーさせる芸はどこに消えた

立川　昔の寄席っていうのは、フィーバーしたの？　寄席って大人が来るところでしょう。餓鬼は来なかったんでしょう？
色川　来ても、餓鬼は大人のことを覚えるのが一生懸命だったんだよ。
立川　そうでしょう。大人に連れられて来るというケースと、中には生意気なちょっとひねった餓鬼が来るんで、みんな健康でワーッと行こうというところじゃないでしょう、野球場みたいに。元来、あんまりフィーバーするところじゃなかったのかな。
色川　ベッドタウンが遠くなったから、遠出してきて寄席に来るじゃない。昔は浴衣がけで下駄履いて行ったんだもの。だから、気軽に毎晩行ける。その関係もあると思うね。
立川　寄席演芸を大衆芸能だと思わなきゃ、別に考えることも何ともないんで、てめえだけ好きなのをやってればいいんだけど、大衆芸能だと思うから……。
色川　昔も、大衆といっても、東京の落語は東京の下町中心の町の中であって、下町の旦那衆とか職人とか、はっきりした対象がいたわけね。いまのメディアは広がっちゃってるからさ。
立川　だけど、当時はタレギダ（女義太夫）にはエロチシズムを感じてフィーバーしたわけでしょう。それから、カジノ・フォーリーだとか田谷さんであり、エノケンでありというのはフィーバーしたわけでしょう。寄席というのはそういうところじゃなかったのかなあ。
色川　八丁荒しとか……。
立川　そういうのがいるわけでしょう。小勝じいさんとか、伯山だとか、虎造を入れてもいいかどうか……。
色川　虎造なんかずいぶんフィーバーしたね。
立川　したわけでしょう。だから、三平にはフィーバーしたし、歌笑もフィーバーした。金語楼もそうだしね。昔の四天王だ、やれ三語楼だというのには、それがあったんでしょう。けど、それとミックスされてたのかしら、フィーバーする芸と。
色川　うーん。フィーバーするほうが刺身のつまになってたね、寄席の中では。
立川　ね。それはやっぱり、テクニックだとか人生とかという、聞かせることを主にしていた。フィーバーするくすぐりは刺激ですわね。くすぐりは話の中に二つぐらいでいいんだよとか、受けると、きょうは悪落ちしたなんというのを聞いています。だから、当時小円朝師匠がうまいといわれていたというんだが何故だかちっともわからない。ことによると、四代目小さん流に言えば、この間死んだ彦六師匠はうまかったのかもしれないね。小円朝師匠を聞いても、彦六師匠を聞いても、まずうまいと思わなかった。間が悪い人だなと思っていた。
色川　でも、たとえば、いま金馬なんか聞くと、あれはフィーバーさせてると同時にうまいね、やっぱり。
立川　先代の金馬？　うまいですよ。
色川　しかも、たとえば「居酒屋」とか「孝行糖」とか、ワーッとポピュラーにしていくじゃない。だから、両方持ってた。
立川　持ってたんでしょうね。今度も『現代落語論』のパート2みたいなものを書いてその中にも書いたんですけど、金馬は両方持ってて、あれだけ頭のいい人が、何であんな変な現代語を使ったのか、あれだけがわからないんだ。
色川　「アルマイト思うでしょう」というのがあった。
立川　そのくらいならまだともかく、「南無阿彌陀佛と申しますというと、陰気でございます。お風呂でやっている方がいますな。いーい気持ちで暖まって、思わず欠伸《あくび》と一緒にウォームダブ……。もったいないくらいでございます。もっとひどくなるとトイレでやってますな。ギィー、バタンというんですがね、ウーンなーむーあみだぶ。ひどいやつがある」というんだけど、トイレというのとギィー、バタンの差がね……。
色川　でもあの時代はそうだったような気がするね。水洗になりかわっていく、ギィーバタンでトイレと言ってたような気がする。
立川　一事が万事で、「湯屋番」では、「あなたは大変な道楽者だってね」「いえ私《あたし》ゃ道楽者じゃございません。ただ女の子を大勢まわりにはべらせて、あら、お兄さんそんなことしちゃあいやよってキュッとつねられるのが好きなの。大変な太陽族だね」って、こう言うんだね。これが、嫌で嫌でね。

その辺、三木助師匠は上手な使い方をしますよね。三木助師匠は見事だし、小さん師匠だってやるけどうまい。志ん生師匠だって、「お血脈」の中で「明色アストリンゼントを塗ってる」って言ったんだ。（笑）あれがおかしい。それがね、いいんですよ。「湯屋番」で小さん師匠は女の子といろんな話をしよう、「これで朝鮮のほうの戦争も……。余りいい話題じゃねえな」って例の朝鮮戦争のころですね。「朝鮮のほうの戦争」という言葉で古典の中に同化できる。同化できない言葉を、あれだけ頭のいい金馬がなぜ使ったのか。弟子の小南さんに聞いたら東京の寄席に出なかったから、地方へ行ってたからだろうと言ったけど、しかし東京に来たらやめるぐらいのデリカシーのない人じゃないんですよ。
色川　東宝名人会の客がそういう客だったのかな。
立川　どうかなあ。それでもって安藤鶴夫、久保田万太郎たちは嫌ったわけでしょう。嫌うなら嫌えという態度だった。と同時に、さっきの悪童の話じゃないけど、だんだん横にそれてっちゃうってのかな。だけど、金馬師匠は寄席を本当に愛してた。市川の鈴木へ出るって言ったの。あれ見て驚いたね。偉いなあと思った。それはノスタルジーもあるし、優越感もあるけど、普通自分からなかなかそこには出ませんよ。ぼくにその料簡があるからよくわかるんだけど。
色川　多少悪くなってから？
立川　なる前でした、全盛のころ。昔はテレビがなかったから金馬も映せなかったけど、いまみたいになっていたら、金馬全国独演会がみごとにフィーバーしてるのがわかったろうね。
色川　ラジオでフィーバーさせたの？
立川　うん。
色川　あれはほかの落語家よりずっと強かったね。
立川　強いね。どこへ行ったって入ったのは金馬じゃないですか、ぼくに言わせると。その次は弟《おとうと》弟子の円歌じゃないのかな。あとは入らないですよ。文楽師匠が地方へ行って入るわけがない。「相変わらずばかばかしいことを申しゃげて……」なんて言ったって、入らない。わからないもの。

　ただ、寄席に入ってくる色物で、たとえば一雄・八重子だとか、笙子・美智子だとか、いまの師匠とくっついちゃってるミッちゃんというの、あれは笙子・美智子と言って途中から落語協会に入ってきたんですね。円歌師匠が連れてきた。円生師匠はそれを嫌がった。

色川　大江笙子というのね。

立川　新宿もそういうところがあって、また末広亭には浪花大関だとかシルバー銀というのが出た。シルバー金・銀という漫才だったのかな。

色川　そういうの、いたいた。それにしてもシルバー銀というのはおかしいね。

立川　もっとも殿様キングスというのがあるから、大して変わらないのかもしれないけど。そういうのをなぜ出すのかと思ってたね。古典の中に入っちゃうのならまだいいんだ、丸一みたいにネ。丸一を聞くでしょう。丸一のテクニックはつまらない、下手。染さんのほうがはるかにうまい。染之助さんが一生懸命現代と取っ組もうとしてお客をフィーバーさせようとしてやっている状況もよくわかる。わかるけども、どっちかと言うと丸一のあの料簡が欲しいな。「うまいさかなで酒のんで、金の百万両もね、ちょいと拾いたい」「そいつは賛成だ」「半分分《わ》けてやろう」「是非ちょうだいな」「まだ拾わない」「おや、つまらない」「やれ、お気の毒」「なんだ、おい」っていうんだけど、「おや、つまらない」というのが好きだったね。「まだ拾わない」「おや、つまらない」。

色川　小仙さんと相方の小金さんというのはよかったね。

立川　ね。「大層景気のいい話じゃないか」「百万両拾ったらだ」「何だ、たらか」「たらかしやがる」「何だい、たらかしやがるって」「でも、百万両を拾うでしょ。これを二つにポンと分けて、一つは自分に、あと一つはポンとあなたに」「くれますか」「やらないでしまっちゃう」。それだけなんだよ。

　鞠でもって「ワンワンワンワン」「小金さんってこわいね」「しばらく人間をかじらない」「何言ってるんだ。チンチンして、お回り、お回り、尻尾を振って」「尻尾はうち忘れてきた」「忘れちゃいけない」それだけなんだけどね、そんなことを言いながらやっている曲芸がね……。正岡容さんも書いてるけども、曲芸師にはいい茶番師がいて、茶番師がまたいい都々逸を歌ったと言ってましたね。

色川　曲芸師の相方は、茶番師の出なんだな。

立川　みんなそうなんですよね。

色川　亀造さんもそうでしょう。

立川　そうなんですね。だから、見事なの。駄じゃれをよくやっていた。漫才の原点が亀造さんにあったもの。「明かるくなると出てくるの?」「あれは天道《てんとう》」「ああそう。昼間食うの?」「それは弁当」「手拭い持っていくところ?」「それは銭湯」「おまえの兄貴?」「あれは強盗……」「ちょっと待ってよ、あんた」(笑)って、そういう漫才のあれがね。千太・万吉さんにもあるよね。「よく観てくるんだヨォ」「芝居を?」「そう」「どっちの目で……」「こっちの……」「あのネ、芝居は両方の目で」「ああ、そうか。節穴は……片方」「始まったな、また」と言うんだけどね。「仁義」というネタで「セーヌ川のほとりのブロードウェーの五番地でございます」「君、目茶苦茶だよ。やり直し」「ブロードウェー」「違う、違う」「セーヌ川」「違う、違う」「鴨緑江は朝鮮だね、ネェー」って言うんだ。千太さんが鴨緑江は……と言いかけて、間違いに気がついて万吉さんを見ると、ここで万吉さんが一緒に「朝鮮だネェ!」と話すんだけどネ。そういうテクニックの間《ま》。

いまテクニックの間を楽しませるというのはないね。ダイマル・ラケットが死んじゃったから、いとし・こいし、しかいなくなっちゃった。たとえば、「おたくのアホな子とうちの賢い子が」「ちょちょ、違う。あんたんとこのアホな子と、うちの賢い子」「そうやない。あんたんとこのアホな子と」「あんたんとこのアホ。両方ともアホやね」ってその持ってくる呼吸がね。ぼくはぴん助・美代鶴は、まだあんまり枯れてないから好きじゃなかった。

色川　おれもそうなんだ。

立川　そうでしょう。ね、いまになってぴんさん、ぴんさんなんて言ってるけどね。

色川　いま貴重になってきたかもしれないけど、やっぱりちょっと生臭かったね。

立川　生臭くていやだった。千太・万吉はまったく生臭くないからネ。ぼくはミチロー・ナナ、だとか、それから司郎・喜代美なんというのは嫌だったな。ひろし・まりも最後まで生臭かった。いまはどうなのか知らないけど。

色川　大空ヒットというのも……。

立川　ヒット・マスミも嫌だったな。生臭くなかったのは光児・光菊でしたよ。でもその生臭さが新しい客を呼ぶのかもしれない。

色川　あれ見てる?　戦争後いたかな。

立川　いた。一時漫才がブームになって、万吉を会長にして、漫才大会をよくやりました。レギュラーが千太・万吉、栄竜・万竜、一歩・道雄それからヒット・マスミ、英二・喜美江か。若いところで道郎・昭二が入ってました。南道郎・国友昭……ですね。これはバリバリの売れっ子で、例の「タクワンボリボリ、お茶づけサクサク」ってネタをやってましたけどね。彼らが藤山一郎ショーだか何かの間に入って「金色夜叉」をやってて、みごとに場内を引っ繰り返したね。一路・突破はもう別れてたかな。

色川　一路・突破は別れてた。

立川　別れてたかもしれない。突破さんのほうが「ギョギョッ」で売れてたからね。

色川　一路と洋容じゃないの。

立川　別れて一路・洋々。一路・洋々がまた別れて、幸江さんを連れてきて入ってきた。フレッシュでしたね。あの人は美人で素人っぽくて、それがまたよかった。漫才オベレッタといっていた洋容さん……その時はこの字になっていたが、若い頃は二枚目だったろうし……。そんなところですね。ときどきメンバーが入れかわらないというんで、一雄・八重子もちょっと出してみたり、ミチロー・ナナもすれすれにいて……。

色川　あれ、ミチロー・ナナもいた?

立川　うん、いたんですよ。あの人のネタは馬の競走で、最後にばかな馬が舌を出したという、あんなネタなんだけど。
色川　あれ、戦争中、水兵服着てやってた水兵漫才だったの。
立川　ああ、そう。男女で？
色川　男女で。それで、アコーディオン持ってね。兵隊漫才っていうのがあったでしょう。あれのつまり裏の手で、水兵漫才で売れたんだけど、これも泥臭くてね。
立川　汚い。汚《よご》れだったね。その何回目かに光児・光菊も大会で出てきたんですよ。おかしかった。そのときに見たんだ。
色川　やっぱりラッパ？
立川　ラッパです。ハンケチの手品やってみたりね。いまの桂子・好江の桂子さんの亭主がマセキ芸能って、余興屋の大手なんですよ。
　芸能社にいくと、お中元とか、芸人からもらったのをたくさん積んであるんだ。こっちも仕事がないからそこから仕事をもらって落語をやるわけだけど、二つ目とは言いながら、十八ぐらいの餓鬼ですから、向こうではばかにして、顔を見て千円ぐらいくれたのを見て「このやろう。いまに覚えてろ」と思ったことがありましたがね。そういう連中と行くと、ラッパといわれた武田三郎・美佐子なんというのがいつもいた。天乃竜二・お駒……。
色川　うん、それはいた、浅草に。
立川　「おれのかみさん」というネタね。「こいつ、おれの母ちゃんなんだよな」。何か言っても「かみさん、こいつは、オレの……」。それがネタね。それから小せんさんの仲人をやった荒川芳勝といったかな……芳勝・八千代。染団治があのころの王様ですよ。林家染団治。
色川　染団治の系統はずいぶんいた。それから、東喜代駒か、あの系統もいた。
立川　東喜代駒とその漫団というやつね。
色川　そこに喜美江さんもいたんじゃないの。
立川　そうらしいよ。
色川　それから、いまのダブルけんじもいたっていうよ。ダブルけんじの動くほうね。あれ、東けんじとかって言うんでしょう。
　台所漫才っていうのがなかった？
立川　会わなかった。話は聞いてたけど。
色川　大道寺何とかって、そんなのがいたね。
立川　うん。大道寺さんはいまの大江しげると一緒にやったんだ。だから、きっと大道寺さんの前でしょう。この辺の話は桂子・好江がよく知ってるでしょうね。実際にその一員ですからね。相撲漫才があったでしょう。太刀村筆勇とか。その娘がいまの地下鉄漫才の三球・照代の照代。それが、照代・淳子で少女漫才みたいにやってたね。アコーディオン弾いて、漫才は未熟だったけど、可愛いかったね。
色川　好江さんの親父さんは何て言うの。あれも漫才だって言うでしょう。
立川　うん。知らないんだ。若手もいましたね。東喜代駒のところにいた、東まゆみとか、若い女性同士でやってたな。いい口調でした。そのまゆみさんにミュージカルボーイズの志村と志おが惚れて一緒になって、振られてね。
色川　ぼくの記憶は、大坊・小坊……。
立川　ああ、名前は聞いたことがある。
色川　中国人。それから、浪曲漫才がたくさんあったね。
立川　叶家洋月なんて知ってる？　洋

月・艶子でやってたのね。後に悦朗・艶。

色川　艶子がよくしゃべるやつね。よくある形じゃない。一雄・八重子もそうだった。

立川　その大江しげると大道寺さんの漫才というのは、全部違ってきちゃうという漫才ね。

色川　話が混線するの？　野球放送と相撲放送。

立川　そうじゃなくて。「時に明治○年三月七日、水戸の浪士が殺された日に」「そう」「西郷さんが城山で自殺をした」「そのときに爆弾三勇士が出ていったそうですよ」——そういう次から次へと飛んでいって、おもしろかったですね。もっともそのネタ一つだけ……。

　漫才というのは、片一方が間違える、それから思わず思っちゃうとか、パターンが大体五つ六つですよ、分解すると。それから、いま言った、両方が違うことをしゃべっちゃう。

　それからなぞるという演りかた。「昨日、銀座を歩いていたらネ」「ああ、銀座を……」って、相手がもう一度聞き直して言い直してお客に印象づけといて話を進める、という演りかた。その辺のなぞり方が見事なのがダイマル・ラケットですな。あの見事さというのは、なぞってるようだけど、常になぞりながらもう一歩前に進むんですネ。

　大阪漫才は、東京に一時交流があったんでしょうね、学生で寄席に通ってるころよく見ました。

大阪漫才の系譜

色川　ぼくが子供のころは捨丸なんかは浅草に常時出ていましたよ。もちろん関西漫才だとは思っていたけども、東京に常駐してた時期があったのね。

立川　私はそのころ見たのが、捨丸・春代、光晴・夢若ね。「そのまた向こうに見えるのわぁ……」「合点抜かるな兄者《あにじゃ》人《ひと》ォ……」その調子のね。「空にゃヒバリがピョコピョコ」というやつ。「曾我の仇討」だ。それから轟一蝶・美代子が来てました。これはおもしろかった。「金色夜叉」で舞台を滑っていく。つるだけの眼鏡をかけて、それをしぼる一蝶がおもしろかった。

色川　あのころのほうが漫才は多士済々だったな。あの乞食のやつ、何て言ったっけ。

立川　「おとろし家」は知らなかった。喜ィやんと言った。乞食漫才で、唄れ、唄れって言うんでしょう？

色川　すごい乞食なんだよ。

立川　見たことある？　ほんとに乞食のかっこうしてるの？

色川　ほんとに汚いかっこうしてね。

立川　つまり、何か芸をやれと言うと、金唄ればやると言うんでしょ。とにかく貰わないとやらないというような乞食漫才。

色川　人気があったんだよ。

立川　あったらしいね。当人はすごいコンプレックスを持ってたという話をだれかから聞いたですよ。

　私が前座になった頃で、若き、いまの正司照江・花江が来ましたよ。歌江さんは変なアバタ面の男とくっついて漫才をやってた。ヒロポンがどうのこうのって自叙伝を書いてるけど、それだと思う。これは、せこな漫才だったなと思ったけど、かしまし娘になってよかった。

色川　じゃ、妹二人でやってたの。

立川　そうそう。照江・花江でやってたの。スカートはいて、ギターで「奴さん」を踊ってみたり、そんなような漫才でしたね。それから大挙して第一劇場に来たんですよ。そのときにもうかしまし娘になってましたね。捨丸・春代、松葉家奴、右楽・左楽、つた子・梅夫、小円・栄子、タンゴ・タンバって、突破の弟……。
色川　あれ、突破の弟？
立川　弟なんです。
色川　タンゴはまだやってる。
立川　タンゴ・ひかるでやってるのかな。
色川　うん、ひかるかな。何かやってる。
立川　タンゴ・タンバがおもしろかった。嫌だったのは、例の松葉家奴。
色川　相方が喜蝶。
立川　うん。相方はそのころにはもう喜久奴だったね。
色川　右楽・左楽もつまらない。
立川　つまらなかった。右楽・左楽も嫌だった。せがれが友達だったけど、やっぱり嫌だったな。とってもいい人で、右楽さんの家に遊びにいった。せがれが秋山たか志ってコメディアンだった。
色川　秋山たか志って吉本新喜劇の……。
立川　あいつ、おかまになって自殺しちゃったって言う。何か変だね。合点がいかない。そんな感じはなかったけど。もっとも白木秀雄もそうなっちゃった、というけどネ。それから、小円・栄子が嫌だったんです。ところが、大阪で見たら抜群におもしろいんだね、この小円・栄子が。奴さんも右楽・左楽もそれぞれ東京でみるのとは違う。お浜・小浜。お浜さん元気ですよ、ときどき電話くれるけど。私がお浜さんの大ファン。
色川　小円は女上位の漫才の一つの典型だね。
立川　うん、小円さんは二枚目。栄子さんはあの顔だ。小円さんはすごい愛妻家だったらしいけど。
色川　足の悪い人がいた。
立川　五條家菊二・松枝。亡くなったらしいね。この義太夫漫才、見ててわからないんだ。義太夫のいいところを両方で取りっこしてるらしいんだけどね。でも、したたかな芸ということはよくわかった。
色川　Aスケ・Bスケもつまらなかった。
立川　Aスケ・Bスケは嫌だった。これだったら三平・四郎のほうがはるかにおかしかった。
色川　だけど、猿のほうのBスケが、えらい汚いところで、大盛りカレーとか、焼き鳥とかをやってるんだってさ、いま。それで「私は昔の銭になった時代から、どうしてこんなにつまらないおれたちの漫才が受けるんだろうと思ってたから、いまのほうがよっぽど気が楽だ」って言ってたって。なかなか、そこらはおもしろいんだ。
立川　へえ。Bさんというのは、軽佻浮薄で、始末が悪いやつだと思ってたけどな。
色川　楽屋も？
立川　楽屋で。
色川　じゃ、年取ってからそうなったのかな。この間、矢野誠一が言ってたけど、Aスケのほうはいまだに、ちょっとBちゃん、仕事があるんだけどって、未練があるらしい。だけど、猿のほうはもういかないんだって言ってた。
立川　玉枝・成三郎って看板がこの間あったんだ。
色川　成三郎というのがいたね。

立川　うん、馬漫才。女が玉枝。モロタ玉枝、ヒロタ成三郎、ヒロタにモロタなんだろうな。

色川　ああ、そうか、ヒロタにモロタ（拾ったに貰った）か。

立川　きっとそうだと思うんですよ。ぼくは向こうの柳次・柳太だとか、はんじ・けんじというのはきらいだった。あれがいい漫才なんていわれるとチト違う。やっぱりいとし・こいしはよかったけど。

色川　そう、いとし・こいしはね。はんじ・けんじは、いと・こいの後という感じで……。

立川　かっこうだったけど、ぼくは余り好きじゃなかったな。ツタ子・梅夫だとか、バイオリン弾いて、〽ツタちゃんの細目、って弾くあれだとかね。

色川　あれもいまとなったら、ちょっと時代錯誤があり過ぎて、なかなかいいよ。

立川　よくそういうところを知ってるね。浅田家寿郎とか、寿郎・田鶴子だとか。花蝶・勝美、一輪亭花蝶ね。

色川　何せ学校で教えないことは大体知ってるんだ。

立川　どうして？　関西で見てたわけ？

色川　いや、吉本の小屋があったのよ、昔は。だから、関西の連中が常時……。ポケットミュージカルみたいなのをやってたわけ？

立川　中川三郎なんか何やってたの。ポケットミュージカルみたいなのをやってたわけ？

色川　吉本ショーといってたけど、まあ、ポケットミュージカルに近いね……。中川三郎が花月に出てたころは知らないの。ぼくが見たのは、松竹楽劇団に居たころ帝劇に見にいった。

立川　そうすると、例の新興にいっちゃったから、あきれたぼういずなんかは関係ないわけ？

色川　そうそう。あきれたぼういずも新興にいってからのは見てるけどね。戦争中に東京に来てたから、それこそ第一劇場とか。

立川　そうすると、スターは三亀松さんですか。

色川　三亀松は新興にいかなかったんじゃない。

立川　いかない。吉本の小屋では他には？

色川　うん。それからサクラ・ヒノデね。ラッキー・セブン。サクラ・ヒノデの女のほうは健在なんじゃないかな。

立川　いや、それの娘が丘みどりかな。

色川　丘みどりって何？

立川　丘みどりって、声優やったり女優やってたり、一時新喜劇に入ってた。たしかサクラ・ヒノデか何かの漫才と、上田五万楽の娘だな、きっと。当人がそういってたから……。

色川　東京でも、地方には行ってるんだろうけど、浅草にしか出ない、そういうのがあったのよ。普通の色物寄席に出ないと、浅草でしか見られないというの。たとえば、体技の旭天華一行とか、三浦奈美子とか、大津お万とかね。

立川　大津お万は知ってるけどね。

色川　黒田幸子とか、あるいは曲乗りの木村義豊とか奥野イチロウ・ジロウ……。江川の小マストンがまだ健在なのね。

立川　うん、小マストンは生きてるよ。

色川　そういう、浅草でしか見られないというのがいっぱいあったんだな、あのころは。ヤジロー・キタハチ。

立川　ヤジロー・キタハチは漫才大会に出てた。

色川　これは松竹の漫才大会。

立川　丸の内権三・助十というのはどうだったの？

色川　丸の内権三というのは、そういえば居たけど、見たことないね。

立川　ぼくはラジオで聞いて、いい口調だったな。

色川　これは東宝名人会にも出てたよ。名人会の昼席で色物選抜の東宝笑和会とかそういうのに。

立川　そうでしょう。とってもいい。この権三・助十というのは二人で物真似をやるんですよ。

色川　ちょっと一路・突破的なところがあるんでしょう。

立川　そうですね。わりと都会的な漫才だった。丸の内権三・助十って、名前のつけ方もセンスがいいなと思ったな。

色川　シカク・マンマルというのがいたね。シカクが出征して、それで波多野栄一が代りに入って栄一・マンマルになって、これが栄一さんが一番売れてた時代でね。東宝名人会にも出てたしね。ニュース漫才だった。

立川　ラッキー・セブンは東京にいたの？

色川　あれは吉本から新興にいったの。時事漫才で受けてたけどね。これは、相方がやっぱり戦死しちゃったの。

立川　戦後、五九童・ラッキーで組んだことがある。こっちが大阪弁で「痛いなあ」なんて言うと、相方は東京弁でね、とってもおもしろかったです。

色川　ラッキー・セブンは余りおもしろくなかった。滑らかではあったけども、ちょっとトップ・ライトに似てたね。

立川　私が小学生のころ、貸本屋から引っ張り出した中に、それらの漫才が全部ほんのわずかずつやってるの。

色川　台本が出てるの？

立川　うん。名前見るだけでも楽しいんじゃないかなという。その本、うちにもあるんじゃないかな。今度、持ってきます。

それと、エンタツ・アチャコの漫才集を読んでておもしろかったな。

色川　エンタツ・アチャコは映画でしか見たことないんだな。ぼくの子供のころは一人ずつ別々に座長になって芝居をやってたね、吉本新喜劇みたいな。相棒が一人ずついるのよね。

立川　そう、アチャコ・今男、エンタツ・エノスケでしょう。

色川　そうそう。その二人を頭にした芝居だった。

立川　それで、必ずトリネタを持ってましたよね。アコーディオンを弾きながらハーモニカをやるとか、合奏するとかのネタをね。浅草に富士一郎というのがいたな。それから、中村音之助というのを知らない？

色川　思い出さないなア。中村目玉・玉千代というのがいたね。浪曲漫才だ。これ、よかった。

立川　それから、顔じゅうキセルをぶら下げる竹の家雀右衛門。

色川　ああ、いたいた。雀という字を書くのね。それで、ポロポロッと落っことす。ぼやいてばかりいてね、これがおもしろかった。

腹話術、手品の芸人たち

立川　アコーディオン弾きで中島日出子って知らない？　少女で松竹演芸場なんかで歌ってた。人気があったんだな。

色川　ああ、いたね。

立川　三十七色の声なんていっていた声帯模写のワタナベ正美。三十七どころか一つも出ねえって、TBSの出口さんが言ってたが……。

色川　あれ、どうしたの。片仮名のワタナベだ。

立川　そう、どうしたのかね。受けてましたよ、当時。赤ん坊の泣き声をやって、「オギャーオギャー、焼酎をくれって」、これがトリネタなんです。つまらないね。これはサンケイホールか何かで会をやったって。お客が○○地区、○○地区なんて分けて書いてある。豪華なもんだったがそれっきり居なくなっちゃった。何だか変な人だね。

　それから、いまの三和完児が松浦俊雄って言ってましたよ。戦争中から戦後、うちのほうに演芸団が来たんですよ。松浦俊雄というのがギターを弾いて歌って喋る。これが嫌みなんだが、いま考えれば新し過ぎたのかもしれないけど、水洗便所の流れる音なんかやるんだがぼくなんか見たことないもの。シャーシャーッなんてやるんだけども（笑）、知らないもの。

色川　三和完児って、おれ腹話術だと思ってたなあ。

立川　ギター弾いてましたよ。

色川　腹話術もやってたよ。

立川　ああ、そう。腹話術では、耕田実が好きだったけどな。名和太郎ってうまかったですけどね。池袋で演芸学校をやってます。

色川　木下朴児なんて知ってる。

立川　ああ、木下朴児ね。木下朴児はTBSで「トンチ教室」の向こうを張ってユーモア何とかいうのをやったんですよ。それの司会をちょっとやってたことがあったなあ。

色川　あれは元活弁でしょう。

立川　そうかもしれない。お題話で墨汁が出て、留さん（先代桂文治）は木下墨汁ってそんなこと誰もわからないって言ったんだよね（笑）。春風一郎、これはまだいますね。腹話術はずいぶんはやった。まだいまいる松井明と、マギー信次、この弟子がいまのマギー司郎というんです。松井さん、信次さんとどさ回りをしたことがあるなあ。

色川　手品は一番食いやすいんだって、売れなくても。

立川　そこそこ地方の仕事がある。いま余興を組むでしょう。たとえばぼくがいて円楽がいると高い。だから必ず手品を入れるんです。スミエちゃんだと高いから、そこまでいかない、美智・幸とか、一応きれいでしょう。それで、済んだら怒るだろうな、同格に見えるけど安いんだ。あそこで抜くんだな、収支のバランスをはかる。

　手品でね、昔、天勝（松旭斎）が多摩川園劇場に立てこもってましたよ。多摩川園劇場って、いま考えるといいのをやってた。

色川　天勝の若いほうのね。

立川　踊りのほうの天勝。踊りの天勝って言われてた。そこにいまの天春（松旭斎）さんなんかがいました。カードを出すやつをやって、うまかったですね。きれいな人でね。山本礼三郎が立てこもったり、木戸新太郎がよく出てた。坊屋太郎なんかがいました。木戸新のときに全員が並ぶ、踊子も並んで順に名前を自分でいってくる。一番はじの子が最後に名前を言うの、空ひばりですって。そのうちそれがストリッパーになった。きっとあの子じゃないかと思って、ちょっと悲しかったけどね。かわいい顔してたんだけどね。子供心に。

色川　空ひばりって丸顔の子ね。

立川　そうそう、丸顔のポチャポチャっとした。あるときうちのおふくろが多摩川園に見にいったら、落語家でおもしろいのが出てたよって言う。いま考えると小金馬なんだな。「じゃ、○○さんを紹介します」って、自分が出てきたというんだね。昔、よくやる手だね。紹介した奴もされる奴も客は知らないんだから「これから有名な○○さんを紹介します」と言っておいて本人が出てくる。客はキョトンとしてる。やっと解って受ける、というやつ。幕があかないと、観客《きゃく》はイライラしている。そこで陰マイクで放送をする。「大変長らくお待たせいたしました」といって、客がワッというと「もうまだしばらくお待ちください」って、それで十分ぐらいつなぐ。

　幕を開けるときにピリピリーッと笛を吹くのを知ってるやつは余りいなくなってきた。なんかのときに、「笛を吹こうか」といったら、桂子・好江が引っ繰り返って、「何でそんなのを知ってるの」って言ってた。「松竹演芸場おなじみの桂子・好江さんです。はいッ、万雷の拍手を」。必ずこれは余興屋がやるんだな。事務員が「では、どうぞ」ピリピリーッと吹いて、自分で幕をワーッと開けるんだね（笑）。

色川　小金馬も腹話術をやってたな。

立川　ああ、おもしろかった。小金馬の腹話術は好きだったけどね。

色川　同じような顔をしてるのがいる。

立川　小金馬の人形はター坊って言ったっけな。花島さん（花島三郎）のは口がパクパク動いちゃって、あれはいけませんよ。でも、人間的にはとっても常識的な頭のいい、ちゃんとした人なんですけどね。

色川　花島三郎のおかみさんが、いまの……。

立川　スミエちゃんがあれにカかれちゃったのが運のつきだとみんな言うんだ。スミエちゃんというのは天才的な芸人だとぼくは思ってる。いまの手品師はみんなスミエちゃんの影響でしょう。その前に松旭斎良子というのがいたんですよ。隆鼻術に失敗しちゃったんだって自分で言ってた。スミエちゃんはたしかに松旭斎良子さんの弟子ですよ。

色川　松旭斎、松旭斎って、だれがどれってわからなくなっちゃうんだ。

立川　うん。聞いたら、天勝は、初代の天勝がいて、その天勝の跡目を取りっこになって二人になるんですね。私が多摩川園で見たのは踊りのほうの天勝で……。

色川　二人いたわけ？

立川　天勝が二人いた。そう言えば、大阪にもワンダー天勝というのがいました。

色川　まあ、大阪と東京じゃね……。

立川　ええ、いいけどね。東京にたしか二人いた。

色川　柳枝もいたしね。

立川　ああ、三遊亭柳枝ね。柳枝さんが蝶々さんの最初だかの亭主だというね。でも、ぼく嫌だった。三遊亭柳枝とは何事だと思ったけどね。別にどうということはないのかもしれない。だけど、私だってアダチ竜光って名前に馴染むまで時間がかかりましたよ。

色川　名前に？

立川　名前もそうだ。柳好という名があったから、春風亭柳好に向かって何事だというのもあったし、それから竜光先生のよさがわからなかったのか、まだまだ竜光の芸を発揮できなかったんだな。

色川　だって、昔の擬声漫談のレコードを聞くと、ほんとにつまらんものね。晩年の間《ま》が全然ないからね。

立川　だからぼくらは正楽さん（林家正楽・紙切り）なんかは安心して見ていられた。楽屋ではいやな爺《じじい》だって、そこらは知らないものね。色物は、芸術協会はいいって言われてましたね。山野一郎、牧野周一、李彩、紋也、色奴・小奴、三亀松さんがよく出てたでしょう。あと、ぴんさんと、ひろし・まり。

色川　亀造もいたし。

立川　亀造、菊次ね。

色川　雛太郎というの、あやつり踊りの。

立川　雛太郎がいましたね。

色川　あれは何雛太郎なの。

立川　柳亭雛太郎だ。

色川　やっぱり落語をやっていたわけだね。

立川　踊り。

色川　最初から踊り？

立川　左楽一門に入ったの。だけど、おれ、つなぎで小噺をやってたのを聞きましたよ。何だか無駄が多くておもしろくなかった。紳士がハンケチを前の人が落っことしちゃって、と言ったら、思わず自分のワイシャツかと思って入れちゃったという西洋の小噺、そんなのをやってましたけど、つまらない。

　それから、玉治がつなぎで「目薬」を聞いたけど、これもつまらない。

色川　玉治がやったの？

立川　うん、それから、いまの小せんさんのお父っつぁんの小満んさんに……。

色川　あれは落語協会でしょう。

立川　そう、こっち。だれかが、百面相はつまらないとか何とか言ったんだな。意地になって落語をやってたときがありましたよ。これがおもしろくない。「嘘つき村」をやったり何かやってましたよ。

色川　いまだに不思議なんだけど、戦後は芸術協会のほうが客が入ってたのね。ぼくなんかが見ると、落語協会のメンバーは文楽、志ん生だというのに、どうして芸術協会の方に客が入ったのかと思って。

立川　わかんない。ぼくは芸術協会のメンバーを並べて組ませたら、はるかにこっちのほうがと思ったくらい。

色川　新作が多いということなのかな。

立川　だって、左楽さんが別格で、柳橋、小文治、柳好、今輔でしょう。三木助、可楽、円馬、円遊、枝太郎、痴楽、あとはもう米丸になっちゃいますから、若手になっちゃいます。落語協会は文治さんが別格で、文楽、志ん生、円歌、円生、正蔵、柳枝、右女助、小さん、馬風、さん馬、円蔵、小円朝、円鏡ですよね。

色川　中堅どころもいいしね。

立川　ねえ。講釈は、落語協会のほうに貞吉、貞山、貞丈が出てたね。向こうは馬琴先生と小伯山でしょう。

色川　南鶴（田辺南鶴）なんかも……。

立川　南鶴さんというのはおもしろい。軽くてぼくは好きでしたけどね。いまの一鶴の師匠。

色川　にこにこしててね。

立川　ええ。枝太郎さんとか正蔵師匠とかと羊年で同い年らしいですね。

能がない芸もまた一興

色川　さっきの歌謡曲だけど、菅原都々子なんて寄席に出てたね。
立川　そうかもしれない。
色川　東宝名人会でも、神楽坂演舞場とか神田立花とか、その辺のところに出てました、伴奏がアコーディオンだけで。まだ「月がとっても青いから」で売り出す前。ああいう歌謡曲なんかもいたんだよね。
立川　そうです。大川喜代志というやつが、ドレミファバッテリーなんといって入ってきた。おもしろいのは、私なんかが余興に行くと、最後は歌謡曲が出るのね。その前唄に聞いたこともない人がいるわけ。いい年なんですよ。水戸光一がいた。結構その道の人には知られていたらしいけど……。
色川　前歌でベテランになっちゃった。
立川　なっちゃいますね。横山町に、宝塚の鳳八千代のお父っつぁんがその辺の繊維問屋の大元なんだ。そこへ屋台を組んで、私が司会か何かで出たことがありますよ。そのときにやっぱり歌謡曲が出て、最後に若山彰が歌ってましたけどね。トリ歌は「あばよ」って……。
色川　若山彰というのは……。
立川　「喜びも悲しみも幾歳月」。「タンカーの男」がいいんだ。〽おいらタンカーの　んふふうんっていうの。
色川　歌謡曲なんかでも、やっぱりその時代、時代を思い出すからね。
立川　うん。この間、鈴村一郎の「ジープが走る」みつけてきた。懐かしいな。「ハロー、ハロー」というやつね。その辺は松平直樹が詳しい。

　島田盤也の本を読んでたら、エピソードで「男一匹」の歌の石松秋二が、ある日、自分の下宿に帰って来たら、自分のメモ帳を見てるんだってさ。「何するんだ、このやろう」「兄さんの民謡調軍歌があまりにもうまいから勉強しようと思って」「勉強だか何だか知らないけど、人のものを無断でとんでもねえ」と言った。そんな一幕があって、そのうち「出来た、出来た兄貴よりうまいのが出来た」って来たんだって。見て唸っちゃったというんだね。これが「上野駅から九段まで」って書いてある。「これはおめえにかなわない」と言ったというエピソードが出てましたけどね。

　いまだに影響があるでしょう、あの詩は。「雨の九段坂」もそうだし、「東京見物」もみんな……。
色川　戦争中に浅草のバラエティに絶対あの歌が出てくるのね。浅草の小劇場のレビューで。またあれをやると受けるんだよ。だから、戦後の「浪曲子守唄」みたいな、ああいう感じのもので、ちっとも戦争賛美の歌じゃなかった、あの受け方は。
立川　新宿・末広亭というのは、親父が人がいいの。浪花大関みたいな、何だかわからないものを頼まれると出すんだな。
色川　協会に入ってなくても出られたの、そのころは。
立川　色物はときどき出られたね。前座の次、二つ目ぐらいに上がるんだからね、いい色物を引っ張ってくるんなら別ですよ。泣きつかれると出しちゃうんでしょうね。浪花大関のネタで呼び出しをやるんだけど「若乃花と象の鼻」っていうんじゃ嫌だよ。何かもっとありそうなのに……能がなさすぎる。「鏡里に鏡餅」だって（笑）。くだらない。でも、あそこまで能がないとおもしろいね。見事に能がない。

色川　名前だけいいんだね、浪花大関というの。

立川　ああいう能のない芸人というのがいたんだね。

色川　それから、ほんとに餅をついて何人かの一座で客席に配った餅つきショーで浪花大関と似たような名前のやつがいた気がするんだ。

立川　餅つきショーは、キャバレーが全盛になるでしょう、あの辺で受けていた。曲芸師はまず戦後は進駐軍の需要があったから、やれキッチントリオだとか翁家トリオだとかいうのはみんな進駐軍のキャンプにいってましたね。その後、色物も……といっても私達も色物といわれていたが、キャバレーへ出るようになった。キャバレーに出たのは、色物では小野栄一あたりが最初なんですね。小野栄一とか私とか牧伸二。当時、キャバレーのショーというと、みんなストリップに決まってた。それもあきられちゃって、それからみんな出るようになってきたんじゃないかと思う。私は小野栄一の代演が最初だった。

　三平さんは最後まで出なかったですね。最後には出るようになったですけど、最初は出なかった。キャバレーは砦として置いておくんだ、みたいな……。でも、銀座のモンテカルロか何かに出てた。

　それから、春楽は知ってるわけ？　明治の春楽の前の春楽、声色《こわいろ》の……。

色川　かすかに聞いた覚えはあるんだけど、ちょっとあいまいになってるね。

　それから、剣舞の源一馬とかね。

立川　ああ、一馬はぼくは知らないんだな。あれ、戦争で死んじゃうわけ？

色川　いや、戦後もいました。戦争中の剣舞のころじゃなくて、戦後、中風になっちゃう。体が余り効かなくなってから、立ったきりで上半身で小唄ぶり、それがよかった。あの人、踊りうまいからね。明治の下町の色男みたいな顔してるじゃない。

立川　いい男だったそうですネ。もてたらしい。

色川　風格もあったしね。

立川　東富士郎なんか覚えてますか。

色川　うん。

立川　私は最後まで文通してたんです。

色川　あの人も亡くなっちゃったかね。

立川　亡くなりましたね。聞いたら、富士夫さんときょうだい弟子なんです。東富士子という曲芸師の自分は弟子だって言ってた。

色川　東富士夫さんは、いまとなっては貴重だね。

立川　そうですね。

　二八なんというおばさんがいたの知らない？　二つ目に上がって、民謡を歌ってた。民謡というか端唄だね。キンライ節だとか、木更津甚句だとか……。太ったおばさん。

色川　歌子っていうのは知ってる？

立川　知らないんだ。例の……。

色川　桂歌子。

立川　桂歌子？　花園歌子……。

色川　花園歌子は正岡容のかみさん。

立川　うん。

色川　そうじゃなくて、寄席で一、二番うまく踊りを踊って、口利かないのよ。幕が締まると、楽屋で「お世話になりましたッ」というすごい声が客席じゅうに響いちゃう。
立川　その後出なくなっちゃった人、橘家扇三という落語家。このあいだ話さなかったかな。
色川　おれ、知らないな。
立川　いま、どこかにいるらしい。
色川　紙切りで円雀さんというのはどうしたの。
立川　円雀さんは亡くなった。いい人でね、中風になっちゃった。切れないんだよ。こっち（左手）で押さえて切ってたけど。
色川　紙切りが中風じゃ困るね。
立川　うん。それをよせばいいのに、鈴々舎（馬風・先代）が「ラリルレロって言え」って言うんだよ（笑）。失礼だよな。「レレ……」「ラリルレロって言えよ。このやろう」って。人がいいから円雀さんが「ラリルレロ……」って。悪いやつだね、あの人は。
　だから、いまの紙切りを何かと新しくしようとして、花房蝶二なんかが立ち上がってジャズでやったりするから、限界だって言うんだけどね。
色川　マンガ太郎なんて……。
立川　マンガ太郎いますよ、いま。いまのは若い方だ。
色川　じゃ、二代目か。
立川　二代目でしょう。
色川　あの手はなくなっちゃったね。
立川　なくなっちゃったね。むしろ一時、春田美樹がよくやってたですけどね。あれは画家になっちゃって、バルセロナだかあっちのほうにいるらしいです。スペイン。
色川　それから、水森亜土なんかもやってたんだ。
立川　亜土もね。あれは森文江って言って、身近にいた子なんだけどね。それから、三遊亭かな、一光。傘の曲芸。一光さん、よかったなあ。
色川　そうそう、いたいた。
立川　覚えてるのは、全部踊ると、最後に足できれいに間に線入れて傘をしまうのを見ました。足芸ですよ。足芸で傘を一本……。その傘を、スポーンと向こうへほうったやつが、スッと返ってくるところがとっても魅力的だったね。
色川　ぼくは、傘で回すネタかと思った。
立川　足で「春雨」を踊ってました。
色川　いつごろからいなくなったのかな。
立川　みんないなくなっちゃって。
色川　自転車曲芸もなくなったな。
立川　リリー横井というのがフランスで大当たりしたって。いまどうなっちゃったのかね。いま自転車何とかブラザー、横山ホットブラザーズかな、あれもいいですよ。
色川　変わった自転車に乗るやつ？
立川　うん、小さいのがあったり。世界に通用するのは、いまロイヤルスポーツでしょうね、トミ譲二。
色川　それから、ヘンリー松岡っていうの、昔、格上だったな。大げさな綱渡りする。
立川　ええ、それが、どういうわけだか、寄席関係の楽屋帳が配られてくると、必ずヘンリー松岡が入ってましたよ。
色川　寄席に？
立川　うん。出てるわけじゃないんだけども、ヘンリー松岡の名前が入ってた。あの人は興行屋をやってたんだ。だから、興行師のほうのあれかもしれない。ヘンリー松岡の舞台は見てないんだ。
色川　松竹座とか国際とか大きいところ

に出て、客席の向こうの天井まで綱が来て、そこで綱渡りをする。それが、真っ白塗りの天勝を男にしたような厚ぼったい化粧でね。戦後もちょっと出てたけど、あのころに、あの色男は明治だなと思われたような顔をしてるんだよ。
　そう言えば、思い出したけど、さっきの前唄の東海林次郎というのがいて、これが東海林太郎の弟だという。顔がそっくりで、どうしてあんなふうに似ちゃったのか、眼鏡も同じ眼鏡をかけて、髪の毛も東海林太郎の髪で、体つきも同じなのよ。それで、東海林太郎の歌を歌う。だから、どこまでいってもイミテーションで、もうちょっと違うかっこうしてやる気はないものかと思ったくらいだ。お祭りとか、そういうところには出てるんだけども、どうしても浮かび上がれないという、東海林次郎というのがいたな。
立川　そういうのがいたんだろうね。近江俊郎さんだって最初《はな》はそうだったんだっていいますからね。売れなくて売れなくて。
色川　みずから好んでマイナーになってっちゃう感じだな、その東海林次郎なんか。
立川　東海林次郎という名前がいい。
　さすがにおれは猿回しは嫌だったな。
色川　猿回しが出たかね。
立川　ええ。一時、モンキー三平なんというのがいた。猿回しそのものが嫌なんじゃなくて一緒に出るのが嫌だった。一緒にするもんじゃあない。向こうにもワルい……。

一芸に生きる執念

色川　女《おんな》道楽というのもなくなったね。（博多家）人形さん……人形・博次といってね。
立川　なくなっちゃったですね。私のころはお鯉・鯉香でやってましたよ。それから別れてお鯉・人形になった。人形さんのほうがはるかに上ですけどね。人形さんもお鯉さんも死んだね。
　西川たつさんの場合は女道楽とは言わないで、浮世節って言う。品はいいけど、当時若かったから芸はよくわからなかった。
色川　でも、いまテープで聞いても……。
立川　素晴らしいね。亀松さんが町田たけしって言って、バイオリンを弾いてたのがおもしろかったですよ。
色川　亀松さんというのは、いまの三亀松になったんじゃないの。
立川　……亀松になっています。「いまの世の中ながめてみれば、不思議でわからぬことばかり。鉄筋コンクリートの建築技師の住まいを訪ねて拝見したらば、木造の借屋に住んでおります、警察官の住むうちの隣に泥棒が住んでいた、電車もいろいろあるけど、不思議な電車がありまする、材料の上から、経済上もいつも無駄だと思うのは、浅草と上野を走る地下の電車に屋根がある……」（笑）。マイナーで、おかしい人だと思ったね。えらいマイナーでね。町田たけしを発見したときは嬉しかった。
色川　近藤志げるという人は何なの。
立川　あれはおれが連れてきたんだ。元、阿部武雄と流しをやってたって言ってたよ。「国境の町」をつくった阿部武雄と。
色川　じゃ、ずいぶん年だね。
立川　うん、年ですよ。古いこと知ってる、あいつ。
　いま思い出したけど、亀松さんのお父

っつぁんがシナ人の手品師だって言ってた。何て言ったっけな……。わりと知ってる名前ですよ。私も聞いたことある。だから、うちのおっ母さんは、ほんとに饅頭《まんとう》なんか作り方うまいよって言ってたね。前に余興で手品をやってくれましたよ。飲んだ水が増えてくるのがあるでしょう。あれ、飲み込んだ水をもう一度コップにもどすんだってね。いやな手品だ。

　李彩は先代を知ってるわけ？

色川　知ってる、知ってる。

立川　見事？

色川　見事、見事。

立川　そうだろうね。

色川　李彩（現李彩）はまだほんの助手だったからね、そのころ。

立川　おれ、いまの小《ちい》李彩はうまいと思わないもの。お父っつぁんのほうがはるかにうまかったでしょう。

色川　お父っつぁんのほんとの真似だね。

立川　話に聞くの、腹のまわりをさして、「コノナカニ、ナニモナイ、アルノハウンコタケ」と言ったって言うけど（笑）、ああいうのはおかしいやね。

色川　ドンブリ出すやつね。

立川　この間、上海で見たよ。本家本元を見たけど、余りおもしろくなかった。

色川　ほんとにシナ人なの？　そうすると、親父さんは。

立川　だけど、東京生まれでしょう。

色川　向こうで習ってきたの？

立川　どうなのかね。

　リングはチャイナ・リングと言うくらいだから、あれはシナから来た。日本で出来たのは水芸だけですってね。指抜きはどうなのかね。天勝の売り物だったが……。四つ玉のことはシカゴ玉って言うでしょう。

色川　大阪の紙の蝶々を飛ばすのは日本風だな。

立川　あれは日本です。死んだ都一がやってた。一蝶斎都一。これは一度東京へ来ましたよ。私は楽屋から見てますよ。人形町末広の……。京都の階段から落っこって死んじゃったっていう。

色川　何年か前に、弟子か何かかもしれないけど、まだやってるのがいたな。

立川　正一というのと、それから帰天斎正一……。帰天斎じゃないな。一陽斎正一かな。

　それから、一人じいさんがやっていた。名前を忘れて申し訳ない。この間スミエちゃんがやってたけど、あんまりおもしろくなかった。都一さんは見事でした。都一さん、それを見せといて、今度はミリオンカードをやりましたですよ。カードが幾らも出てくるやつね。あれも見事でしたね。スマートで、最高だった。あんなうまい手品師って見たことなかった。

色川　体技の寺島玉章・茶目というのは日本人かしら。

立川　どっちかが違うんだよ。茶目さんじゃなくて、玉章さんがシナ人かな。茶目さんは葉書の応募マニアで、葉書をこんなに持ってるんですよ。何でも葉書を出すの。オートバイをもらったり、自転車をもらったりね。

色川　わりに看板大きかったですよね。

立川　大きかったですね。ぼくらと一緒に東宝名人会なんかもその後出てましたね。

　それから、松旭斎円右？　コミックをやって、カツラの頭から煙を出したり、アメリカンスタイルで西部の投げなわをやったりする。輪をだんだん大きくして頭の上でふり廻す、あれネ……。

アール・ボンベエなんて知ってる?

色川 アール・ボンベエっていうのはどこかで見たな。

立川 おれ、知らないんだよ。訪ねてきたよ、寄席の楽屋へ。あれがアール・ボンベエだよって言ってた。

色川 アール・ボンベエというのは吉本系に出てたような気がするなあ。ハーモニカの葉茂狂児。

立川 ハーモニカといえば、立花に出てたハーモニカの何といったかな……。ハーモニカで出てたでしょう、戦後まで。ハーモニカ吹きが神田の立花なんかに出てた。

色川 葉茂狂児。

立川 そうじゃなくて、もう一人、普通の名前。松平操じゃない? 一人でやったらしい。ぼくは見損なっちゃったんだけどね。

色川 指笛の田村大三というのはまだ生きてるかな。

立川 生きてますよ、この間、電車の中で寝ようとしたら隣にいて話しかけられちゃってさ。「田村大三です」って「ああ、どうもしばらく」って。先生、途中でおりたんだけど、おりるとき乗って行く私にホーホケキョって窓越しにやるの(笑)。それがドアが閉まっているのに見事に車中までピーンと入っちゃう。いい音してる。いい人だね、あの人は。

色川 健在なんだな。

立川 ええ。

ぼく、いまの助六さんの「踊り試合」というのが好きだったんだけどなあ、いまやらないかねえ。

色川 踊り何?

立川 「踊り試合」というのね。こっちには二人いて、こっちにも二人いるわけです。四人か五人でやるんですよ。それに、ペナルティがあって、「手拍子がいけない」、それから「くるっと回ってはいけない」とか、そういう決まりがあるよね。そういうのを決めて、雷門六郎という助六さんの弟が狂言廻しでチーンと打つと曲が変わる。それから、ドンと太鼓だと今度は踊り手を変える。必ず助六さんは寝てるところから始まる。寝てるのが、起き上がって、電気の球をひねるところから踊り始まるの。バカバカしくてね。それで、しまいにはチンだ、チンチンだと、やたら曲を変えてされる、いろんなのをやるわけ。どうやっても違反しないんだ。磯節やろうが、よさこい、あばよ、また来いとかね(笑)。これがうまいんだ。実にうまいんだよ。見事だったね。

色川 あの人は雷門五郎の時分にどさ回ってたから、そういうのはきっといっぱいネタがあるんだ。

立川 あるんでしょうね。誘ったらしい、文楽師匠に。役者になりなさいって言ったら、文楽師匠はできないから断ったという話がある、いろいろある。ホントにいろいろある。

(いろかわ たけひろ・作家)

(色川武大『寄席放浪記』廣済堂出版、'86・10月
河出文庫、'07・2月)

● 立川談志略年譜

1936年（昭和11） 0歳
一月二日（実際は、前年十二月二日）、東京市小石川区に生まれる。本名は松岡克由。

1952年（昭和27） 16歳
私立東京中学校を卒業。私立東京高校を一年生の四月に中退、清潔そうな芸風が好きだったという五代目柳家小さんに入門。前座名の「小よし」は本名の克由《よし》から。
四月の初高座は新宿末廣亭昼席で『浮世根問』。

1954年（昭和29） 18歳
三月、二つ目に昇進、「小ゑん」と改名。

1960年（昭和35） 24歳
TBSラジオ『火曜夕刊』出演（～年内）。

1962年（昭和37） 26歳
五月、五年入門の遅い古今亭朝太が三十六人抜きで真打昇進、三代目「古今亭志ん朝」を襲名。
十月、三遊亭全生も真打昇進、五代目「三遊亭圓楽」を襲名。
TBSテレビ『歌まね読本』出演。

1963年（昭和38） 27歳
四月、真打昇進、五代目（自称。七代目とも）「立川談志」を襲名。
十二月、先代鈴々舎馬風死去。

1964年（昭和39） 28歳
NHKテレビ『まんが学校』の司会を務める（～67年）。日劇ミュージックホールの舞台『女は風船そよ風まかせ』に出演。

1965年（昭和40） 29歳
一月、「山の手落語会」を紹介する朝日新聞夕刊で、春風亭柳朝、古今亭志ん朝、三遊亭圓楽とともに初めて「若手四天王」と評される。

プロダクション「現代センター」に所属。紀伊國屋ホールで第一回「立川談志ひとり会」。

日本テレビ『金曜夜席』（～翌年。『笑点』の前身番組）のレギュラー司会者に。

十一月、初めての単行本『あらイヤーンないと』（有紀書房）を上梓。『現代落語論――笑わないでください』（三一新書）刊。

1966年（昭和41） 30歳
紀伊國屋ホール「立川談志ひとり会」第二～十三回。

五月十五日、日本テレビ『笑点』がスタート、初代司会を務める（初期の大喜利メンバーは、三遊亭円遊、林家こん平、三遊亭圓楽、柳亭小痴楽、桂歌丸）。

漫談『一億総キセル論』が大ヒット。

日本テレビ『バッチリ横丁』（～翌年）のレギュラーに。

映画『落語野郎大脱線』（無職文吉役。監督・杉江敏男）、『落語野郎大馬鹿時代』（立野談四郎役）に出演。

『東京横浜夜をたのしむ店』（有紀書房）、『笑点』（有紀書房）、やなせたかしとの共著『まんが学校』（三一書房）刊。

1967年（昭和42） 31歳
三月、初めての直系弟子となる後の十代目土橋亭里う馬が入門、前座名は「談十」。

「談志プロダクション」設立。

紀伊國屋ホールで「立川談志ひとり会」第十四～二十五回。

NHKテレビ『アイウエオ』（～翌年）のナレーション。

TBSラジオ『お笑い指定席』（～翌年）の司会を務める。

映画『落語野郎大爆笑』、『落語野郎大泥棒』（監督・松林宗恵）、『クレージーの怪盗ジバコ』（工員役。監督・坪島孝）出演。

レコード『笑点音頭』（立川談志&笑点グループ＝石井伊吉〔毒蝮三太夫〕、三遊亭圓楽、桂歌丸、柳亭痴楽、三遊亭金遊、林家こん平。キングレコードより）

1968年（昭和43） 32歳
四月、立川左談次入門、前座名は「談奈」。

十一月、大阪・心斎橋を友人ら二十人と歩いていて、ジグザグ運転をしていた車を注意したところ、降りてきた暴力団員四名に鈍器で殴られ、全治十日間の負傷。

イイノホールで「立川談志ひとり会」第二十六～二十九回。

日本テレビ『笑点』の初代司会を務める。

日本テレビ『スターなんでも大会』（～翌年）レギュラー審査員、TBSテレビ『スタジオ0・おんなのテレビ』司会。

ラジオ日本『街頭ティーチ・イン　あたしはいいたい』司会。

映画『悪党社員遊侠伝』（杉原省二役）、『昭和元禄ハレンチ節』（吉村唯役。監督・市村泰一、長谷部利朗）、『まっぴら社員遊侠伝』（清川役）、『極道社員遊侠伝』（西原三郎役）に出演。

『勝手にしやがれ』（桃源社）刊。

1969年（昭和44）33歳

二月、二代目快楽亭ブラック入門、前座名は「立川ワシントン」。

十二月、第三十二回衆議院議員選挙に無所属で出馬、落選。

「談志ひとり会」第三十回（イイノホール）〜三十四回（紀伊國屋ホール）。

日本テレビ『夜の招待席』司会、テレビ東京『欲張り大作戦』レギュラー。

映画『猛烈社員スリゴマ忍法』（影山係長役）、アニメ映画『千夜一夜物語』（競馬の観客役）、『夢のサンフランシスコ』（ナレーションも。監督・若松孝二）

『立川談志ないと&ジョーク』（桃源社）、『やんぐ・らぶ・いん』（岡田恵和、上岡龍太郎、横尾忠則、なかにし礼共著、サンケイ新聞出版局）刊。

1970年（昭和45）34歳

三月、立川談四楼入門、前座名は「寸志」。

ニッポン放送ラジオ『談志・円鏡歌謡合戦』（〜73年）レギュラーに。

1971年（昭和46）35歳

一月、六代目立川ぜん馬入門、前座名は「孔志」。

四月、立川龍志入門、前座名は「金志」。

六月、第九回参議院議員選挙に全国区から無所属出馬、名簿最下位（五十八人中）で当選、「真打は最後に上がるものだ」と名言?を残す。自由民主党入党。

六代目三升家小勝の死去で三升家勝松（後の桂文字助）が談志門下に移り、「談平」と改名。

十二月、八代目桂文楽死去。

日本テレビ『やじうま寄席』（〜80年）レギュラー。

映画『喜劇いじわる大障害』（監修、立山談次役。監督・藤浦敦）出演。

「ブスの行き先は緑のオバサン」発言が世間の反感を買う。

1972年（昭和47）36歳

十一月、立川談十が二つ目昇進、「談十郎」と改名。

弟子のワシントンが「お金を増やしてあげよう」と、通帳から無断で現金を引き出し競馬につぎ込んだことが判明し破門（桂三枝〔現・文枝〕門下に移籍）。

『立川談志のなまいき論』（アド・サークル出版部）

1973年（昭和48）37歳

九月、立川談奈が二つ目昇進、「左談次」と改名。五代目古今亭志ん生死去。

1974年（昭和49）38歳

七月、立川談之助入門、前座名は「談Q」。

ローオンレコードより『立川談志落語独演会　つきうま・道灌・たぬき・子ほめ』発売。

1975年（昭和50）39歳

十一月、立川寸志が二つ目昇進、「談四楼」と改名。

十二月、三木武夫内閣の沖縄開発政務次官に就任。

蔵相大平正芳から住宅資金を無償で借りたが、返済時に利子を請求されたので抗議すると、「利子をつけないと君のプライドを傷つけると思ったから」といわれて感心する。

1976年（昭和51）40歳

一月、前年末に就任した沖縄開発政務次官の初視察を宿酔いで行ったことが判明、記者の「公務と酒とどちらが大切か」との問いに「酒に決まってんだろ」の名言?を残す。弁明を行うはずの参議院決算委員会を寄席を理由に欠席、在任三十六日で辞任、自民党を離党。

七月、立川孔志が二つ目昇進、二代目「朝寝坊のらく」と改名。立川金志が二つ目昇進、「金魚家錦魚」と改名。

映画『喜劇大誘拐』（川島役。監督・前田陽一）出演。

1977年（昭和52）41歳

五月、東宝名人会の高座で、次回参院選の不出馬を宣言、そのまま参議院議員の任期満了。

十二月、柳家一門会の忘年会で酔って小さん師匠に落語協会の「会長を譲れ」とからみおかみさんに殴られる。

1978年（昭和53）42歳

三月、立川談幸入門、前座名は「談吉」。

五月、落語協会理事会にて「真打大量昇進問題」について議論、多数決には棄権したが、賛成多数で可決。新協会（落語三遊協会）の設立に動くが、六代目三遊亭円生の副会長古今亭志ん朝案に袂を分かつ。

九月、立川談Qが二つ目昇進、「談之助」と改名。

新宿厚生年金ホール小ホールで「立川談志・三遊亭圓楽競演会」

映画『出張トルコまた行きます』（立原談吾役。監督・藤浦敦）に出演。

1979年（昭和54）43歳

九月、三遊亭圓生死去。桂三Q（立川ワシントン）が一門復帰、「立川談トン」と改名し、二つ目昇進。この頃、練馬・南大泉の一軒家に引っ越し。当時の付き人談吉（現・談幸）が唯一の内弟子となる。

レコード『立川談志vs木村松太郎　源平盛衰記・慶安太平記』（東芝EMI）、レコード『ドキュメント立川談志』（ビクター音楽産業）を発売。

映画『快楽昇天風呂』（大臣役。監督・藤浦敦）に出演。

1980年（昭和55）44歳

九月、立川談平真打昇進、四代目「桂文字助」を襲名。

林家三平死去、寄席で十日間出番が一緒の予定だったので、三平ギャグを連発し客席とともに追悼。

1981年（昭和56）45歳

九月、立川談十郎真打昇進、十代目「土橋亭里う馬」を襲名。

十二月、師とも言える存在であった紀伊國屋書店オーナーの田辺茂一死去。

レコード『落語トーク＆Talk Vol.1』（ビクター音楽産業）発売。

1982年（昭和57）46歳

四月、立川談吉が真打昇進、「談幸」と改名。

九月十三日、金原亭馬生死去。

十二月、立川左談次が真打昇進。朝寝坊のらく真打昇進、六代目「立川ぜん馬」を襲名。

ラジオ日本『芸能放談』（～翌年）。

カセットテープ『談志が選んだバレばなしセクシートーク（艶笑落語）』その1～10（ワーナーミュージック・ジャパン）

1983年（昭和58）47歳

一月、立川志の輔入門、前座名より「志の輔」。

六月、「柳家小さん芸歴50周年」（東横会館）の場で小さん師匠にフリー宣言、「この際ちょっと離れてみたい」という申し出に小さん師匠は「協会に名前だけでも置いておけ」としてくれたが、理事会で却下された。

七月、談志一門、真打昇進試験制度などをめぐって、落語協会を正式に脱会、「落語立川流」を結成し、家元制度をとる。立川流顧問として、山藤章二、小室直樹、石原慎太郎、野末陳平、吉川潮、森繁久彌、色川武大、稲葉修、川内康範、手塚治虫、先代中村勘三郎が名を連ねる。

十一月、三代目朝寝坊のらく入門、前座名は「談々」。

レコード『やらせろ』（けしかけ女の会）発売。

1984年（昭和59）48歳

二月、立川文都入門、前座名は「関西」。

三月、立川談春入門、前座名より「談春」。

五月、立川談四楼、真打昇進、真打披露パーティに落語協会の橘家圓蔵が来てくれる。

十月、立川志の輔が二つ目昇進。

映画『藍染恭子の未亡人下宿』（風呂屋役。監督・山本晋也）に出演。

1985年（昭和60）49歳

六月、56年に始まった「東横落語会」（東横劇場）が閉場、『山号寺号』を熱演。

十月、立川志らく入門、前座名より「志らく」。

実弟・松岡由雄が代表を務める「立川企画」の所属となる。

三遊亭圓楽が江東区東陽に寄席「若竹」を設立、プライドのある寄席にすることだ、と目黒演芸場を経営していた経験からアドバイス。

前座を築地・魚河岸へ修業に出す。

第十三回「日本放送演芸大賞話題賞」（フジテレビ）受賞。

映画『絶倫海女しまり貝』に出演（監督・藤浦敦）。

『あなたも落語家になれる―現代落語論其2』（三一書房）刊。

1986年（昭和61）50歳

ニッポン放送ラジオ『歌謡パレードニッポンスペシャル　立川談志のラジオ・グラフィティ』で『談志・円鏡の歌謡合戦』を再現。

対談集『家元談志のオトコ対決十一番』（ABC出版）刊。

1987年（昭和62）51歳

三月、金魚家錦魚真打昇進、「立川龍志」と改名。

五月、立川談幸、真打昇進。

国立劇場演芸場「談志ひとり会」スタート。

『談志楽屋噺』（白夜書房）刊。

１９８８年（昭和63）52歳
三月、立川談々、立川関西（談坊）、立川談春、立川志らく、二つ目昇進。
九月、立川生志入門、前座名は「笑志」。
十一月、立川雲水入門、前座名は「志雲」。
立川藤志楼（高田文夫）が立川流Ｂコース初の真打に。

１９８９年（昭和64）53歳
三月、「超二流会」（有楽町マリオン朝日ホール）にフランキー堺をゲストに招き、「フランキー漫談」を三十年ぶりに復活させる。
四月、師と仰いだ色川武大死去。
日本テレビ『家元ショー　ダ・ダ・ダ・ダッ談志ダ！』（～翌年）スタート。

１９９０年（昭和65）54歳
五月、立川志の輔、真打昇進。
十二月、立川キウイ入門、前座名より二代目「立川キウイ」。

１９９１年（平成3）55歳
一月、湾岸戦争を見に行く。
三月、立川志遊入門、前座名は「志楼」。
五月、立川談慶入門、前座名は「ワコール」。
六月、噴火した雲仙普賢岳に赴き、談志流の慰問。
ビデオ『立川談志ＲＡＫＵＧＯのすすめ』（ナイタイ）発売。

１９９２年（平成4）56歳
一月、個人雑誌『えじゃないか』編集長に就任（～七月、四号で終刊）。

九月、立川談之助、真打昇進。立川平成、真打昇進、二代目「快楽亭ブラック」襲名。

映画『落陽』（青空床屋役。原作、監督・伴野朗）出演。

『世の中与太郎で、えじゃないか―常識にあきあきしてる人へ』（青春出版社）、刊。『立川談志独り会』（全五巻、三一書房、～95年）刊行開始。

１９９３年（平成5）57歳
二月、立川談笑入門、前座名は「談生」。『週刊現代』誌上で、落語協会の女性真打誕生や、小さん師匠の孫の現・柳家花緑の三十一人抜き真打昇進を痛烈批判。

五月、新宿末廣亭で「立川流一門会」が開かれ、十二年ぶりに末廣亭の高座に上がる。昼席が『まんじゅう怖い』、夜席が『黄金餅』。

十一月、「浅草談志の会」（浅草５６５６会館ときわホール）。

ニッポン放送ラジオ『談志・円鏡の歌謡合戦』が二十年ぶりに一週間だけ復活。

フジテレビ『落語のピン』（～95年）。

ＮＨＫ-ＢＳ2で『立川談志の芸能大全集』が二夜連続放映。

１９９４年（平成6）58歳
五月、社会党の元国会議員・上田哲氏らと一匹オオカミ「千匹の会」を結成。
自宅に泥棒が入る。
『酔人・田辺茂一伝』（講談社）刊。

１９９５年（平成7）59歳
一月、中野区主催「成人のつどい」（中野サンプラザ）で講演、「覚醒剤の打ち方」と「正しいＳＥＸ」を教える。

三月、立川談修入門、前座名より「談修」。国立劇場演芸場で特別公演「談志五夜」開催。

十月、新潟県西蒲原郡の岩室温泉に「談志の田んぼ」を持ち、春には田植祭、秋には収穫祭を行い、「談志米」は通信販売される。

十一月、立川志らく真打昇進。

国立劇場演芸場の「談志ひとり会」が百回を迎える。

Ｖシネマ『団鬼六　人妻蟻地獄』（監督・上野俊哉）出演。

ビデオ『立川談志落語ライブ英訳字幕版　ＤＡＮＳＨＩ！』（デーブ・スペクター訳、竹書房）刊。

『新釈落語咄』（中央公論社）刊。

手塚治虫『雨降り小僧』（集英社文庫）に解説を寄せる。

１９９６年（平成8）60歳
五月、「談志ひとり会」休演（～翌年二月）。

七月、立川談生が二つ目昇進。

九月、還暦と芸歴四十五年を記念して「談志祭り」（一夜、有楽町マリオン朝日ホール）開催。

「スタンダップコメディー協会」を設立。

テレビＣＭ「ＩＢＭアプティバ」

ＣＤ『立川談志ひとり会　落語ＣＤ全集』全五期（竹書房）発売開始。

『眠れなくなるおとぎ咄』（ＤＨＣ）刊。

１９９７年（昭和9）61歳

二月、立川笑志、立川志雲が二つ目昇進。

三月、「立川談志独演会」（中央会館）、「立川流落語会復活！　談志ひとり会」（有楽町マリオン朝日ホール）。

九月、立川談春真打昇進。食道がんが発覚し、前田外科病院に入院。

十二月、赤坂プリンスホテルで快気祝パーティ。

「リビング名人会　立川談志独演会」（中央会館）。

ニッポン放送ラジオ『朗読　新選組を読む』、NHKラジオ『話の泉』。

アニメ映画『ジャングル大帝』（手塚プロ／松竹。ハム・エッグ役の声で）。

『談志受け咄』（三一書房）刊。

1998年（平成10）62歳

一月、立川流Bコース、景山民夫死去。

三月、声帯の白板摘出手術を行うため神尾記念病院に入院、しばらく筆談生活を送る。

五月、「立川談志独演会」（中央会館）。

九月、喉頭がんの疑いで検査入院、白板症と診断、再度がんの手術を受ける。

十月、立川談坊真打昇進、六代目「立川文都」を襲名。

十二月、長野県飯田市で行われた「伊賀良寄席第七回談志独演会」で飲酒し居眠りしていた観客を退場させたが、この観客が主催者側に十万円の損害賠償請求を起こす。

個展「談志珍品堂」展開催。

ミッキー亭カーチスが立川流Bコースでふたりめの真打昇進。

立川流Bコース、立川文志（佐藤敦之）が色物（江戸文字）で真打昇進。

ニッポン放送ラジオ『朗読「父子鷹」を読む』。

フジテレビ『談志の遺言状』。

『ナムアミダブツ―俺も間違ってると思うけど今の世の中もっと間違ってるゼ！』（光文社）刊。

1999年（平成11）63歳

四月、前年の「談志独演会居眠り裁判」に判決、飯田簡易裁判所は原告の請求を棄却、判決理由は「居眠りは演者の意欲をそぎ、演目の続行の重大な障害になることがある」というものであった。

五月、泉水亭錦魚入門、前座名は「談吉」。

八月、ロシア訪問団に参加し、国後島を視察。

十一月、立川志楼が二つ目昇進、「志遊」に改名。

十二月、雑誌『笑芸人』（白夜書房）で「立川談志のよろづBEST10」連載開始。「リビング名人会　立川談志独演会」（中央会館）。『第50回紅白歌合戦』に出演、司会の中村勘九郎（当時）に陣中見舞い。

NHK-BS2で『談志&爆笑問題の芸能大全集』がスタート。

舞の海の勝った全勝負を集めたビデオ『稀代の業師　舞の海』全二巻（竹書房）発売。

『新釈落語咄パート2』（中央公論新社）、『談志人生全集』全三巻（講談社）、『家元を笑わせろ―笑うべきか死ぬべきか、翔ぶべきか』（DHC）刊。

2000年（平成12）64歳

一月、「俺はあと二年で落語をやめる」と引退宣言。

三月、所属事務所「立川企画」を辞め、後に「談志役場」を設立する。

四月以降、独演会「談志ひとり会」休演。

十一月、「立川談志独演会」（相模原市民会館）。

十二月、立川ワコールが二つ目昇進、「立川談慶」に改名。

CD『談志が選んだ艶噺し』全20巻（日本コロムビア）発売。

『食い物を粗末にするな―「並の日本人」の食文化論』（講談社+α文庫）、『談志百選』（画・山藤章二、講談社）、『童謡咄』（くもん出版）、『談志ひとり会　文句と御託』（講談社）刊。

2001年（平成13）65歳

四月、「日本職人名工会」会長に就任。

十月、古今亭志ん朝死去。「志ん朝の芸は華麗で元気なところが魅力だったが、最近それが欠けているというので気にしてた。現在の演芸で金を払っても見たいというのは志ん朝だけ。志ん生を継いだ時には口上を述べてやると約束していたので、継げなくなったのは残念だが、現在の落語界で最高の芸を見せた見事な人生だったと言ってやりたい」とコメント。

十一月、「新世紀初・今世紀最後？　立川談志の独壇場」（東京厚生年金会館）。

文化放送ラジオ『立川談志　最後のラジオ』（～翌年）。

「談志独演会 in 印度ツアー」開催。

CD『立川談志落語独演会　付き馬・子ほめ』『立川談志落語独演会　道灌・たぬき』（日本コロムビア）発売。

2002年（平成14）66歳

五月、柳家小さん死去。「にっかん飛切落語会」

（イイノホール）の高座で「小さん師匠の話はしないよ。しゃべるとボロクソになるから。随分、ケンカはしたし…』『お前より先には死なないよ』と言ってたけど、そうはいかねぇ。ひとつ言えることは謝られたら困ったね。法治国家じゃなくて、情治国家だから」とコメント。談修、キウイ、志加吾、談号、談大、談吉が、二つ目への昇進意欲が感じられないとして破門（後に志加吾と談号は雷門小福門下に移籍、談修、キウイ、談大は復帰）。

六月、立川談吉が立川流一門の共有前座として一門に復帰、「談一」に改名（翌月「千弗」に）。

九月、高座50周年記念全国公演「高座50周年、立川談志。」スタート。

十一月、「立川談志高座生活五十周年記念落語会&パーティ」（京王プラザホテル）開催。

十二月、「家元高座生活五十周年記念　立川談志映画祭」（中野武蔵野ホール）開催。

「家元の独壇場・第二弾　遺言」（東京厚生年金会館）。

CD『立川談志プレミアムベスト　落語CD－BOX』（竹書房）発売。

CGアニメ映画『ぼのぼの―クモモの木のこと』（竹書房）にアライグマのお父さん役で声の出演。

『立川談志遺言大全集』全14巻（講談社）刊行開始。『大笑点 vol.1「北か朝鮮、待ってたホイ」の巻』『大笑点 vol.2　顔が偽証罪の巻』（竹書房）刊。

2003年（平成15）67歳
一月、フジテレビ『さんまのまんま』新年第一回にゲスト出演。

七月、立川談生が改名して六代目「立川談笑」を襲名。

十月、立川談修が二つ目昇進。

十一月、「家元の独壇場・第三弾　ワン&オンリー」（東京厚生年金会館）。

十二月、「リビング名人会　立川談志独演会」（よみうりホール）。

マキシシングル『アメリカ』（談志2REVOLUTION名義インディペンデント）発売。

『談志が死んだ―立川流はだれが継ぐ』（講談社）刊。

2004年（平成16）68歳
二月、「家元の独壇場・第四弾　談志×談志レヴォリューション」（東京厚生年金会館）。

七月、立川談一が「千弗」に改名。

TOKYO MXテレビ『談志・陳平の言いたい放だい』（～08年）に出演。

映画『理由』（宝井辰雄役。原作・宮部みゆき、監督・大林宣彦）に出演。

マキシシングル『国会』（談志2REVOLUTION名義インディペンデント）発売。

2005年（平成17）69歳
二月、「家元の独壇場・第五弾　ガンバレ談志、俺がついてる」（東京厚生年金会館）。

三月、立川平林入門、前座名より「平林」。

四月、立川談慶真打昇進。

十月、立川談笑真打昇進。

十二月、「リビング名人会　立川談志独演会」（よみうりホール）。

『DVD寄席　談志独り占め』（講談社）発売。

『私のこだわり人物伝　2005年10月―11月』（NHK出版）刊。

2006年（平成18）70歳
十月、「家元の独壇場・特別編　一期一会」（東京国際フォーラム）。
十二月、「リビング名人会　立川談志独演会」（よみうりホール）。
『談志絶唱　昭和の歌謡曲』（大和書房）刊。

2007年（平成19）71歳
七月、立川キウイ、立川平林、立川千弗（「泉水亭錦魚」に改名）が二つ目に昇進。
十二月十八日、「リビング名人会　立川談志独演会」（よみうりホール）での「芝浜」は、談志自ら「芸術の神が舞い降りた」と語り、晩年の高座の代表作として伝説的に語られるようになる。
TBSラジオ『立川談志・太田光　今夜はふたりで』（～翌年）
DVD『笑う超人　立川談志×太田光』（ビクター）発売。
『談志絶倒　昭和落語家伝』（大和書房）刊。

2008年（平成20）72歳
新たに立川談吉入門、前座名より「談吉」。NHK BShiで「立川談志　きょうはまるごと10時間」。

四月、立川笑志真打昇進、「立川生志」に改名。

六月二十八日、「立川談志・立川談春　親子会 in 歌舞伎座」開催。

映画『歓喜の歌』（小野寺役。原作・立川志の輔、監督・松岡錠司）に出演。

DVD『立川談志・立川談春　親子会 in 歌舞伎座　伝承というドキュメンタリー』（竹書房）刊。『談志映画噺』（朝日新書）、『人生、成り行き　談志一代記』（吉川潮共著、新潮社）刊。

２００９年（平成21）73歳

六月、立川志遊真打昇進。

八月、体力の低下と糖尿病の治療を理由に長期休養を発表、出演予定をすべてキャンセル。

十月二十九日、五代目三遊亭圓楽死去。同日、立川文都死去。

十二月、三ヶ月の休養期間延長を発表。立川志雲真打昇進、「雲水」に改名。

『談志　最後の落語論』（梧桐書院）、『談志の落語』一―二（静山社文庫）、『橘蓮二写真集　噺家立川談志』（撮影・橘蓮二、河出書房新社）、

２０１０年（平成22）74歳

三月、三遊亭楽太郎の六代目三遊亭円楽襲名パーティで挨拶を行う。

四月、「立川流落語会」（紀伊國屋ホール）。

五月、「立川志らく25周年記念公演　立川志らく独演会」（よみうりホール）

六月、「立川談志一門会」（よみうりホール）。

七月、「『万年前座』出版記念落語会　新潮社祭り」（文京シビックホール小ホール）。

九月、「らくご×情熱大陸」（赤坂ＡＣＴシアター）。

十一月、声門がんの再発が確認される（声帯摘出手術は拒否）。四日、二つ目の立川談大急逝。

十二月、「リビング名人会　談志 Talk & Movie」（よみうりホール）。

『談志最後の根多帳』（梧桐書院）、『世間はやかん』（春秋社）、『談志の落語』三―六（静山社文庫）刊。

２０１１年（平成23）75歳

一月、「『談志が帰ってきた夜』刊行記念落語会　立川談志の会」（紀伊國屋ホール）。「立川談志一門会」（練馬文化センター大ホール）。「立川談志作品集」（東京芸術劇場）。

三月、「立川談志一門会」（仙台市民会館大ホール）。三月六日、麻生文化センター川崎市麻生市民会館で開催された「立川流一門会」で『長屋の花見』と『蜘蛛駕籠』を高座にかけ、この『蜘蛛駕籠』が生涯最後の高座となる。二十一日、入院。この際の気管切開手術により、ほとんど声が出せない状態となる。

五月、立川キウイの真打昇進記念パーティを「ビン・ラディンの喪に服するため」として欠席。

六月、立川談吉が二つ目昇進。

七月、立川キウイ真打昇進。

十一月二十一日、死去、享年七十五、生前自らつけた戒名は「立川雲黒斎家元勝手居士」であった。

『ＧＯＴＯ ＤＶＤ ＢＯＯＫ 談志が帰ってきた夜』（梧桐書院）、『談志の落語』七―九（静山社文庫）、『完全版　大笑点』（竹書房）刊。

＊作成にあたり、『ユリイカ』２０１２年２月号（立川談志特集）、『笑芸人』２００３年４月春号（立川談志特集）ベン村さ来構成「楽屋噺でつづる、ボクらの家元五十年！」、『談志人生全集・２　生意気ざかり』（講談社、１９９９年）、『立川談志自伝　狂気ありて』（亜紀書房、２０１２年）、「立川談志ホームページ　地球も最後ナムアミダブツ」他を参考にさせていただいた。（文責・編集部）

『橘蓮二写真集 噺家　立川談志』
（河出書房新社）

●談志百八席●

あくび指南
明烏
あたま山
居残り佐平次
浮世床
鰻屋
王子の狐
阿武松
大山詣り
唖の釣
お血脈
笠碁
鰍沢
火事息子
かぼちゃ屋
釜泥
蝦蟇の油
紙入れ
代わり目
寛永三馬術
勘定板
九州吹き戻し
金玉医者
首提灯
蜘蛛駕籠
蔵前駕籠
慶安太平記

源平盛衰記
孝行糖
高座版現代落語論
紺屋高尾
黄金餅
五貫裁き
小言幸兵衛
小猿七之助
五人廻し
子ほめ
子別れ
権助提灯
権兵衛狸
西鶴一代記
雑俳
鮫講釈
三軒長屋
三方一両損
持参金
十徳
品川心中
死神
芝浜
白井権八
ずっこけ
相撲風景
清正公酒屋

青龍刀権次
疝気の虫
千両みかん
粗忽長屋（主観長屋）
ぞろぞろ
大工調べ
幇間腹
代書屋
妲己のお百
たらちね
短命
千早振る
付き馬
つるつる
鉄拐
天災
転失気
道灌
道具屋
富久
二階ぞめき
二人旅
人情八百屋
猫久
鼠穴
野晒し
羽団扇

初音の鼓
花見の仇討ち
平林
不精床
風呂敷
文七元結
平家物語
へっつい幽霊
庖丁
堀の内
松曳き
万金丹
饅頭こわい
木乃伊取り
三方ヶ原軍記
味噌蔵
宮戸川
め組の喧嘩
目黒の秋刀魚
やかん
宿屋の富
幽女買い
夕立勘五郎
夢金
よかちょろ
らくだ
笑い茸

＊本書は、2018年7月刊の
『文藝別冊 立川談志〈増補新版〉』を、
増補新装したものです。

【協力】
談志役場

シノフィス

神田伯山事務局

あうるすぽっと

ナショナル・フォート
［暗室技術］山崎隆
［プリントオペレーター］板屋まろか

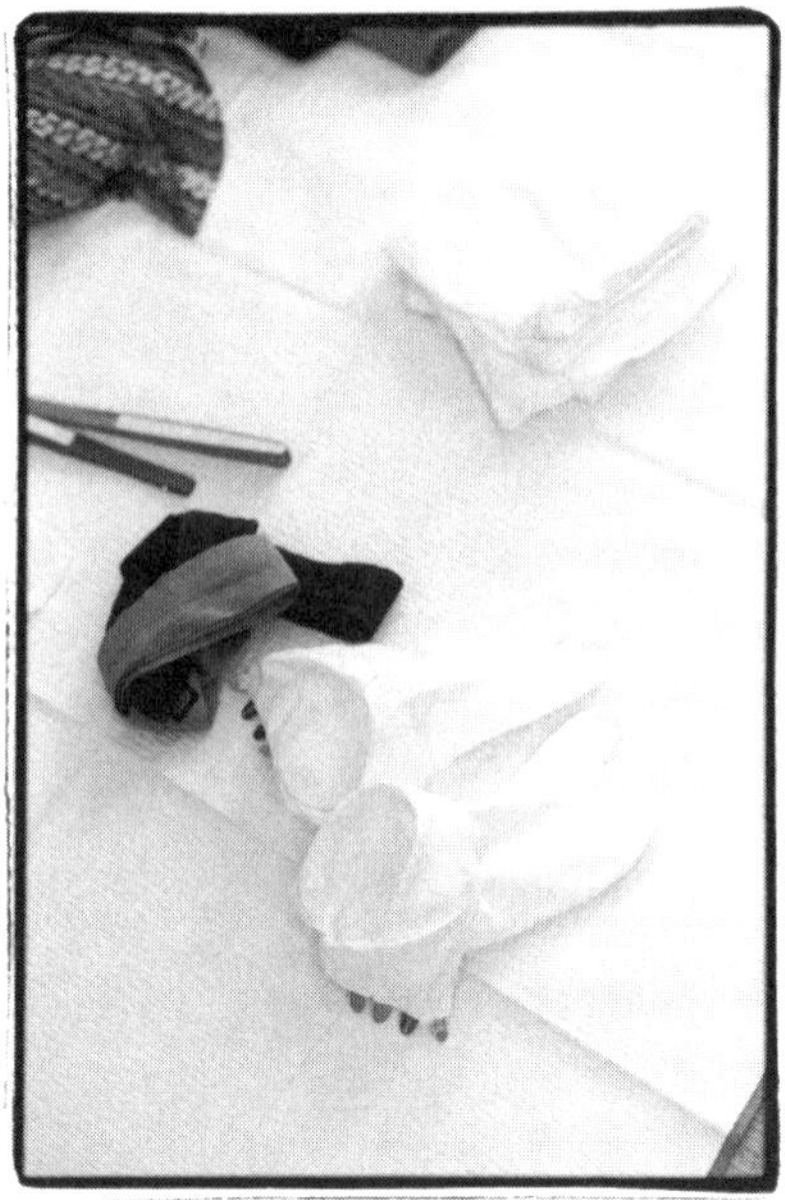

新釈 立川談志
没後10年 永久保存版

2021年11月20日 初版印刷
2021年11月30日 初版発行

編 者 河出書房新社編集部
装丁・デザイン 椋本完二郎
発行者 小野寺優
発行所 株式会社河出書房新社
〒151-0051
東京都渋谷区千駄ヶ谷2-32-2
電話 (03)3404-1201［営業］
(03)3404-8611［編集］
https://www.kawade.co.jp/
組 版 株式会社ステラ
株式会社キャップス
印刷・製本 大日本印刷株式会社

Printed in Japan
ISBN978-4-309-29174-1